数字经济下的
金融企业运营发展研究

王含笑　吴洁◎著

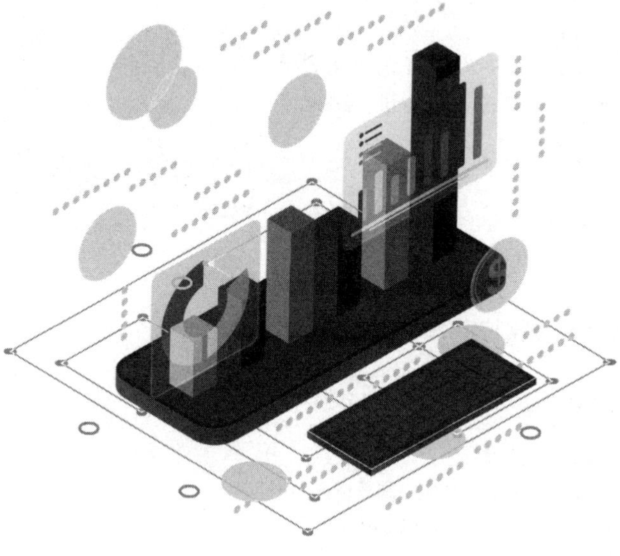

中国纺织出版社有限公司

内 容 提 要

数字经济是大数据、云计算、人工智能、5G通信、物联网等新兴技术与经济社会各领域深度结合而形成的新经济形态。本书以数字经济为主线，阐述了数字经济的产生背景、基本特征及发展趋势，通过国内外金融企业发展现状的对比分析，对我国金融企业的发展战略、转型升级、运营技术、运营保障等方面展开深入探讨，并重点研究了银行业、证券业和保险业的运营发展路径，旨在帮助读者更好地理解和掌握数字经济为金融企业的运营管理所带来的发展机遇与挑战。

图书在版编目(CIP)数据

数字经济下的金融企业运营发展研究 / 王含笑，吴洁著. -- 北京：中国纺织出版社有限公司，2024. 7

ISBN 978-7-5229-1685-9

Ⅰ. ①数… Ⅱ. ①王… ②吴… Ⅲ. ①数字技术－应用－金融企业－研究 Ⅳ. ①F831-39

中国国家版本馆CIP数据核字(2024)第074818号

责任编辑：刘梦宇　　责任校对：王蕙莹　　责任印制：储志伟

中国纺织出版社有限公司出版发行

地址：北京市朝阳区百子湾东里A407号楼　邮政编码：100124

销售电话：010—67004422　传真：010—87155801

http://www.c-textilep.com

中国纺织出版社天猫旗舰店

官方微博 http://weibo.com/2119887771

三河市延风印装有限公司印刷　各地新华书店经销

2024年7月第1版第1次印刷

开本：710×1000　1/16　印张：16.25

字数：214千字　定价：98.00元

前言
PREFACE

数字经济是互联网、云计算、大数据、人工智能等新一代信息技术与经济社会的各领域进行了深度融合，从而形成了一个新的、能够引导世界经济发展的新经济。中国的数字经济在过去几年里得到了迅猛发展，许多指数都在全球范围内排名靠前，随着数字化技术不断融入传统的产业结构之中，中国已经是一个真正意义上的"数字"经济强国。在工业化以后，数字技术将是推动我国经济和社会发展的主要动力。在新的形势、新的任务和新的挑战下，金融企业的创新运营必须进行重大改革，才能适应数字经济发展的需要。

本书就是在数字经济发展背景下应运而生，旨在帮助企业创新管理适应新变化。第一章先阐述了数字经济产生的背景和意义，然后解读数字经济的内涵、基本特征与发展趋势，再分析数字经济的技术及应用发展趋势。第二章主要介绍了国内外数字化发展，指出我国金融企业数字化发展的问题以及对国外金融企业数字化的借鉴。第三章是我国金融企业面临的数字化发展机遇，需要搭建起适合自身发展的战略框架，并且清楚企业的战略任务。第四章介绍了数字化企业的转型升级，主要包括战略重构、模式变革、技术升级以及产品创新。第五章介绍了数字化企业的运营技术，先阐述搭建金融网络信息共享平台的必要性，再分析数字仓库的概念、特征、要素、结构以及数据挖掘技术。第六章介绍了数字化企业的运营保障，包括管理流程数字化、数字化信息管理、数字化人才储备和数字金融服务体系创新等。第七~九章分别介绍了数字化经济下银行业、证券行业、保险业的运营发展，包括各行业在国内外的数字化发展情况，以及各行业实现数字化建设的具体路径。

本书能够帮助企业管理者更好地理解和掌握数字经济为企业运营管理所带来的新机遇与挑战，重新审视和调整企业发展战略，积极适应新形势下经济和社会发展对金融企业数字化建设的要求，紧跟数字经济快速发展的步伐。

编写此书是一种全新的尝试，由于时间紧迫，任务繁重，此书中难免有一些不足和失误之处，欢迎广大读者多多指教！对于本书所引用的有关资料、著作及论文，谨此致以诚挚的谢意！

王含笑　吴洁

2024年3月27日

目 录
CONTENTS

第一章　数字经济概论

第一节　数字经济的起源与背景

一、数字经济产生的背景

（一）各国正在积极把握数字经济发展的机遇，以实现快速发展

联合国贸易和发展会议（UNCTAD）在其《世界投资报告（2017）：投资与数字经济》中明确指出，数字经济是全球投资增长的主要动力，提高行业竞争力，提供商业和创业新机遇，协助企业拓展海外市场并融入全球电子价值链，也为可持续发展提供新工具。报告还指出，全球市值最高的前13家企业中，有7家企业属于纯粹的数字经济公司。这些公司主要涉及电子商务、科技硬件、互联网服务等领域，其市值均为数百亿美元。这些公司的成功表明了数字经济在当今社会中的重要地位和巨大潜力，显示了数字经济在全球经济中的重要地位。中国拥有全球最活跃的数字经济领域投资和最具活力的创业生态系统，数字市场的上行潜力比预期大得多，数字经济正在成为全球经济发展的新动能。

（二）数字经济首次列入G20峰会议题

在2022年印度尼西亚巴厘岛举行的G20峰会上，数字经济首次被正式列入议题，这表明数字经济已受到各国政府的高度重视。数字经济作

为新兴领域，其发展与全球经济息息相关。将其列入G20峰会议题，有利于各国就数字经济的监管、税收、数据流通等达成共识，推动数字经济健康可持续发展。这也充分体现了数字经济在全球经济舞台日益重要的地位和影响力。

（三）数字经济写入我国政府工作报告

2017年政府工作报告首次提出促进数字经济发展，使企业受益、群众受惠。这一提法顺应了时代发展的潮流，彰显了政府对于新兴商业模式的关注和重视。数字经济，作为一个新兴的商业模式，正在逐渐改变着人们的生活方式和经济形态。它不仅是对中国经济未来发展模式的探索，更是对全球经济发展的新方向的探索。

国内知名企业家对于数字经济的发展有着深刻的见解。他们认为，"互联网+"是实现数字经济的手段，而数字经济则是实现网络强国的结果。在这个过程中，应该顺应历史潮流，发挥单一市场优势，努力做大做强数字经济。这不仅需要政府的引导和支持，也需要企业和群众的积极参与。

张近东作为国内电商领域的知名企业家，对于数字经济的发展也有着独到的见解。他认为，应该建立政府主导、市场化运作的数据全生命周期管理顶层设计，完善管理环节，实现数据价值挖掘与信息保护的健全机制，这样才能够更好地保护数据安全和隐私，同时挖掘数据的潜在价值，推动数字经济的健康发展。

（四）我国出台《促进大数据发展行动纲要》

2015年8月31日，国务院发布了《促进大数据发展行动纲要》（以下简称《纲要》），强调我国在互联网和移动互联网用户规模方面全球领先，拥有丰富的数据资源和应用市场优势。《纲要》主要体现了以下几个方面的考虑：

1.战略定位

明确提出要高度重视大数据在数字经济发展中的战略地位和核心作

用,把发展大数据作为加快数字化建设的重要内容,构建数字经济新优势。

2.发展目标

提出到2025年,要基本建成支持国家治理现代化的大数据技术体系,大数据产业总规模和核心产业增速位居世界前列。

3.发展路径

提出了完善数字基础设施、健全数据资源体系、培育壮大大数据企业、推动数据要素流通、强化大数据安全保障等八大发展任务。

4.保障措施

包括加大科技创新投入、加快培养人才队伍、营造良好政策环境、明确工作责任分工等保障措施。

5.发展原则

强调要坚持安全第一、共享开放、协同联动的原则,推动大数据健康规范发展。

整体来看,这份行动纲要对我国大数据产业发展进行了全面系统的部署和规划,对推动数字经济建设具有重要意义。

二、中国发展数字经济的战略意义

随着信息技术的迅猛发展和全球数字化浪潮的兴起,数字经济已成为当今世界发展的新动能。中国作为世界第二大经济体,其数字经济发展对世界经济具有重要影响力。

第一,中国发展数字经济有助于推动产业转型升级。传统产业面临市场竞争的压力和资源约束的限制,数字经济可以通过信息技术的运用,提高产业效率和降低成本。中国加快数字经济的发展,可以促进传统产业向数字化、智能化方向转型,实现产业结构的优化升级。

第二,中国发展数字经济能够推动创新驱动发展。数字经济提供了创新的平台和机制,促进科技和产业的融合。通过推动数字技术的应用和创新,中国可以培育新兴产业和科技企业,推动科技成果的转化和产业化,提高创新能力和竞争力。

第三,中国发展数字经济对促进就业和提升民生福祉有积极作用。数字经济涉及多个领域和行业,包括电子商务、云计算、人工智能等,将创造大量就业机会,特别是对中高端人才。数字经济的发展还可以提供更多便捷的服务和产品,改善人民生活质量和满足民众多样化的需求。

第四,中国发展数字经济有利于加强国家的信息化建设和网络安全保障。数字经济的发展需要良好的信息基础设施和网络环境,同时也需要保障网络安全和数据隐私。中国加快数字经济的发展,可以提升国家的信息化水平和网络安全防护能力,增强国家的综合竞争力。

总而言之,中国发展数字经济具有重要的战略意义,可以推动产业转型升级、促进创新驱动发展、增加就业和提升民生福祉、加强信息化建设和网络安全保障。中国政府已经积极出台相关政策和措施,鼓励数字经济的发展,为实现经济可持续发展和民族复兴做出了重要贡献。

(一)经济新常态需要发展新引擎

在当前经济新常态下,中国发展数字经济具有重要的战略意义。经济新常态要求转变发展方式,构建新的经济增长引擎。数字经济作为新兴产业和新的经济增长点,可以为中国经济提供新动能和发展动力。通过发展数字经济,可以推动传统产业升级,提高生产效率,拓展服务业发展空间,推动经济结构转型升级,为经济持续健康发展注入动力。因此,发展数字经济是适应经济新常态的需要,也是应对经济下行压力,实现经济平稳增长的重要举措。

(二)信息革命推动社会生产生活方式变革

信息革命以数字经济为基础,通过信息技术的普及和应用,改变了传统的生产和消费模式。数字经济提供了方便快捷的网络购物平台,改变了人们购物的方式,推动了电子商务的迅速发展。同时,通过互联网技术的应用,人们可以在线学习和获取信息,推动了教育方式的变革。此外,数字经济还催生了共享经济的兴起，改变了传统的资源利用方式，提供了更加便捷、灵活的共享服务。

发展数字经济可以利用信息技术的优势，推动传统产业向智能化、自动化迈进，提高生产效率和产品质量。例如，通过物联网技术的应用，可以实现生产过程的监控和管理，降低资源消耗和环境污染。数字经济的发展也可以促进创新，推动科技成果的转化和应用，提供更多创新产品和服务。

信息革命给传统行业带来了挑战，需要加强数字化转型能力，适应新的生产和消费方式。数字经济的发展对于推动经济高质量发展和实现可持续发展具有重要意义。因此，中国积极发展数字经济，推动信息技术在经济和社会领域的全面应用，对于实现创新驱动发展、提高生产力和推动社会进步具有重要的战略意义。

（三）数字经济拥有广阔的发展前景

随着信息技术的迅猛发展和全球数字化浪潮的兴起，数字经济已经成为全球经济发展的新引擎。中国作为世界第二大经济体，发展数字经济将在全球范围内产生深远的影响。

数字经济的发展前景广阔。随着互联网、人工智能、大数据等新兴技术的不断涌现，数字经济将进一步融入各行各业，推动传统产业转型升级。数字经济不仅可以为创新创业提供更广阔的空间，激发企业活力和创造力，还能够为就业市场注入新动能，吸纳更多的高技能人才。此外，数字经济还可以为消费者提供更多元化、便捷化的消费选择，丰富人们的生活方式。

数字经济的发展需要加强基础设施建设、提高数字化技术水平、完善相关法律法规等多方面的支持。我国政府积极出台相关政策和措施，推动数字经济加快发展，构建数字中国，提高国际竞争力。中国发展数字经济的战略意义在于抓住机遇，实现经济结构转型，推动经济持续健康发展。因此，中国发展数字经济的战略意义深远，必将在未来实现更加广泛的经济和社会效益。

三、中国发展数字经济的优势

目前,中国在发展数字经济方面具有独特的优势和有利条件,起步迅速,势头稳健,已在多个领域展现出与先行国家同台竞技、并驾齐驱的态势。展望未来,中国将在更多领域拥有领先发展的主动权。

(一)高速发展的信息基础设施基本形成

随着信息技术的快速发展,我国信息基础设施建设取得显著进步,基本形成了高速发展的信息基础设施体系。

一是高速宽带网络日益成熟,光纤到户、5G网络加快布局,确保了网络承载能力。互联网骨干节点提速升级,互联网国际出口带宽稳步扩大,为用户提供高质量网络服务。

二是数据中心规模不断扩大,资源配置效率显著提升。大型云计算数据中心加速建设,为政务、产业、民生提供强有力计算支撑。

三是新型信息基础设施加速发展,物联网、边缘计算等技术与应用不断深化。大数据中心、人工智能平台等新基建成为数字经济新高地。

四是信息基础设施安全保障能力持续提升。加大网络安全管理力度,提高关键信息基础设施抗攻击防护能力。落实中文信息处理、安全可控等政策措施。

五是互联网企业积极布局信息基础设施建设。利用自身技术和资源优势,加快推进云计算、大数据中心等建设,为数字经济发展提供坚实基础。

高质量的信息基础设施是数字经济快速发展的基石,我国在这一领域建树良多,为经济社会数字化转型提供了有力支撑。

(二)数字经济全面渗透到生产生活各个领域

第一,数字技术广泛应用于工业生产领域。工业互联网、智能制造等让生产方式实现智能化升级,大数据、人工智能等技术被广泛应用到产品设计、生产流程、质量控制等环节,提升了产业数字化水平。

第二,数字应用丰富了人们的生活方式。移动支付已成为主流支付方式之一,共享单车改变了出行方式,网购、在线教育等丰富了生活场景。同时,医疗、养老、教育等行业数字化转型,更好地满足了人民对美好生活的需求。

第三,各类政务服务实现线上线下深度融合。政府部门大力推进政务数据开放和服务创新,打造一批便民利民的智慧政务应用,让群众和企业更便捷地获得公共服务,推动政务治理现代化。

数字技术与应用如雨后春笋般涌现,数字经济已渗透到经济社会发展的各个领域,成为提升效率、带动变革的重要力量。

(三)数字经济推动新业态与新模式持续涌现

第一,电子商务是数字经济的典型代表之一。随着互联网的普及和电子支付的便利化,电子商务成为人们购物和消费的主要方式之一。各种电商平台和电商企业如京东、淘宝、拼多多等相继崛起,通过互联网连接了消费者和商家,创造了巨大的交易量和经济效益。

第二,共享经济是数字经济的又一个重要领域。通过共享经济模式,人们可以共享各种资源和服务,如共享汽车、共享单车、共享办公空间等。共享经济不仅提高了资源利用效率,也给人们带来了更加便捷和低成本的服务体验。

第三,数字货币和区块链技术的发展也带来了新的商业模式和金融服务形式。例如,虚拟货币比特币的出现改变了传统货币的交易方式,区块链技术则为金融领域提供了更加快速和安全的交易与结算方式。

第四,数字经济也催生了许多新的在线服务和平台,如在线教育、在线医疗、在线旅游等。通过互联网和数字技术,人们可以随时随地获取各种服务和知识,极大地提高了生活和工作的便利性和效率。

数字经济的快速发展催生了许多新业态和新模式。这些新业态和新模式不仅改变了传统产业和商业的运营方式,也为人们的生活和工作带来了更多的选择和便利。随着数字经济的不断发展,我们可以期待更多创新的业态和模式出现,进一步推动经济的转型升级和社会的进步发展。

第二节　数字经济的特征与发展

当今世界正处于前所未有的快速、广泛与深刻的变化之中。以信息技术为代表的高新技术取得了突飞猛进的进展，导致以数字化和信息产业发展水平为主要特征的综合国力竞争日趋激烈。数字经济对经济发展和社会进步带来的深刻影响已经引起了世界各国的普遍关注。无论是发达国家还是发展中国家，都十分重视数字经济的发展，并将加快推进数字化作为经济和社会发展的战略任务。

一、数字经济的概念与内涵

数字经济是建立在数字化支撑基础之上，以数据资源为关键要素，以数字化手段支持生产、分配、流通、消费等经济活动的新型经济形态。

数字经济的内涵主要包括三个方面：

一是数字化信息资源和数据的广泛应用。各类数据被普遍应用于商业决策、社会治理、科学研究等领域，数据资源成为最重要的生产要素之一。

二是数字技术的广泛渗透和深度融合。5G、人工智能、区块链等数字技术被深度嵌入产业链各环节，推动经济社会数字化转型。

三是以数字化为核心的新兴业态蓬勃发展。电子商务、在线教育、网络游戏、共享经济等新业态快速崛起，重构了传统的产业格局。

（一）数字经济概念的起源与发展

数字经济是指以数字技术和互联网为基础的经济活动和产业，它涉及数字化、网络化、智能化等方面的特征和过程，并对经济结构、产业模式、商业流程、消费行为等产生深远的影响。

数字经济的概念起源于互联网的兴起和数字技术的广泛应用。20世纪90年代，随着互联网技术的快速发展和普及，数字化的信息流动和数字技术的应用开始改变传统经济的组织和运作方式。这标志着数字经济的雏形开始形成。

随着互联网的普及和信息技术的迅速发展，数字经济得到了进一步的推动和发展。2008年金融危机后，许多国家开始探索经济发展的新模式和动力，数字经济被视为重要的经济增长点和转型升级的方向。各国纷纷加大对数字经济的支持和投入，出台了一系列政策措施，推动数字经济的发展。

目前，数字经济在全球范围内得到了广泛的认可和重视。许多国家和地区都将数字经济列为重点发展领域，并加强数字技术和互联网基础设施的建设，推动传统经济向数字经济的转型。数字经济涵盖了互联网经济、电子商务、数字支付、大数据、人工智能等诸多领域，已经成为全球经济发展的新引擎。

未来，随着技术的进一步创新和应用，数字经济将继续发展壮大。人工智能、物联网、区块链等新一代信息技术的不断突破和广泛应用，将进一步推动数字经济的创新和发展，为经济增长和社会进步带来更多的机遇和挑战。

（二）数字经济的内涵

数字经济的内涵非常广泛，涵盖了多个领域和层面。

首先，数字经济与数字化息息相关。数字经济利用数字技术和互联网实现数据的数字化、信息的数字化和交换的数字化，通过数据的收集、存储、分析和应用，改变了传统经济的运作方式。

其次，数字经济与网络化紧密相连。互联网的发展为数字经济提供了基础设施和平台，使得信息和资源可以通过网络实时传递和共享，推动了产业链和价值链的再塑造。网络化的特点使得生产、流通、消费等环节更加高效和便捷。

再次，数字经济与智能化密不可分。随着人工智能、物联网和大数据等技术的快速发展，数字经济开始进入智能化时代。智能化的技术和应用使得经济活动更加智能和自动化，提高了生产效率和质量，创造了新的商业模式和服务方式。

最后，数字经济还涉及数据产业、云计算、虚拟现实、区块链等多个技术领域。数据产业作为数字经济的基础，通过对数据的挖掘和应用，为经济活动提供了新的动力。云计算将计算能力和存储资源从本地转移到云端，为数字经济提供了强大的技术支持和基础设施。虚拟现实技术使得数字经济在教育、娱乐、旅游等领域得到了广泛应用。区块链技术则为数字经济提供了安全可信的数据交换和存储方式。

数字经济的内涵是一个多维度的概念，它涵盖了数字化、网络化、智能化等多个方面，与数据产业、云计算、虚拟现实、区块链等多个领域紧密相连。数字经济的发展将深刻改变传统经济的模式和结构，推动经济转型升级。

二、数字经济的基本特征

数字经济最突出的特征就是高度数字化。大数据的产生和应用使数据成为重要的生产要素。利用数据进行商业决策、政府治理乃至社会生活的方方面面，数据资源正在创造巨大的经济和社会价值。

数字经济也极其依赖于网络。基于网络平台的共享经济、社交经济、电子商务等新业态，以及移动互联网、工业互联网等网络应用，网络效应成为推动数字经济增长的重要动力。

数字经济的另一个标志性特征是高度智能化。人工智能、自主设备等智能化手段被广泛应用于数字经济各领域，使数字经济具备主动感知、分析和决策的能力。

数字经济还以平台化为主要组织形式。以云计算平台、工业互联网平台、移动平台为代表的各类网络平台，承载了数字经济的运行和业态创新。

数字化、网络化、智能化和平台化构成了数字经济的基本特征，正深刻改变着经济形态和发展方式。数字经济以其新特性,正在引领世界经济踏上崭新发展阶段。

(一)数字化

数字经济的基本特征之一是数字化。数字化是指将实际事物和经济活动转化为数字形式进行处理和交流的过程。数字技术的不断进步和普及,使得信息和数据的获取、储存、传输和处理变得更加快捷、高效和准确。

数字化有以下几个方面的影响和特点。

第一,数字化改变了经济交流的方式。借助互联网和数字设备,人们可以随时随地进行信息的获取、分享和交流。传统的纸质文件可以转化为电子文档,实际货物可以通过电子商务进行在线交易和物流配送。

第二,数字化大大提高了信息的可获取性和传递效率。通过网络和搜索引擎,人们可以很容易地找到所需的信息和资源,如学术资料、商业数据、产品信息等。同时,数字化也加快了信息的传递速度,使得人们可以即时获取和共享最新的信息。

第三,数字化推动了经济活动的规模和范围的扩大。借助互联网和数字技术,企业可以不受地域限制地开展业务,消费者也可以在全球范围内选择产品和服务。数字平台的兴起,使得跨境电商、在线教育、共享经济等新的商业模式得以发展壮大。

第四,数字化也促进了经济活动的创新和升级。数字技术的广泛应用,不仅改变了传统行业的商业模式和生产方式,还催生出了许多新的产业和业态,如智能制造、虚拟现实、人工智能等。数字化还推动了服务升级,提供个性化、定制化的产品和服务。

数字化是数字经济的基本特征之一,它改变了经济的运作方式,提高了信息的获取和传输效率,推动了经济活动的全球化和创新,为经济增长和社会进步带来了更多的机遇和挑战。

(二)网络化

数字经济的基本特征之二是网络化。网络化是指数字经济基于互联网和数字技术的发展趋势,这种趋势也反过来加快了互联网和数字技术的应用和普及。

网络化涉及以下几个方面的变化和特点。

第一,网络化加速了信息资源的共享和流动。数字经济基于互联网,不再受时间、地域限制,人们可以随时随地通过数字设备在网络上进行交流和互动。数字平台和共享经济也使得资源的利用更加高效和普惠。

第二,网络化促进了产业链和价值链的重构。数字经济倡导"以人为本""以客户为中心"的理念,使得生产和服务环节得以更好地衔接和协同,提高了企业生产力和客户满意度。同时,网络化也改变了企业之间的合作模式,推动了产业链上下游的紧密合作。

第三,网络化提高了企业技术创新能力和竞争力。数字技术的应用使得创新变得更加频繁和容易,数字经济的互联互通和全球化特征,使得企业可以面向全球市场,获取更广阔的商业机遇。

第四,网络化也带来了风险和挑战。网络安全问题成为数字经济发展面临的严峻问题之一,网络犯罪和信息泄露等问题日益突出。另外,数字鸿沟是一个挑战,一些地区和人群无法在数字世界中获取足够的机会和资源,需要加强数字包容性的建设。

网络化是数字经济的重要特征之一,网络化的数字经济模式给人们带来了更多的便捷和选择,加速了经济活动的全球化和创新。但同时,网络的应用也需要规范和管理,加强安全保障和数字包容性的建设,实现数字经济的可持续发展。

(三)智能化

数字经济的基本特征之三是智能化。智能化是指数字经济借助人工智能、物联网、大数据等新兴技术,使经济活动更加智能和自动化。

在智能化方面，数字技术的快速发展使得机器设备具备了更强的感知、分析和决策能力。人工智能技术的应用使得机器能够模拟人类的智能行为，实现自主学习和智能决策。物联网的发展使得各种设备和传感器能够实时连接和交互，实现信息的感知和共享。大数据的应用使得企业能够通过分析庞大的数据量，识别相关模式和趋势，从而做出更准确的决策。

智能化技术在许多领域得到广泛应用。在制造业领域，智能化使得生产线实现自动化和高效化，提高了产品质量和生产效率。在交通运输领域，智能化的无人驾驶技术正在逐渐成熟，使得交通更加安全和便捷。在医疗健康领域，智能医疗设备和健康管理系统的应用使得医疗服务更加个性化和精准化。

智能化的数字经济带来了许多好处。一是智能化提高了生产效率和产品质量，有助于企业提高竞争力。二是智能化使得服务更加便捷和个性化，为消费者提供更好的体验。三是智能化还有助于优化资源配置，减少能源消耗和环境污染。

然而，智能化的数字经济也面临一些挑战和风险。例如，智能化可能导致一部分人的就业岗位被自动化替代，需要进行职业转型和人才培养。另外，智能化也带来了数据安全等问题，需要加强相关法律和监管机制的建设。

总的来说，智能化是数字经济的重要特征之一，智能化的数字经济模式使得经济活动更加智能、高效和个性化。但在智能化发展的同时，也需要注意处理好智能化带来的问题和挑战，确保数字经济的可持续发展。

（四）平台化

随着信息技术的迅猛发展和互联网的广泛普及，数字经济已经渗透到我们生活的方方面面。数字经济不仅改变了传统的经济形态，也催生了一系列新兴业态和商业模式。其中，平台化作为数字经济的重要特征之一，正日益凸显其重要性和影响力。

平台化是指通过构建数字化平台，将各种资源、服务、信息等进行整合和优化，实现更高效、更便捷的交易和服务。数字平台的出现，不仅极大地提高了资源的利用效率，还促进了产业链的协同和创新。在数字经济的推动下，各类平台如雨后春笋般涌现，从电商平台、社交媒体平台，到共享经济平台、在线教育平台等，不一而足。

以电商平台为例，它们通过搭建线上交易平台，将生产商、供应商、消费者等各方紧密联系在一起。消费者可以在平台上浏览丰富的商品信息，进行便捷的比价和购买；生产商和供应商则可以通过平台快速了解市场需求，调整生产计划和销售策略。这种平台化的模式，不仅优化了流通环节，减少了中间环节的成本，还提高了消费者的购物体验，推动了电商行业的繁荣发展。

除了电商平台，共享经济平台也是平台化趋势的典型代表。共享经济平台通过整合闲置资源，实现资源的共享和优化配置。比如，共享单车平台通过投放大量共享单车，解决了城市"最后一公里"的出行问题；共享汽车平台则让闲置的汽车资源得到充分利用，降低了用户的出行成本。这些平台不仅提高了资源的使用效率，也为人们提供了更加便捷、环保的出行方式。

此外，在线教育平台也是平台化趋势的重要体现。在线教育平台通过整合优质教育资源，打破了地域和时间的限制，让更多人享受到优质的教育资源。学生可以在线学习各种课程，与老师进行实时互动；教育机构则可以通过平台扩大影响力，提高教学质量。这种平台化的模式，不仅推动了教育资源的均衡分配，也促进了教育的创新和发展。

平台化作为数字经济的重要特征之一，不仅推动了经济的发展和创新，也为人们的生活带来了极大的便利。未来，随着技术的不断进步和应用的不断拓展，平台化将在数字经济中发挥更加重要的作用，为经济发展和社会进步注入新的活力。

三、数字经济的类型

数字经济以数字化信息为关键资源，以信息网络为支撑，通过信息通信技术与其他领域进行紧密融合，主要形成了以下五种类型。

（一）基础型数字经济

数字经济按照其产生和应用的方式可以分为多种类型，其中第一种类型是基础型数字经济。基础型数 字经济是指数字技术在传统行业中应用的一种模式。

基础型数字经济是数字技术与传统产业的融合，通过数字技术的应用，提高传统产业的效率和竞争力。基础型数字经济的特点是推行相对简单，易于操作，即在原有制造和商业模式的基础上，加入数字技术，改进和优化现有的工作流程和商业模式。

基础型数字经济的应用场景包括制造业、交通运输、农业、旅游、教育等业态。例如，制造业可以采用工业物联网技术，将传感器、执行器、控制器、通信网相集成，实现生产环节的自动化和智能化；交通运输可以利用车联网技术，实现车辆的自动化驾驶和可靠的远程监控；农业可以利用大数据技术，通过追踪气象、土地特性和作物生长情况等信息，进行最佳种植方案的预测和制订。

基础型数字经济的发展也面临一些挑战。一方面，数字技术的应用和普及需要相应的投资和支持，提高数字技术的普及率和应用率需要政府和企业的共同推动。另一方面，数字技术的深度融合也需要产业链的广泛合作和共享，需要推进各领域之间的信息的共享和协作。

总的来说，基础型数字经济在传统产业中的应用是数字经济发展的基础，是数字经济走向成熟的必要阶段。未来数字技术将会为传统产业带来更多的变革，基础型数字经济的应用和推广将成为数字经济快速发展的关键。

(二)融合型数字经济

融合型数字经济是指数字技术与各行业深度融合、相互交融的一种发展模式。它不再局限于数字技术在传统产业中的简单应用,而是在跨行业、跨领域的基础上形成新的商业模式和增长动能。融合型数字经济的特点是跨界融合、交叉创新、服务复合等,形成新的商业生态圈和产业发展格局。融合型数字经济的典型应用场景包括智慧城市、智能制造、数字医疗、跨界金融等多个领域。

在智慧城市建设中,融合型数字经济将数字技术与城市基础设施、公共服务等领域深度融合,通过大数据分析、人工智能、物联网等技术,提升城市管理效率和居民生活品质。智能制造领域,融合型数字经济将数字技术与传统制造业深度融合,实现生产过程的自动化、智能化,并且通过数字化工厂和供应链协同,实现产业链的跨界协同创新。

融合型数字经济的发展推动了传统行业的升级转型和新兴产业的崛起,为经济注入了新的增长动能。然而,融合型数字经济在推动产业发展的同时,也带来了新的挑战和风险。跨界合作需要各个产业链环节的高效协同,产业协同创新和共享需要建立相应的政策和规范。

因此,融合型数字经济的发展需要政府、企业和社会各界的合作,加强创新能力的培育、人才的培养和跨界合作,共同推动数字经济向着融合创新、共赢发展的方向迈进。

(三)效率型数字经济

效率型数字经济是指数字技术在经济活动中发挥作用,提高生产、交易和消费效率的一种发展模式。效率型数字经济的核心目标是通过数字技术的应用,提高资源利用效率、降低成本,并实现更加高效的商业运作。

效率型数字经济的应用范围广泛,包括企业的内部管理、供应链的优化、物流的智能化等方面。例如,在企业的内部管理中,数字技术可以帮助企业实现业务流程的自动化和信息化,提高决策效率和管理效率。在供应链的优化中,数字技术可以帮助企业实现供应链各环节的数据共享和整合，实现供需匹配和生产调度的优化，提高供应链的响应速度和效能。在物流的智能化方面，数字技术可以通过物流信息的实时监测和分析，提高物流效率和服务质量，降低物流成本。

效率型数字经济的发展对经济的推动和影响是显著的。首先，数字技术的应用可以大大提高企业和产业的竞争力，降低生产和运营成本，提高效率和利润。其次，效率型数字经济的发展可以推动经济的结构升级，以数字技术为支撑的新业态和新模式不断涌现，推动经济持续创新和发展。此外，效率型数字经济的发展还能够带动就业增长，促进社会经济的全面发展。

然而，效率型数字经济的发展也面临一些问题和挑战。例如，数字技术的应用需要一定的技术和人才支持，企业需要具备相应的数字化转型能力；数据隐私也需要得到有效的保护；数字鸿沟问题也需要解决，确保数字技术的普惠性和包容性。

效率型数字经济是数字经济的重要类型之一，其通过数字技术的应用和创新，提高经济活动的效率和竞争力，推动经济的持续增长和创新发展。

（四）新生型数字经济

新生型数字经济是指在数字技术的驱动下，涌现出全新的经济形态和商业模式，以创新和变革为核心特征的数字经济类型。新生型数字经济的兴起，促进了传统产业的转型升级，同时也催生了许多新的商业模式和产业形态。

新生型数字经济的特点主要体现在以下几个方面。首先，它具有高度的创新性和颠覆性，能够通过数字技术的运用，打破传统产业的边界，重新定义商业规则，激发新的增长点。其次，它具有高度的前瞻性和引领性，能够引领产业和经济的发展方向，推动产业结构和商业格局的升级变迁。此外，新生型数字经济还是一种高度综合的经济形态，融合了数字技术、互联网、大数据、人工智能等多个领域的创新成果，形成了全新的商业生态系统。

新生型数字经济的快速崛起对经济发展带来了巨大的影响。一方面，它为经济注入了新的增长动力，催生了一大批新兴产业和新型业态，为经济发展开辟了新的增长空间。另一方面，它也为传统产业带来了挑战和冲击，迫使传统企业进行转型升级，适应数字经济时代的发展需求。

然而，新生型数字经济的发展也面临一些问题和挑战。例如，新兴产业的发展速度和规模不断扩大，监管和管理难度增加；新生型数字经济的发展还带来了诸如数据安全、隐私保护等新的风险和挑战；同时，新生型数字经济的发展也加剧了一些社会问题和矛盾，需要深入研究和有效应对。

总的来说，新生型数字经济作为数字经济的一个重要类型，对经济发展具有重要的推动作用和影响力。它通过创新和变革，塑造了新的商业模式和产业生态，为经济发展注入了新的活力和动力。有效应对新生型数字经济的发展，需要加强政策引导，促进创新合作，加强数据安全和隐私保护，推动数字经济健康可持续发展。

（五）福利型数字经济

福利型数字经济是指应用数字技术以提高公共福利和社会福利的数字经济类型。福利型数字经济的主要目的是通过数字技术的应用，为社会提供更加高效、便捷、普惠的公共服务和社会福利，提高全民福祉水平。

福利型数字经济主要覆盖教育、医疗、社保、就业等公共服务和福利领域。例如，数字教育可以帮助学生实现个性化、智能化学习，促进教育公平和质量提升；数字医疗可以应用人工智能、大数据等技术，提高疾病预防、诊断和治疗效率，为公众提供更加优质、便捷的医疗服务；数字社保可以实现社会保障信息的实时共享和协同，提高社保服务的覆盖率和效率；数字就业可以帮助人们更便捷地获取岗位信息、求职服务，提高就业率和就业质量。

福利型数字经济的发展在经济和社会发展中扮演着重要的角色。首先，它可以提高社会公共服务和社会福利的覆盖率和质量，为民生改善做出积极贡献。其次,它可以提高公共资源的利用效率和生产效率,促进环境保护和资源节约。此外,福利型数字经济的发展也能够促进数字鸿沟的缩小,实现普惠性和包容性的数字经济发展。

然而,福利型数字经济的推广也存在一些问题和挑战。例如,数字技术的普及和应用需要大量的资源投入,需要各方加强合作和协作;数字技术的应用还涉及数据安全、隐私保护等问题,需要建立健全的监督管理机制;数字鸿沟问题也需要得到有效的解决。

福利型数字经济是数字经济的重要类型之一,其通过数字技术的应用和发展,提高公共服务和社会福利的覆盖率和质量,促进经济和社会的发展。有效应对福利型数字经济的挑战和问题,需要各方加强协作和合作,加强技术创新和人才培养,建立健全的制度和机制,促进数字经济的健康可持续发展。

四、数字经济未来的发展趋势

(一)数字经济内涵外延将持续快速扩展

随着科技的不断发展,数字经济的内涵和外延将持续快速扩展,主要表现在以下几个方面:

首先,数字经济的内涵将更加丰富。随着人工智能、大数据、物联网等技术的不断发展和应用,数字经济将与实体经济、创新经济、绿色经济等深度融合,形成更加复杂、多样化的经济形态。数字经济将进一步渗透到各个行业、领域,推动传统产业进行数字化转型和升级。

其次,数字经济的应用场景将更加广泛。未来数字经济将进一步渗透到教育、医疗、金融、零售、物流等领域,推动传统服务业的数字化升级。例如,数字化教育将实现个性化、智能化的教学模式;数字化医疗将提供更加精确、高效的诊疗服务;数字化金融将推动金融服务的普惠和创新。

再次,数字经济的发展将注重数据资源的整合和共享。数据是数字经济的核心资源,在未来数字经济的发展中,各个领域的数据将更加全面、高质量，在大数据平台的支持下实现跨界融合和价值创造。数据的整合和共享将进一步推动数字经济的发展。

最后，数字经济的发展还将面临一些挑战和问题。例如，数字鸿沟问题，需要加强数字基础设施建设和普及；数据安全和隐私保护问题，需要加强法律法规建设和技术保障；技术创新和人才培养问题，需要加大研发投入和完善人才培养机制。

未来数字经济的发展趋势将是内涵外延的持续快速扩展。我们需要加强政策引导和各方合作，推动数字技术的创新和应用，提升数字经济的竞争力和可持续发展能力，实现经济的高质量发展。

（二）需求增长将鼓足数字经济发展动力

未来需求增长将成为数字经济发展的重要动力。消费者需求和产业需求的不断增长，将为数字经济创造更加广阔的发展空间，并推动数字经济的持续发展。

首先，消费者需求将成为数字经济发展的重要驱动因素。随着互联网技术的不断普及和智能设备的广泛应用，消费者的消费习惯和消费方式将发生重大变化。例如，消费者对个性化、智能化、便捷化消费体验的要求越来越高，数字经济将满足这些需求，推动互联网购物、移动支付、在线视频等消费领域的持续发展。

其次，产业需求将成为数字经济发展的重要推动力。面对全球贸易保护主义的风险和生产要素成本上升的压力，企业和产业将越来越重视数字化转型和升级。未来数字经济将推动各类企业的数字化转型和产业升级，实现更高效、更智能的运营模式，推动实体经济的发展。

需要指出的是，未来数字经济的发展仍面临不少挑战和问题，例如数字经济内部的不平衡现象、技术变革的风险、数据隐私和安全问题等，这些问题需要不断地加以解决和优化。

未来需求增长将成为数字经济发展的重要推动力。政府应制定相关政策，鼓励企业投入数字化转型和升级，推动数字经济的可持续发展。同时，企业也需要加强自身技术研发和创新能力，不断探索新的商业模式和运营模式，满足市场需求，实现经济效益与社会效益的双赢。

（三）政策创新将优化数字经济发展环境

政策创新将成为数字经济未来发展的关键因素之一，可以优化数字经济发展环境，推动数字经济的高质量发展。

首先，政策创新可以为数字经济提供良好的政策环境。政府应该加大力度制定相关政策，支持数字技术的创新和应用。通过税收优惠、金融支持、知识产权保护等政策手段，吸引和激励更多企业和创新者参与数字经济领域，促进数字经济的快速发展。

其次，政策创新可以为数字经济提供更加开放的市场环境。政府应该鼓励市场竞争和创新，在保护消费者权益的前提下，放宽市场准入门槛，鼓励更多企业参与数字经济领域。此外，政府也可以加强国际合作，推动数字经济的全球化发展，引进更多先进技术和经验，提升数字经济的国际竞争力和影响力。

最后，政策创新可以加强数字经济的监管和治理。随着数字技术的不断进步和应用，数字经济产生的数据安全、隐私保护、网络安全等问题日益成为关注的焦点。政府应加强监管，制定相关法律法规和标准，保障数字经济的健康发展。同时，政府和企业也需要加强合作，共同解决数字经济面临的挑战和问题。

政策创新将优化数字经济发展环境，推动数字经济的高质量发展。政府应积极出台相关政策，为数字经济的发展提供支持和保障。同时，各相关方应加强合作，共同推动数字经济的可持续发展，实现经济的繁荣和社会的进步。

（四）保障和支撑体系将加速完善

未来数字经济发展将加速完善相应的保障和支撑体系，以应对日益增长的需求和挑战，保障数字经济的可持续发展。

首先，法律和政策保障将得到进一步完善。随着数字经济的蓬勃发展，涉及数字经济的各个领域将需要更加适应性的法律和政策。例如，数字支付、数据隐私、网络安全等领域的法律和政策将不断更新和完善，为数字经济的合规运营提供保障。

其次，数字经济基础设施将得到进一步完善。数字经济的发展离不开快速、稳定的互联网基础设施。未来，政府将加大投资力度，加强互联网基础设施的建设，提高网络覆盖率和网速，为数字经济的发展提供支撑。

再次，数字经济人才培养将得到加强。随着数字经济的不断发展，未来需要更多具备数字技术和创新能力的人才。政府、高校和企业将加强合作，培养和引进相关人才，推动数字经济人才队伍的壮大。

最后，金融和投资环境将得到进一步优化。数字经济的发展离不开金融和投资的支撑。政府将继续优化金融和投资环境，鼓励金融机构对数字经济企业和项目提供支持，为数字经济的发展提供充足的资金和投资机会。

未来数字经济发展将加速完善保障和支撑体系，以应对日益增长的需求和挑战。各相关方应加强合作，共同推动数字经济的发展，实现数字经济的可持续发展和经济的繁荣。

(五)数字红利共享机制建设将加速推进

随着数字经济的快速发展，数字红利共享机制建设将成为数字经济未来发展的一项重要任务。数字红利是指数字技术带来的增长潜力和机遇，包括经济增长、就业机会、社会福利等。

数字红利共享机制的建设将促进数字经济的可持续发展和社会公平。首先，政府将加大对数字经济的支持力度，通过优化政策环境、提供投资和金融支持等手段，促进数字经济的发展，并确保红利能够更广泛地惠及社会各个层面。

政府将加强数字技术教育和培训，提高人民群众的数字素养和技术能力。通过推动数字化教育的普及和提升，让更多人参与到数字经济中，从中分享数字红利。

政府将推动数字经济的区域协同发展。通过加强各地之间的交流与合作,促进数字经济在区域内的协同发展,提高数字经济的整体效益,实现红利共享。

政府还将加强数字产业的培育和发展,推动数字经济的产业升级和结构优化。通过建设数字金融、智能制造、大数据等重点领域,引导和支持数字经济的创新和发展,进一步释放数字红利。

政府还将加强和规范数字领域的监管。通过加强对大数据、隐私保护、网络安全等方面的监管,保障数字红利的可持续和安全发展。

数字红利共享机制的建设将加速推进,以促进数字经济的可持续发展和社会公平,实现数字红利的广泛共享。政府、企业、社会各界应共同努力,推动数字经济的发展,让更多人民受益于数字红利。

(六)数字经济与资本的关系将更加密切

随着数字经济的不断发展,数字经济与资本之间的关系将变得更加密切。数字经济的高速增长和巨大潜力吸引了大量的资本注入,而资本的参与也进一步推动了数字经济的发展。

资本将更加积极地投资数字经济领域。数字经济的创新和发展给投资者带来了巨大机遇,吸引了大量资本流入数字经济产业。投资者们意识到数字经济具有高增长和巨大利润的特点,积极投资于数字支付、电子商务、人工智能等领域,从而推动数字经济的快速发展。

资本将提供更多资源支持来促进数字经济的创新和发展。资本不仅在经济方面提供支持,还在技术、人才、市场开拓等各个方面提供资源支持。资本的介入将加速数字经济企业的技术研发、市场拓展和国际化进程,促进数字经济的创新和升级。

资本将推动数字经济与传统产业的融合发展。数字技术的应用正在改变传统产业的经营模式和价值链,资本的引入将带来更多的资源支持,推动传统产业向数字化转型。数字经济与传统产业的融合将加快数字经济的发展进程,提升传统产业的竞争力和效益。

资本将促进数字经济的国际合作与交流。随着数字经济的全球化趋势日益增强，大量的跨国资本流动将进一步促进数字经济的国际合作与交流。资本的引入将加快数字经济的全球化发展，推动数字经济在全球范围内的共享与合作。

数字经济与资本的关系将变得更加密切。资本的投入和支持将为数字经济的创新和发展提供更大动力，促进数字经济与传统产业的融合发展，加速数字经济的全球化进程。政府、企业和投资者应共同努力，推动数字经济与资本的良性互动，实现数字经济的可持续发展和经济的繁荣。

（七）数字经济将成为推动全球化的新平台

在未来，数字经济将成为推动全球化的新平台。随着技术的不断进步和全球互联网的普及，数字经济将扮演着连接全球市场和促进国际合作的重要角色。

数字经济将推动全球市场的扩大和一体化。数字化的商业模式使得跨国交易变得更加便捷和高效，打破了地理和时间的限制。通过互联网平台的连接，企业和个人可以跨越国界，在全球范围内进行交易和合作。这将促使更多的企业参与到国际贸易中，从而推动全球市场的扩大和一体化。

数字经济将加强各国之间的合作与交流。数字技术的应用使得信息的传递和共享更加快捷和方便，各国可以通过数字平台进行交流和合作。例如，通过在线会议、远程办公等方式，各国企业和机构可以进行实时的合作和交流。数字经济将提供更多合作机会，促进各国之间的交流和共赢。

数字经济将促进全球资源的优化配置。通过数字平台的连接，企业和个人可以更加精准地获取和利用全球范围内的资源。例如，通过电子商务平台，企业可以便捷地寻找供应商和购买原材料，从而降低成本和提升效率。数字经济的发展将加快全球资源的流动和优化配置，从而实现资源的合理利用和全球经济的可持续发展。

此外，数字经济还将加强全球产业链的整合和优化。数字技术的应用改变了传统产业的经营模式和价值链,促使全球产业链向高附加值和高效率的方向发展。通过数字化的供应链管理和物流配送,企业可以实现更高效的生产和分销,全球产业链也将更加紧密地连接起来,形成更加高效和协同的全球产业网络。

数字经济将成为推动全球化的新平台。数字经济的发展将推动全球市场的扩大和一体化,加强各国之间的合作与交流,优化全球资源的配置,整合和优化全球产业链。政府、企业和个人应共同努力,抓住数字经济发展带来的机遇,推动数字经济在全球范围内的蓬勃发展,实现全球经济的繁荣和可持续发展。

第三节　数字经济的技术与应用

为大力推动数字经济的广泛深入发展,我们必须汇聚社会各界力量,并充分运用数字技术解决实际问题。“互联网+”作为一种推动数字经济形成和发展的重要技术手段,其目标是使数字经济能真正落地生根。数字经济蓬勃发展的关键在于信息技术产业这个不可或缺的支撑。该产业涵盖面广泛,当前主要技术热点有互联网、大数据、云计算、人工智能和区块链等。这些信息技术为数字经济提供了坚实的技术基础和产业保障。我们要抓住这些信息技术带来的历史机遇,大力推动信息技术向数字经济关键领域渗透,为数字经济的深入发展提供强大动力。

一、互联网发展基本面向好

(一)全球网民渗透率将过半

当前,互联网的发展基本面向好。全球网民渗透率已经接近了一半的水平,这意味着越来越多的人可以通过互联网接入全球信息网中。

随着智能手机的普及和互联网基础设施的完善,全球网民数量不断增加。越来越多的人可以通过智能手机、平板电脑等移动终端设备进行互联网接入，从而享受到互联网带来的信息服务。全球范围内的互联网基础设施也在不断完善，网络速度和稳定性得到了极大的提升，使更多的人能够方便快捷地上网。

互联网的普及带来了全球信息的共享和交流。互联网以其开放、共享的特性，使得信息可以迅速传播和获取。人们可以通过社交媒体、在线视频平台、新闻网站等渠道了解全球各地的新闻资讯、文化、娱乐等内容。这种无国界的信息共享，促进了全球间的交流与了解，有利于加强不同国家和地区之间的联系和合作。

另外，互联网的发展也带动了经济和社会的活力与创新。互联网经济的兴起为各行各业带来了新的商机和商业模式。新兴的互联网企业和创业者通过创新商业模式和技术应用，迅速崛起并取得了巨大的成功。互联网的发展也催生了共享经济、电子商务、在线教育等新兴业态，为经济增长和就业创造了新的动力。

然而，互联网的快速发展，也带来了一些挑战和问题。例如，网络安全、个人隐私保护、信息泄露等问题亟须解决。政府和企业需要共同努力，加强网络安全建设和个人信息保护，保障互联网环境的安全和可信。

互联网的发展基本面向好，全球网民渗透率将过半，互联网的普及促使全球信息共享和交流，带动经济和社会的创新与活力。同时，面对网络安全等问题，需要加强相关的保护和管理。相信随着技术的不断发展和规范的引导，互联网将继续为全球带来更多发展机遇。

（二）互联网终端进入后移动时代

当前，互联网发展面向良好的方向，互联网终端已进入后移动时代，移动设备和移动应用的普及已成为互联网发展的主要动力。

移动设备蓬勃发展，智能手机和平板电脑成为互联网终端的重要形式。全球范围内，移动设备用户数量不断增加，智能手机的功能和性能不断提升，成为人们日常生活中不可或缺的工具。移动设备的便携性和多功能性使得用户能够随时随地接入互联网，享受到丰富的在线服务和娱乐体验。

移动互联网应用繁荣兴盛，移动应用程序成为人们生活工作的重要方式。各种各样的移动应用程序不断涌现，涵盖了社交、购物、旅游、教育等各个领域，为用户提供了丰富多样的服务和体验。移动应用的普及带来了新的商业模式和创新，推动了数字经济的蓬勃发展。

另外，移动互联网也催生了新的消费习惯和生活方式。随着移动支付、移动购物等方式的普及，人们的消费行为发生了巨大的变化。线上线下的融合、无现金支付等便利方式，正在改变着人们的消费习惯和生活方式。移动互联网的发展为商业提供了更多渠道和机会，同时也挑战着传统产业的发展模式。

然而，移动互联网的快速发展也带来了一些问题和挑战。例如，移动设备安全、移动应用隐私保护、移动支付风险等问题需要引起重视，加强相关的安全保障和管理。

互联网终端已进入后移动时代，移动设备和移动应用的普及成为互联网发展的主要动力。移动互联网带来了便捷的使用体验和丰富的服务内容，同时也催生了新的消费模式和商业机会。然而，移动互联网发展也需要面对和解决安全和隐私等问题，加强管理和保护，以实现移动时代的可持续发展。

二、云计算迎来市场收获期

云计算技术的不断成熟，使其具备了承载大规模商业应用的能力，云计算正迎来市场的收获期。

云服务市场快速增长，预计2022年将达到近4000亿美元，云计算正在成为企业的IT基础设施选择。

传统企业也在加快上云步伐，以实现业务数字化转型。同时云原生的新创企业直接构建于云之上。

云计算降低了企业IT投入,也为创业提供了低门槛的技术支持,正在催生新的商业模式和企业形态。

随着5G、边缘计算等新技术的推出,云计算能力将进一步增强,为更广泛的行业场景提供支持。

云计算正从技术概念步入商业化实践阶段。它将使企业IT架构发生根本变革,也将成为数字经济的重要基石。

(一)亚马逊、微软等巨头主导全球云计算发展

当前,云计算迎来了市场收获期,其中亚马逊、微软等巨头成为全球云计算发展的主导者。

首先,亚马逊的云计算服务Amazon Web Services(AWS)在全球范围内占据着主导地位。AWS提供了广泛的基础设施服务和解决方案,包括云存储、虚拟服务器、数据库等,满足了企业和个人的各种需求。AWS的强大功能、高可靠性和灵活性,使其成为众多企业和组织的首选,帮助它们实现数字化转型和创新。

其次,微软的云计算平台Azure也取得了显著的成果。Azure提供了全面的云计算服务,包括计算、存储、人工智能等,为客户提供了强大的云端解决方案。微软的广泛业务基础、稳定性和安全性,使得Azure在企业市场上具有竞争力,得到越来越多的用户青睐。

除了亚马逊和微软,其他大型科技公司如谷歌、IBM等也在云计算领域发挥着重要作用,推动着市场的发展。这些巨头投入了大量的资源和技术,致力于提供全面、可靠、高性能的云计算解决方案,满足不同用户的需求。

与此同时,云计算技术和服务的不断创新也推动了市场的发展。例如,容器化技术的应用使得应用部署更加轻松高效;人工智能和大数据等技术的融合,为企业提供了更多的数据分析和业务改进机会;边缘计算的兴起,使得数据的处理和存储更加快速和安全。

总的来说,云计算市场正处于蓬勃发展的阶段,亚马逊、微软等巨头在全球范围内主导了云计算发展。它们提供了全面的云计算服务和解决方案，满足了企业和个人的需求。同时，云计算技术和服务的不断创新也推动了市场的发展，为用户带来了更多的机遇。随着数字化转型的深入推进，云计算市场有望进一步壮大并带来更多可能。

（二）第二梯队企业加大投资并购力度

在云计算领域，亚马逊、微软、谷歌等巨头主导市场格局。而第二梯队的云服务提供商也在加大资本运作，通过并购来加快自身的发展。

Oracle 并购了云基础设施供应商 NetSuite，补充了其云服务的软件解决方案。Red Hat 收购了 CoreOS，加强了其在容器和 Kubernetes 技术上的实力。

IBM 收购了 Red Hat，获得了其开源软件和 Hybrid 云部署方面的优势。而阿里云也并购了宁夏云数据公司，布局了国内云市场。

这些并购让第二梯队云服务商快速获得了关键业务能力、客户资源、技术实力等，加速了它们与头部企业差距的缩小。

当然，如何整合不同的企业文化与技术体系也是这些云计算企业需要面对的难题。

在云计算蓬勃发展的背景下，资本运作和并购重组将持续活跃，推动行业生态的深度融合，这也将助力第二梯队企业与领军企业展开正面竞争。

（三）中国市场中阿里和腾讯处于领先位置

在云计算市场迎来收获期的背景下，中国市场中的阿里巴巴和腾讯两家企业处于领先位置。

首先，阿里巴巴和腾讯作为中国互联网行业的巨头，在云计算领域拥有雄厚的技术实力和丰富的资源优势。受益于其强大的技术研发能力和庞大的用户基础，这两家企业在云计算市场占据着领先地位，拥有着丰富的产品线和完善的生态系统，能够为客户提供全方位的云计算解决方案。

其次，阿里云和腾讯云作为阿里巴巴和腾讯的云计算子公司，已经成为中国云计算市场的领军者。它们不仅在基础设施和云服务上有着较为完善的布局和发展,还不断推出创新的云计算产品和解决方案,满足不同行业客户的需求,持续保持着市场的竞争优势。

此外,阿里巴巴和腾讯还通过跨界合作和生态整合,将云计算与其他产业和业务场景相结合,拓展了云计算的应用范围,进一步巩固了在市场中的领先地位。

总的来说,阿里巴巴和腾讯作为中国互联网业的领军企业,在云计算领域处于领先地位,并且在市场上拥有稳固的地位。随着云计算市场的不断扩大和深化,这两家企业有望继续巩固在中国市场中的领先地位,并且在全球范围内发挥更大的影响力。

(四)科技企业纷纷拥抱云计算

在云计算市场迎来收获期的背景下,越来越多的科技企业拥抱云计算,以实现业务的创新和发展。

首先,科技企业认识到云计算对于数字化转型和业务创新的关键作用,因此积极采用云计算技术来支持和驱动其业务发展。云计算可以为科技企业提供强大且灵活的计算和存储能力,为其提供高效的开发和部署环境,同时降低了运维成本和风险。通过采用云计算,科技企业可以更加便捷地开展产品研发、推出新服务和应对市场需求的变化。

其次,科技企业也积极利用云计算来推动其业务的创新和扩展。云计算提供了丰富的数据分析和人工智能等技术工具,帮助科技企业更好地理解用户需求、优化产品和服务,提升用户体验和满意度。通过云计算,科技企业可以实现与用户更紧密的互动、个性化服务和智能化创新等,从而在竞争激烈的市场中取得更大的竞争优势。

此外,科技企业也通过与云计算服务提供商合作,共同打造创新生态系统。科技企业利用云计算服务商提供的开放平台和技术支持,将自身的技术和应用场景与云计算相结合,共同推动技术创新和应用落地。这种合作模式可以促进不同企业之间的协同创新,推动整个行业生态系统的发展和进步。

总的来说，科技企业纷纷拥抱云计算，是为了实现数字化转型、推动业务创新、提升用户体验和满意度。通过采用云计算技术，科技企业可以获得更高效的计算和存储能力、丰富的数据分析和人工智能工具，以及更广阔的合作和发展机会。随着云计算市场的不断发展，科技企业在云计算领域的应用和创新活动将会继续增加。

三、人工智能进入发展黄金阶段

经过前期的技术培育和产业积累，人工智能技术正在迎来快速发展的黄金时期。

算法效率持续提升，使机器学习具备处理更复杂问题的能力。同时，GPU等芯片性能大幅提高，为人工智能带来算力支撑。

大数据的积累也为人工智能提供了丰富的训练数据。云计算平台则降低了企业采用AI的门槛。

在商业应用方面，自动驾驶、智能助手、预测分析等人工智能场景不断涌现，正在重塑诸多行业。

政策上，各国也在积极扶持人工智能技术的研发和应用，释放出巨大的市场空间。

人工智能将在未来一段时间迎来快速发展期，渗透到经济社会的各个角落，对人类生活和工作方式产生广泛影响。

(一)世界各国纷纷出台人工智能发展战略

在人工智能进入发展黄金阶段的背景下，世界各国纷纷出台人工智能发展战略，以加快推动人工智能的发展和应用。

首先，各国意识到人工智能对经济、社会和国家发展的重要性。人工智能被认为是推动创新、提高生产力和增强国家竞争力的关键技术和战略性产业。因此，各国政府纷纷制定人工智能发展战略，以加强对人工智能研发、技术应用和产业发展的支持和推动。

其次，人工智能发展战略的目标制定具有多样性。有些国家的战略着重推动人工智能基础研究和技术创新，培养人工智能领域的顶尖科学家和工程师，加强人工智能的核心技术研发和突破。有些国家则注重推进人工智能与传统产业、服务业的深度融合，推动人工智能技术在医疗、教育、交通、农业等领域的应用和发展。另外，一些国家还加大了对人工智能产业的支持力度，促进人工智能企业的创新发展和成长。

此外，各国也加强国际合作，共同推动人工智能的发展。一些国家通过签订合作协议和共同研发项目，分享研究成果和技术经验，以加快人工智能的全球化发展。同时，一些国际组织和论坛也定期举办人工智能相关的会议和展览，为各国间的交流和合作搭建平台。

总的来说，世界各国纷纷出台人工智能发展战略，以推动人工智能的发展和应用。通过制定人工智能发展战略，各国政府希望促进人工智能的基础研究和技术创新，推动人工智能与传统产业和服务业的融合发展，加强对人工智能企业的支持，同时加强国际合作，共同推动人工智能的全球化发展。随着人工智能的快速发展，各国在人工智能领域的合作和竞争将进一步加剧。

(二)人工智能成为科技巨头的战略支点

随着人工智能进入发展黄金阶段，各大科技巨头也开始积极布局此领域，将人工智能技术作为企业未来发展的重要支点。以下是一些具有代表性的案例。

谷歌一直致力于人工智能技术的研究和创新。在旗下的人工智能研究实验室DeepMind的带领下，谷歌推出了一系列的人工智能产品，例如智能语音助手Google Assistant、智能家居系统Google Home等，这些产品的推出都极大地改善了用户的生活体验。此外，谷歌还开放了TensorFlow等人工智能技术的开源平台，推动了人工智能技术的发展和应用。

阿里巴巴通过其人工智能实验室(DAMO Academy)加大了对人工智能技术的研究和应用。阿里巴巴计划在未来三年内，在人工智能领域投入约15亿美元的研发经费。同时，在阿里巴巴集团内部，人工智能技术的应用也变得越来越重要。例如,阿里巴巴旗下的淘宝网和天猫网通过智能化的推荐系统,为用户推荐更符合兴趣和需求的商品和服务。

苹果公司在人工智能领域的布局主要集中在智能语音助手Siri的应用和推广上。Siri可以回答用户的问题、执行用户的命令,还可以根据用户的日常行为提供个性化的建议和服务。同时,苹果还在人脸识别技术等领域进行研究和探索,不断推动人工智能技术的应用和发展。

总的来说,各大科技巨头都在人工智能领域加大了投资和布局,推动人工智能技术的应用和创新。这些企业都通过不同的方式,在人工智能领域赢得了自己的优势地位,而且随着人工智能技术的发展,人工智能在企业发展中的地位和重要性还将不断提升。

(三)顶尖人才争夺战激烈上演

随着人工智能进入发展黄金阶段,顶尖人才成为科技巨头们争夺的焦点,激烈的人才争夺战上演。

一方面,各大科技巨头纷纷加大对人工智能领域的招聘力度,争相吸引顶尖人才加入自己的团队。这些科技公司以高薪、优厚的福利和发展机会为诱饵,希望能够吸引到具有深厚人工智能技术背景和经验的人才。他们会通过与顶尖大学合作、举办人才招聘会、设立奖学金和研究基金等方式积极吸引人才的关注。

另一方面,各大科技巨头也会主动挖掘人工智能领域的研究领军者和专家,通过收购或与高校、研究机构合作的方式来获取顶尖人才。例如,谷歌通过收购DeepMind实验室,吸引了一批顶尖的人工智能专家;Facebook也通过与以色列的技术公司合作,获取了一些在人脸识别和自然语言处理领域的顶尖专家。

此外,为了留住和吸引人才,科技巨头们还会提供良好的研究和创新环境。他们在公司内部成立专门的研究机构或实验室,为顶尖人才提供自由的研究空间和支持,使他们能够专注于人工智能技术的深入研究和创新。同时,科技巨头还会为人才提供良好的晋升机会和多样化的发展路径,使他们在公司内部有更大的发展空间。

总的来说，随着人工智能进入发展黄金阶段，科技巨头们之间的人才争夺战越发激烈。各大科技公司通过高薪、优厚福利、与高校合作、收购人工智能实验室等手段，竭力吸引和挖掘顶尖人才。这些顶尖人才的加入对于企业来说，不仅能够提升人工智能技术水平，还能与对手保持竞争优势，推动企业的创新和发展。

(四)创业创新投资快速增长

随着人工智能进入发展黄金阶段，创业创新投资在这一领域的快速增长成为资本市场的关注焦点。

一方面，资本市场对人工智能创业创新项目的投资热情高涨。越来越多的风险投资机构和天使投资者意识到人工智能在各个领域的巨大潜力，并开始将大量资金投入人工智能创业企业中。这些投资者相信，人工智能技术的快速发展将会带来革命性的变革，并有望创造出巨大的商业价值。

另一方面，一些创业者也抓住了人工智能带来的商机，积极创办以人工智能技术为核心的初创企业。他们通过创新的商业模式和应用领域，寻找到了与人工智能技术结合的创新方向，以满足市场需求。这些创业者通过市场调研、技术研发和商业合作等方式，成功地吸引到了资本市场的关注和投资。

例如，中国的人工智能创业团队旷视科技，专注于深度学习和计算机视觉技术的研究与应用。该公司在人脸识别、智能安防和无人驾驶等领域取得了巨大的突破。由于技术创新和商业模式的成功，旷视科技吸引到了国内外知名的风险投资机构的投资，如晨兴资本、红杉资本等。

此外，一些大型科技公司也通过投资创业企业的方式，加快人工智能的创新和发展。例如，谷歌通过其风险投资部门Google Ventures，积极投资各种人工智能创业项目。这种投资方式不仅能够为创业企业提供资金支持，还可以借助大型科技公司在人工智能领域的技术和资源优势，帮助创业者快速实现技术突破和商业化。

总而言之，随着人工智能进入发展黄金阶段，创业创新投资在人工智能领域快速增长。资本市场对人工智能创业项目的投资热情高涨，而创业者也抓住了人工智能的商机，积极创办创新型企业。这种创业创新投资的增长无疑推动着人工智能技术的迅猛发展和应用。

四、区块链创造信任促进价值全球流动

区块链技术通过分布式账本和加密算法创造了可信任的价值传输方式，有效促进了跨主体、跨地域的价值流动。

例如，跨境支付领域中，通过区块链和智能合约技术，可以实现不同银行间快速、透明和可追溯的跨境资金转移，这大幅降低了支付成本和时间。

在供应链金融中，区块链可保证各节点信息的真实性，解决跨企业的信息不对称问题，这使跨企业、跨境的融资更加高效。

另外，区块链数字藏品的出现也实现了虚拟数字资产的稀缺性和唯一性，促进其在全球范围的流通。

区块链技术正在重构价值的流动方式，推动跨主体、跨区域的协作和交换，对全球一体化具有重要意义，这也是区块链影响的本质所在。

(一)世界各国十分重视区块链发展

区块链作为一种去中心化、安全可信的技术，被广泛应用于金融、物流、医疗、互联网等领域，成为近年来技术领域的热门话题。世界各国也十分重视区块链的发展，并积极推进相关的政策和规范。

在中国，自2014年以来，区块链技术就被列为国家战略性新兴产业，并逐步成为各个领域转型升级的新驱动力。如今，中国政府通过“区块链+”等政策措施，加快了区块链在金融、供应链、物联网、电子证据等领域的落地和推广，发展前景十分广阔。

在美国，区块链也备受关注。前总统特朗普签署的《2019财年国防授权法案》中，特别强调了区块链技术的发展与应用，要求军方将区块链技术融入现有的网络系统中，以提高安全性和可靠性。

在欧洲，区块链被认为是实现数字单一市场的关键技术之一。欧盟正

在推进相关立法，加强对区块链技术的监管，同时提供资金支持和培训机会，以促进区块链技术的快速发展。

在亚洲地区，日本也在积极探索区块链技术的应用，成立了多个区块链研究机构，同时推动相关法规和标准的制定，以保障区块链技术的可持续发展。

总而言之，世界各国十分重视区块链的发展与应用，积极推进相关的政策和规范，在金融、物流、医疗、互联网等领域形成了广泛的应用场景。这不仅有助于区块链技术的推广和普及，也为全球价值的流动和交换创造了更加安全可靠的信任环境。

（二）区块链存在的安全隐患

区块链作为一种去中心化、安全可信的技术，虽然有许多优势，但仍然存在一些安全隐患。

区块链在技术实现上并非完全无懈可击。尽管区块链的去中心化特点可以减少单点故障的风险，但在实际应用中，仍有可能遭受恶意攻击或操纵。例如，攻击者可能利用51%攻击（即控制超过50%的算力）来篡改区块链的交易记录或数据，从而获得不当的经济利益。

虽然区块链技术具有公开透明的特点，但并不意味着所有信息都是公开的。由于加密算法的存在，区块链上的交易和数据可以被加密，使得只有特定的参与者能够获得其中的内容。这也给了恶意参与者或黑客找到漏洞的机会，并对加密内容进行破解或窃取。

区块链的智能合约也存在一定的安全风险。智能合约是一种自动执行的合约，编写时必须考虑到各种潜在的漏洞和安全风险。如果智能合约存在漏洞，攻击者可以利用这些漏洞来获取系统的控制权或操纵交易。

然而，尽管存在这些安全隐患，区块链技术的发展并没有停止。相反，研究人员和开发者们一直在努力提高区块链的安全性。例如，不断改进加密算法和共识机制，加强对智能合约的审查和测试。同时，各个国家和组织也加大了对区块链安全的监管和规范，以确保其发展和应用的安全性。

总而言之,区块链虽然存在一些安全隐患,但随着技术的不断进步和监管的加强,相信这些问题将逐渐得到解决。区块链作为一种创造信任、促进价值全球流动的技术,将为各个领域带来更多的机遇和发展空间。

第四节　数字化影响下的金融业

在国民经济的数字化进程中,金融业作为处于核心地位的行业,其在信息技术应用方面的进展位于各行业前列,取得了显著的数字化建设成就。基于产业数字化的深入发展,数字化将对金融业的各个方面产生深刻的影响。

一、对货币的影响

(一)对货币形态的影响

随着经济的发展,货币形态不断演变。20世纪中期以来,信息革命推动了生产力的跨越式发展,客观上要求货币形态改变传统的纸币形式与之相适应。随着电子计算机和现代网络通信技术的快速发展,信息时代的货币形态——数字货币应运而生。这种数字货币是在电子货币的基础上,经过数字化、网络化的交易媒介,承载着信息时代的货币职能。

(二)对货币职能的影响

首先,数字货币这一新型货币形态,相较于传统的黄金等货币,更具有抽象性,更能够清晰地体现货币的本质。其次,数字货币在执行流通职能时,必须通过金融机构等第三方中介的参与,自身并无价值面额及交易时空的限制。再次,数字货币在执行支付手段职能时,实现了商业信用与银行信用的完美结合。最后,数字货币在执行储藏职能时,无法像传统货币如黄金那样独立实现,需要依赖金融中介机构,同时存在因网络安全问题而遭受损失的风险。

二、对金融机构的影响

金融业数字化对金融机构产生了深远的影响,主要体现在两个方面。一是金融业数字化推动了金融机构的“虚拟化”。与传统的金融机构依赖众多分支机构和营业网点开展业务不同,金融业数字化后,金融机构主要通过现代电子计算机和通信技术在金融信息网络上开展在线业务。这使得金融机构能够最大限度地节约经营成本,提高市场竞争力,而不再需要庞大的有形场所和巨额的固定资产投资。

二是金融业数字化改变了金融机构的经营方式和组织结构。数字化技术的广泛应用不仅改变了金融机构的传统业务经营方式,如支付结算、资金融通与转移、风险管理服务咨询等,而且将金融机构的业务经营扩展到无边界的金融市场上,这大大提高了金融机构的工作效率,并促进了金融业的创新发展。与此同时,金融机构的组织结构也开始借助信息技术实现流程再造和扁平化、虚拟化。

三、对金融市场的影响

数字化对金融市场产生了深远的影响:

交易更加高效便捷。金融机构利用数字技术开发了网上银行、手机银行等服务,使得用户可以随时随地进行资金管理、支付等,大大提高了交易效率。

金融产品更加个性化。大数据和人工智能技术让金融机构可以根据用户的资产、风险偏好等数据开发定制个性化的金融产品,更好地满足不同用户的需求。

竞争更加激烈。数字技术降低了进入金融行业的门槛,许多金融科技公司加入了竞争,使得银行、证券公司等传统金融机构面临更大的竞争压力。

监管更加困难。数字交易使得资金流动更加隐蔽和复杂,给金融监管带来了巨大挑战。如何合理监管网络交易和数字货币等成为监管部门需要解决的难题。

安全风险加大。数字系统所带来的连通性提高了金融系统的安全隐患，防范网络攻击、数据泄露等网络安全事件变得尤为重要。

数字化使得金融市场更加高效且创新，但也带来了一些监管和安全方面的新问题。这需要金融机构和监管部门积极应对，把握数字化带来的机遇，防范其潜在风险。

第二章　金融企业数字化发展与变迁

自20世纪八九十年代以来，随着信息革命的不断演进，信息技术得到了迅速发展和广泛应用。这一发展对国际竞争格局和社会生活方式产生了深刻影响，同时在现代经济的核心领域——国际金融领域——也引发了重大变革。金融业的数字化进程与信息经济发展紧密相连，西方发达国家的金融业和数字化发展以及金融业数字化的建设均处于世界前列。金融业数字化日趋完善，金融创新与金融业数字化同步发展，展现出空前的繁荣景象。

自改革开放以来，我国金融业发展迅速，资产规模急剧膨胀，经营管理水平得到了很大提高。同时，随着世界范围内金融数字化进程的不断加快，为适应信息时代金融业的发展趋势，实现金融业的跨越式发展，我国金融业数字化建设步伐逐渐加快，金融业步入了一个崭新的发展时期。

第一节　国外金融企业数字化的发展

一、国外金融业数字化发展阶段

关于国外金融业数字化的发展阶段，目前的主流看法有以下四个阶段：

（一）脱机业务处理阶段

国外金融业数字化的发展经历了不同阶段，其中脱机业务处理阶段是其发展的重要阶段之一。

脱机业务处理阶段指的是金融机构开始利用计算机和信息技术，对之前的离线脱机业务进行自动化处理和管理。这个阶段的主要特征是金融交易和业务开始逐渐从传统的纸质记录和手工处理转向计算机系统的自动化处理。这一转变大大提高了金融业务的效率和准确性。

举例来说，20世纪80年代，许多银行在国外开始使用ATM（自动取款机）服务，这使客户可以在银行营业时间之外、不受地点限制地进行取款、存款和转账等操作。这一创新不仅提升了金融服务的便利性，也使银行业务能够更快速、高效地进行。同时，银行开始采用计算机系统对账户和交易数据进行管理，取代了原来繁琐的手工记录和核对。这种自动化处理大大提高了金融业务的处理速度和准确性，奠定了金融业数字化发展的基础。

在这一阶段，金融业数字化处理的范围主要集中在内部业务流程的自动化，如账户管理、贷款审批、支付清算等。整个行业的业务还没有整体融入数字网络，但这个阶段的创新为金融业后续的数字化发展奠定了基础。

脱机业务处理阶段是国外金融业数字化发展的重要过渡阶段，其典型特征是金融机构开始对业务进行自动化处理，并逐步实现内部业务流程的数字化管理。通过引入计算机和信息技术，使得金融行业的业务处理更加高效、准确，为后续的数字化发展奠定了基础。

(二)联机业务处理阶段

联机业务处理阶段是指金融机构开始将业务处理与网络和互联网结合，实现业务的在线处理和交互。在这个阶段，金融机构开始建立自己的在线平台和系统，客户可以通过网络直接进行金融交易和查询业务，而不再需要去银行柜台办理。这大大提高了金融服务的便利性和灵活性。

举例来说，随着互联网的兴起，许多银行推出了网上银行服务。客户可以通过银行的网站或手机应用程序，随时随地进行账户查询、转账、支付账单、申请贷款等操作。这种在线业务处理方式省去了客户前往实体银行的时间和精力，极大地提高了金融业务的效率和便利性。

另外，随着电子支付和数字货币的兴起，联机业务处理阶段也促进了在线支付和电子货币交易的发展。例如，PayPal等在线支付平台及支付宝、微信支付等移动支付系统的兴起，使得用户可以通过网络进行便捷、快速的在线支付。同时，数字货币如比特币也开始在金融市场中流通和交易，这种新兴的支付方式也是联机业务处理阶段的一项创新。

联机业务处理阶段是国外金融业数字化发展的重要阶段之一。在这个阶段，金融机构开始将业务处理与网络和互联网结合，推出在线平台和系统，客户可以通过网络进行金融交易和查询；网上银行和电子支付等创新，使得金融服务的便利性和灵活性得到了显著提升。同时，数字货币的出现也为金融业带来了更多的发展机遇。

(三)经营决策数字化阶段

经营决策数字化阶段是指金融机构开始利用大数据、人工智能和机器学习等技术，对海量的数据进行挖掘和分析，以辅助经营决策和风险管理。在这个阶段，金融机构通过数字化技术实现对数据的深度分析和洞察，从而更加准确地进行战略规划、产品设计和市场营销等经营活动。

举例来说，许多金融机构开始建立自己的数据仓库和大数据平台，将来自不同渠道的数据进行整合和分析。这些数据可以包括客户的个人信息、交易记录、社交媒体数据等。通过运用机器学习和数据挖掘技术，金融机构可以从这些数据中发现隐藏的关联和趋势，以支持更有针对性的经营决策。

另外，在经营决策数字化阶段，金融机构还开始引入人工智能技术，帮助优化决策过程和提升效率。例如，一些投资银行开始利用人工智能算法进行交易策略的优化和自动化执行，以获得更高的投资回报率。同时，人工智能技术还广泛应用于信用风险评估、反欺诈和反洗钱等方面，以提升风险管理的准确性和效率。

经营决策数字化阶段是国外金融业数字化发展的重要阶段之一。通过运用大数据、人工智能和机器学习等技术，金融机构可以更好地对海量数据进行挖掘和分析，从而辅助经营决策和风险管理；通过建立数据仓库和大数据平台，金融机构可以实现对数据的深度分析，发现隐藏的关联和趋势；同时，引入人工智能技术可以优化决策过程和提升风险管理的效率。这些技术的应用将进一步推动金融业的数字化发展。

(四)业务集成化和决策智能化阶段

在国外金融业的数字化发展中，业务集成化和决策智能化阶段是紧跟经营决策数字化阶段之后的重要阶段。

业务集成化和决策智能化阶段是指金融机构开始将数字化技术应用于业务流程的整合和决策的自动化。在这个阶段，金融机构通过整合各种数字化工具和应用，实现业务流程的互联互通，从而提高工作效率和客户体验。同时，金融机构还将决策引入到数字化系统中，借助人工智能和自动化技术，实现决策的智能化和优化。

举例来说，许多金融机构开始建立统一的数字化平台，将各个部门和业务流程的数字化工具和应用整合在一起。通过这个平台，不同部门和员工可以实现信息的共享和协同工作，提高工作效率和响应速度。例如，一些银行建立了综合金融服务平台，整合了存款、贷款、投资、支付等多个业务模块,让客户可以在同一个平台上完成各类金融操作,提供更便捷和一体化的金融服务。

另外,在业务集成化和决策智能化阶段,金融机构还开始引入机器学习和人工智能技术,实现决策的自动化和智能化。例如,在客户服务方面,一些金融机构利用机器学习算法分析客户的历史行为和偏好,从而提供个性化的推荐和建议。在风险管理方面,金融机构可以建立预测模型和风险评估系统,利用大数据和人工智能技术快速识别潜在的风险并进行预警和决策支持。

业务集成化和决策智能化阶段是国外金融业数字化发展的重要阶段之一。通过建立统一的数字化平台,金融机构可以实现业务流程的互联互通,提高工作效率和客户体验;引入机器学习和人工智能技术可以实现决策的自动化和智能化,提升决策的准确性和效率。这些技术的应用将进一步推动金融业的数字化发展,并使金融机构提升竞争力和客户价值。

二、国外金融业数字化发展现状

当前,国外金融行业的数字化建设正处在业务集成化和决策智能化阶段的高速发展期,金融领域的变革已取得显著成果。借助先进的电子计算机和现代网络通信技术,全球各大金融中心和主要国家的金融机构得以实现互联互通,这使得金融市场全球一体化不再是遥不可及的梦想。如今,金融服务已经超越时空限制,向无边界方向发展,金融业数字化建设取得了重大的进展。

(一)金融机构信息系统相当完善

金融机构的信息系统是支撑其运营和服务的重要基础设施。随着数字化技术的不断发展,国外金融机构已经广泛采用各种信息系统,从而实现了业务流程的自动化和数据的实时处理。这些信息系统不仅可以有效地管理客户信息、交易数据和风险控制等核心业务数据,还可以支持各种金融产品和服务的创新和交付。

举例来说，许多国外银行已经建立了强大的核心银行系统，用于处理各类银行业务，如存款管理、贷款管理、资金清算等。这些核心系统具有高度灵活性和可扩展性，可以根据不同的业务需求进行定制和配置。同时，这些系统还具备完善的数据管理和风险控制功能，确保金融机构能够高效地处理大量的交易和风险数据。

另外，金融机构还广泛使用其他类型的信息系统，如电子支付系统、交易处理系统、客户关系管理系统等。这些系统能够支持金融机构提供各类创新的金融产品和服务，并实现快速的交易处理和客户响应。例如，现在许多国外金融机构已经实现了近实时的支付服务，客户可以通过电子支付系统在几秒内完成跨境转账和在线购物。

国外金融机构的信息系统相当完善，已经能够支持其业务的数字化转型和创新。这些信息系统不仅能够高效地处理核心金融业务，还能够支持各类创新的金融产品和服务。随着技术的不断进步，金融机构的信息系统会继续演进和升级，从而实现更高效、更安全和更个性化的金融服务。

（二）网络化金融服务快速发展

随着互联网技术和移动智能设备的普及，国外金融业的网络化服务快速发展。金融机构利用互联网和移动应用程序，提供了各种在线金融服务，从而实现了不受时间和地点限制的便捷交易和服务体验。

举例来说，许多国外银行已经推出了在线银行服务，允许客户通过网上银行或移动银行应用程序进行各类金融操作，如账户查询、转账汇款、信用卡还款等，无须到银行柜台或ATM机。这样，客户可以随时随地管理自己的金融事务，减少了时间和交通上的成本，提高了金融服务的便利性和效率。

此外，网络化金融服务还包括在线投资和理财服务。许多金融科技公司提供了在线投资平台，允许客户直接通过互联网进行股票、基金、债券等金融资产的交易。同时，这些平台还提供了智能投资建议和风险控制工具，帮助客户进行投资决策和资产配置。通过网络化的投资服务，客户可以更加灵活地管理自己的投资组合，获得更高的收益。

除此之外，网络化金融服务还包括在线支付和电子商务等。许多国外电子商务平台已经整合了各类在线支付系统，如信用卡支付、电子钱包、支付宝等，方便客户在网上购物时安全和便利地进行支付。同时，金融机构还推出了各类移动支付应用程序，如Apple Pay、Google Pay等，允许客户通过移动设备进行便捷的线下支付。

国外网络化金融服务随着金融业的数字化而快速发展。通过互联网和移动应用程序，金融机构提供了各种在线金融服务，如在线银行、在线投资、在线支付等，使得客户能够随时随地进行金融交易和服务。随着技术的不断进步，网络化金融服务将继续推动金融业的创新和转型。

（三）客户信息处理系统普遍建立

随着数字化技术的发展，国外金融机构越来越关注客户信息的处理和管理。客户信息处理系统也在各大金融机构中广泛应用，成为数字化转型的重要环节。

客户信息处理系统可以帮助金融机构高效地管理客户信息，包括个人身份信息、金融交易信息、信用评估信息等。这些信息系统不仅能够提高数据的质量和准确性，还能够支持金融机构进行个性化营销、风险控制、反欺诈等业务活动。

举例来说，信用评估是金融机构必不可少的业务活动之一。许多国外金融机构已经建立了高度自动化的信用评估系统，可以通过机器学习算法和大数据分析对客户信用进行评估和分析。这些系统可以追踪客户行为、分析风险趋势和智能判断信用水平，在客户申请贷款和信用卡时提供了高效的评判标准。

此外，客户信息处理系统还可以帮助金融机构实现个性化服务和营销活动。许多国外银行已经实现了近实时的客户反馈系统，可以通过分析客户数据和行为,提供符合客户需求的个性化产品和服务。例如,银行可以通过分析客户的消费习惯和资产组合,向客户推荐符合其需求的投资理财产品和风险保障方案。

客户信息处理系统的广泛应用,为金融机构数字化转型和业务创新提供了重要支持。这些信息系统不仅能够提高数据管理和风险控制的效率,还可以提供个性化的产品和服务,满足客户的不同需求。随着技术的不断发展,客户信息处理系统将持续升级和扩展,帮助金融机构实现更高效、更安全和更人性化的客户服务。

(四)信息技术外包模式广泛采用

随着企业经营管理过程中广泛采用外包模式,金融领域也开始出现信息技术的外包模式。为了提高信息技术处理效率、节约经营成本,金融机构广泛采用这一模式,整合外部资源,重新进行市场定位。信息技术外包是将金融机构信息系统的日常运营的维护工作全部或部分委托给专业公司,由专业技术队伍完成。这种模式有利于金融机构充分发挥核心竞争力,增强其对市场环境的迅速应变能力,因而为国外金融机构广泛采用。

三、国外金融业数字化发展特点

西方主要发达国家在金融领域对信息技术的运用,已经经历了从辅助金融业务处理到成为金融创新和风险管理的核心驱动力的转变。这些国家通过数字化建设来提升金融业的运营效率,改善金融机构的服务质量,同时大力推动金融产品和服务的创新发展。

(一)金融机构数字化水平高

金融机构数字化水平高,主要体现在以下几个方面:

金融机构移动支付应用覆盖面广。如今,各大银行都推出了自己的移动支付App,使用非常方便。用户可通过手机App完成转账、还款、投资等多种金融业务,大大提高了金融服务的便捷性。

金融机构互联网金融平台完善。银行、证券公司、保险公司等纷纷打造网上金融平台，提供综合性的金融服务。用户无须亲自去银行网点，就能通过手机或电脑操作完成大多数业务，极大地方便了用户。

金融机构大数据和云计算技术应用广泛。借助大数据和云计算，金融机构可以实时分析客户数据，实现精准营销；也可以通过云计算大幅提升业务处理效率。这些新技术的使用使金融服务更具个性化和智能化。

金融机构线上线下渠道融合度高。除了网点渠道，银行也开通电话银行、移动银行和自助终端，实现了线上线下全面覆盖。用户可以选择自己习惯的渠道办理业务，渠道之间可以无缝对接，大幅提升用户体验。

金融机构加强网络安全和风险控制。随着数字化程度提高，金融机构也在网络安全、信息保护等方面投入巨资，采取必要措施降低网络犯罪风险，保障金融网络服务的安全稳定。

（二）网络化金融服务功能齐全，服务完善

丰富的金融产品线上可购。银行、证券、保险等金融机构的各类产品，如基金、股票、保险等都可以通过网络渠道购买，选择范围非常广泛。用户可以随时比较不同机构的金融产品价格和服务后进行选择。

金融交易全天候可操作。通过网上银行或证券账户，用户可以随时随地进行转账、支付和金融产品交易，不受银行营业时间的限制，大大方便了用户的资金调度。

金融服务响应及时。网点外的网络渠道可以提供即时在线客服，用户遇到问题可以随时咨询，网上提交申请也可以得到快速反馈，大幅提升了金融服务的响应速度。

个性化金融服务一应俱全。根据大数据分析，金融机构可以提供个性化的理财规划和财富管理方案；用户也可以根据自身需求，定制优化金融服务套餐。

安全性高，风险控制到位。设置两步验证、动态密码等多重安全防护，有效防范网络欺诈；加强网络信息加密和风险控制，保障网上金融交易的安全；用户可放心使用各项网络化金融服务。

(三)金融管理数字化模式较为成熟

国外金融业数字化发展特点之一是金融管理数字化模式相对较为成熟。在过去,金融管理往往需要大量的纸质文件和人工操作,效率较低且容易出现错误。然而,在数字化发展的趋势下,许多国外金融机构已经实现了金融管理的数字化模式,大大提高了运营效率和管理水平。

以美国的银行业为例,许多银行已经完全实现了数字化的财务管理系统,包括客户信息管理、贷款审批、风险控制等各个环节。通过先进的数据分析和人工智能技术,银行可以更好地了解客户需求,提供个性化的金融产品和服务。同时,数字化的风险控制系统也可以帮助银行及时发现潜在的风险并加以应对,大大降低了金融风险。

另外,许多国外的基金和资产管理公司也已经实现了数字化的资产管理模式。他们利用大数据等技术手段进行资产配置和风险管理,可以更加精准地把握市场变化,为客户获取更高的资产收益。此外,数字化的资产管理也能够提供更加便捷和透明的服务,增强了客户的信任感。

可以看出,国外金融管理数字化模式的成熟,已经为金融机构和客户带来了许多实实在在的好处,也为其他国家的金融业数字化发展提供了有益的借鉴和参考。

(四)信息系统安全性高,保密性强

国外金融业数字化发展的另一个特点是信息系统安全性高,保密性强。在数字化时代,金融机构需要处理大量的敏感客户信息和重要的财务数据,信息安全成了首要问题。为了确保信息的安全性和保密性,许多国外金融机构提升了其信息系统的安全防护措施,采取了一系列的技术手段和管理措施。

以瑞士的银行业为例,瑞士作为世界领先的金融中心之一,其银行系统一直以来都以高水平的信息安全而闻名。瑞士许多银行采用了先进的密码学技术,包括多重身份认证、数据加密等,确保客户的敏感信息不会

被黑客攻击或泄露。此外，瑞士还制定了严格的法规和监管措施，对金融机构的信息安全进行监督和管理，确保金融业的数字化运营符合高标准的保密要求。

另外，英国的金融业也致力于信息系统的安全性和保密性。英国金融机构普遍采用身份认证技术和访问控制策略，对员工和客户的身份进行验证和管理。同时，英国还建立了金融监管机构，负责监督金融业的信息安全措施的实施情况，确保金融机构充分遵守相关的信息安全法规。

可以看出，国外金融业数字化发展特点之一是信息系统安全性高，保密性强。通过采用先进的技术和制定严格的管理措施，金融机构能够有效地确保客户和机构的敏感信息得到保护，增强了客户的信任感，并且为国外金融业的数字化发展打下了坚实的基础。

第二节　我国金融企业数字化的发展

我国金融业的数字化建设起步其实并不滞后，早在20世纪50年代末，当美国银行业开始引入电子计算机来处理金融业务、替代人工操作时，我国也在金融机构中开始开展金融业数字化试点工作。然而，由于当时国内外政治、经济环境等多种因素的制约，我国金融业数字化建设直到改革开放以后才开始取得长足发展。

一、中国金融业数字化发展阶段

改革开放以来，我国金融业数字化的发展大体经历了四个阶段。

（一）第一个阶段（20世纪70年代末到80年代）

中国金融业数字化发展的第一个阶段可以追溯到20世纪70年代末到80年代。在这个阶段，中国金融业开始朝着数字化方向发展，取得了一些初步进展。

20世纪70年代末到80年代初，中国开始引入计算机技术，并开始在金融业中应用计算机进行管理和处理任务。计算机的引入使得各个金融机构能够更加高效地进行业务操作和数据管理，大大提高了工作效率。此外，这一时期还出现了一些金融行业软件系统，如财务管理系统和风险控制系统，使得金融机构的管理更加规范和科学化。

然而，需要指出的是，这个阶段的数字化发展相对较为有限，存在一些局限性。首先，计算机技术和软件的应用还相对较少。尽管金融业中引入了计算机，但要实现大规模应用方面仍有所限制。其次，网络技术和互联网的普及还未开始。在这个阶段，金融机构之间的信息交流还依赖传统的线下方式，缺乏高效的信息共享和协作。

总的来说，中国金融业数字化发展的第一个阶段是一个起步阶段，通过应用计算机技术，金融机构在数据管理和业务操作方面取得了一些进展。然而，与后续的数字化发展相比，这个阶段的数字化应用还存在一定的局限性。

（二）第二个阶段（20世纪80年代到90年代中期）

中国金融业数字化发展的第二个阶段可以追溯到20世纪80年代到90年代中期。在这个阶段，中国金融业的数字化发展迈上了一个新的台阶。

20世纪80年代到90年代中期，中国的金融业开始出现一些具有划时代意义的数字化变革。首先是网络技术的应用逐渐普及，使得金融机构之间的信息交流更加高效和方便。其次，数据库管理系统的出现和使用，让金融机构对数据的管理更加规范和可控。此外，电子支付系统的应用也为用户提供了更多便捷的支付方式，进一步推动了金融业的数字化发展。

在这个阶段，国有商业银行和城市信用合作社开始大规模地采用计算机系统，进一步提高了金融机构的效率和管理水平。与此同时，一些新的金融机构和业态也开始出现，如证券公司和基金公司，这些新型金融机构更加依赖数字化技术开展业务。

总的来说，中国金融业数字化发展的第二个阶段是一个积极发展的阶段，网络技术和数据库管理系统的应用以及新型金融机构的出现，进一步推动了中国金融业的数字化进程。

（三）第三个阶段（20世纪90年代中期到90年代末）

中国金融业数字化发展的第三个阶段可以追溯到20世纪90年代中期到90年代末。在这个阶段，中国金融业的数字化发展取得了更大的突破和进展。

20世纪90年代中期到90年代末，中国的金融业经历了一系列重大改革，在这个背景下，金融业数字化发展迈上了一个新的台阶。首先，互联网技术的引入和普及使得金融机构之间的信息交流更加方便和快捷。金融机构开始建立自己的网站，为客户提供在线银行服务、电子商务和在线投资等服务。此外，电子商务和电子支付等新兴业务也开始逐渐兴起。

此外，第三方支付机构开始出现并发展壮大，对金融业的数字化发展起到了推动作用。这些机构为消费者提供了更多的支付渠道，丰富了消费者的消费体验。同时，金融科技（FinTech）的兴起也为金融业带来了创新和变革，如移动支付、智能投顾等，这些新技术为金融机构提供了更多的业务机会和发展空间。

在这个阶段，中国的金融监管体系也进行了重要调整和完善，加强了对数字化金融业务的监管与规范。金融机构被要求遵守相关的法律法规和网络安全标准，保障客户的信息和资金安全。

总的来说，中国金融业数字化发展的第三个阶段取得了重要突破，互联网技术的普及和金融科技的兴起推动了金融业的数字化进程。同时，金融监管体系的完善也为数字化金融业务的健康发展提供了保障。

（四）第四个阶段（20世纪90年代末至今）

中国金融业数字化发展的第四个阶段可以追溯到20世纪90年代末。在这个阶段，中国金融业的数字化发展取得了更大的进展和成就。

随着互联网技术和数字技术的不断发展和普及，金融机构开始将数字化技术应用于更多的业务领域。金融机构已经建立了覆盖不同领域的数字化金融生态系统，包括网上银行、电子支付、基于云计算的金融服务等。

在云计算技术的支持下，金融机构可以快速进行业务扩展，优化系统架构和提高业务稳定性。同时，大数据和人工智能等技术也被广泛应用于金融业务中，为金融机构提供了更多的商业机会和优化方案。例如，大数据风控技术可以帮助金融机构更好地进行风险管理，人工智能技术可以提高客户服务水平和精准推荐产品。

此外，在第四个阶段，金融科技(FinTech)公司也开始蓬勃发展。这些公司以数字化技术为基础，迅速崛起，并为传统金融业务带来了冲击和变革。例如，移动支付、互联网理财、虚拟货币、区块链等金融创新业务得到广泛关注。

在数字化金融业务发展的同时，金融监管部门也在加强监管规范，制定相关政策法规，规范数字化金融业务的运营和发展。

总的来说，中国金融业数字化发展的第四个阶段取得了重大进展和成就，数字化技术被广泛应用到金融业务中，不断推动金融行业的创新和变革。同时，金融监管部门也在积极跟进数字化金融业务发展，加大监管力度。

二、中国金融业数字化发展现状

自20世纪70年代末期以来，我国金融业开始进行数字化建设，并已基本构建了以电子计算机和网络通信技术为核心的现代化金融服务体系，取得了显著的成果。概括来讲，主要有以下五个方面。

(一)金融业信息基础设施建设取得全面发展和进步

中国金融业数字化发展现状表现在金融业信息基础设施建设方面取得了全面发展和进步。随着互联网、大数据、云计算等技术的广泛应用，金融机构已经建立了高效、安全的信息基础设施。

金融机构的网络建设得到了全面发展和升级，具备了高速、高带宽、高稳定性的特点，支持金融业务的数字化转型和互联网化服务。金融机构通过互联网和移动端渠道向客户提供各类金融服务，包括网上银行、手机银行、第三方支付等，为客户提供更加便捷、高效的金融服务体验。

金融机构在数据中心和基础设施方面也取得了显著进步，通过云计算技术的应用，实现了计算资源的弹性调配和共享，提高了数据存储和处理的效率和安全性。金融机构能够更好地管理海量的金融数据，并运用大数据和人工智能技术进行风险管理、精准营销等业务。

此外，金融业的信息安全设施也得到了重视和加强。金融机构建立了防范网络攻击、数据泄露等安全威胁的安全防护体系，包括防火墙、入侵检测系统、数据加密等技术手段。同时，金融监管部门对金融信息安全提出了更加严格的要求和规范，推动金融机构加强信息安全管理和保护。

中国金融业的信息基础设施建设已经取得了全面发展和进步，为金融机构提供了数字化转型和互联网化服务的基础支撑，同时也加强了金融信息安全保障。这些进步和发展为金融业提供了更好的发展环境和客户服务基础。

(二)金融业标准化建设初显成效

一是金融业数据标准化取得进展。央行牵头制定了统一的金融行业客户信息标准、账户标准、债券编码标准等，推进了同业机构之间信息交换的标准化。

二是金融业务标准化初步实现。如银行间支付和部分银行核心业务实现了处理流程和操作规范标准化，不同银行之间实现了业务对接和协同。

三是金融产品标准化建设启动。监管层面推出了标准化的银行理财产品监管规定，要求同类理财产品实现标准化设计，方便客户比较。同时，也有标准化债券产品问世。

四是推进了金融技术标准化。如企业级分布式架构、微服务架构、开放API等IT架构和接口标准化，推动了银行核心系统向标准化、组件化方向发展。

五是加强了监管数据标准化收集。监管部门建立了标准化的监管数据模型,要求各金融机构按标准报送监管数据,为监管决策提供了高质量数据支持。

总体来看,随着标准化意识的提升,我国金融业标准化建设取得积极进展,初步实现了同业协同标准化,提高了金融服务效率,为金融业健康发展奠定了基础。但距离金融业全面标准化还有一定距离,还需持续加大标准制定和应用力度。

(三)初步建立了金融信息系统安全保障体系

一是制定了较为完善的金融行业网络安全保护的法律法规体系,明确了金融机构的网络安全责任。

二是国家网络安全管理部门加强了对金融行业网络安全的监管协调,要求各金融机构提高网络安全防护能力。

三是各金融机构增强了网络安全意识,在技术层面广泛采取访问控制、数据加密、安全审计等措施,加强了系统安全防线。

四是金融机构普遍建立了以安全运维中心为核心的网络安全防护体系,配备了入侵检测、异常分析等安全设备,实现了对网络风险的实时监测。

五是加强金融机构和第三方支付机构之间的网络安全合作,共享安全情报,提高对网络攻击的联合防御能力。

六是组织开展了多次金融业网络安全演练,检查金融机构网络安全防护措施的有效性。

总体上看,我国金融行业网络安全保障体系已经初步建立,网络安全法治、监管体系、技术防线等方面进一步完善,增强了应对网络安全威胁的能力,为金融信息系统安全运行提供了重要保障。

(四)信息技术促进了金融机构业务管理与决策的数字化

信息技术促进了金融机构业务管理与决策的数字化,主要体现在:

一是银行核心业务系统实现流程自动化,信贷管理、客户信息管理实现数字化,提高了业务处理效率。

二是采用大数据和数据分析技术，实现了客户画像、信用评级、反欺诈等精细化数字化管理。

三是建立决策支持系统，应用模型算法，实现资产配置、风险管理的智能决策。

四是采用云计算技术，实现资源弹性扩展，提升业务应用的敏捷性。

五是利用人工智能和机器学习技术，实现智能客服、智能投顾、知识管理等智能化服务。

六是构建信息安全系统，对网络活动进行监测分析，提高安全风险防范的主动性。

七是应用VR、AR等新技术，创新线上金融场景，提升客户体验。

八是利用5G、边缘计算等新技术，实现业务系统敏捷部署，提高业务连续性。

信息技术的应用极大推进了金融业务管理和决策的数字化、网络化、智能化和场景化，使金融机构管理效率和服务水平实现飞跃。

(五)金融业数字化提高了国家宏观调控和金融风险管理的效率

中国金融业的数字化发展显著提高了国家宏观调控和金融风险管理的效率。随着金融业数字化转型的推进，各类金融机构逐渐建立起全方位的数字化信息系统，使得相关监管部门能够更加及时、精准地了解金融市场的运行情况和金融机构的经营状况。这种高效信息获取能力为国家宏观调控提供了有力支持，使监管部门能够及时采取针对性的政策措施，以稳定金融市场、促进经济发展。

同时，金融业的数字化转型也为金融风险管理提供了更加全面、灵活的手段。通过实时、准确地监测和分析金融市场数据和金融机构经营数据，监管部门能够更加及时地发现和应对金融风险，有效降低金融系统的运行风险。此外，数字化技术的应用还能够加强对金融诈骗、洗钱等违法违规行为的监测和预防，保障金融市场的稳健发展。

金融业数字化提高了国家宏观调控和金融风险管理的效率，为金融市场的稳定和金融体系的安全提供了有力支撑。随着技术的不断进步和应用场景的拓展，金融业的数字化转型将继续为国家金融监管和风险管理提供更加全面、高效的支持。

三、中国金融业数字化发展特点

经过多年的发展，我国金融业数字化建设取得一定成就，在其发展过程中主要有以下三个特点：

（一）金融业内部数字化水平发展不均衡

中国金融业数字化发展的一个显著特点是，金融业内部数字化发展水平不均衡。虽然整个金融业都处在数字化转型的进程中，但不同类型的金融机构和不同地区的金融市场之间存在明显差异。

在金融业内部，商业银行数字化水平相对较高，资产管理、信托公司等非银行金融机构数字化水平相对较低。商业银行作为金融业的主要组成部分，具备较高的资金实力和技术积累，能够更好地推动数字化转型，因此数字化水平相对较高。而非银行金融机构由于规模和实力相对较小，数字化转型的投入和成果较少，数字化水平相对较低。

不同地区的金融市场数字化发展也存在差异。一线城市的金融市场相对成熟，数字化技术应用普及度高，数字化水平较高。而一些欠发达地区、中小城市的金融市场数字化发展相对滞后，数字化技术应用普及度低，数字化水平较低。

这种数字化水平的不均衡会导致金融机构之间的竞争格局和金融市场的发展趋势存在差异。数字化水平较高的机构和市场能够更好地利用数字化技术优势，开拓更广阔的市场和业务领域；而数字化水平较低的机构和市场则需要采取更有针对性的转型措施，提高数字化水平和创新能力。

因此，加强数字化转型建设，弥补数字化水平的差距，是金融业数字化发展的重要任务。金融机构应该深入挖掘数字化技术的应用场景和潜在价值，加强技术创新和业务创新，提高数字化水平和核心竞争力。同时，政府和监管部门也应该加大对数字化转型的支持和引导，促进数字化水平的全面提升。

(二)金融业数字化应用系统和软件从引进到自主研发

中国金融业数字化发展的另一个特点是，金融业数字化应用系统和软件的发展经历了从引进到自主研发的过程。

在数字化转型初期，中国金融业主要依赖国外引进的数字化应用系统和软件。由于国内金融业数字化水平相对较低，金融机构缺乏相关的技术和经验，因此选择引进成熟的国外系统和软件来满足数字化需求。这些引进的系统和软件具备先进的技术和功能，一定程度上促进了中国金融业的数字化发展。

然而，随着中国金融业不断发展壮大，金融机构对数字化应用的需求日益增长，对系统和软件的定制化、安全性和稳定性等方面的要求也越来越高。为了更好地满足这些需求，中国金融机构开始加大自主研发的力度，不再完全依赖于国外引进的系统和软件。

目前，中国金融机构已经在数字化应用系统和软件的自主研发方面取得了一些成果。一些大型商业银行和科技型金融机构开始拥有自己的数字化应用系统和软件，针对中国金融业的特点和需求进行了定制开发。这些自主研发的系统和软件具备更好的适应性和灵活性，能够更好地支持金融机构的业务发展和创新。

此外，中国政府也加大了对金融科技领域的支持和引导，推动金融科技企业和机构提升自主研发能力。政府提供了一系列的政策和资金支持，鼓励金融科技企业投入到数字化应用系统和软件的研发中，促进中国金融业数字化应用的自主化发展。

通过引进和自主研发相结合的方式，中国金融业数字化应用系统和软件逐渐实现了从依赖引进到自主研发的转变，为金融业的数字化转型注入了新的活力和动力。随着技术的进步和创新的推动，未来中国金融业数字化应用系统和软件的自主研发能力将进一步提升，推动金融业数字化发展迈上新的台阶。

（三）数字化发展主要依靠业务需求推动

中国金融业数字化发展的另一个显著特点是，数字化发展主要依靠业务需求的推动。与国外金融业数字化发展主要以技术驱动不同，中国金融业在数字化转型过程中，更加注重业务需求的导向。

中国金融业数字化发展的初衷是提高金融机构的业务效率和服务质量，满足客户不断增长的多样化需求。金融机构充分认识到数字化技术的巨大潜力，通过数字化转型来推动业务创新和升级，增强核心竞争力。

在数字化发展过程中，金融机构通常从实际业务需求出发，全面梳理和分析业务流程，确定数字化转型的重点和目标。通过引入先进的数字技术和应用系统，金融机构能够自动化、数字化地处理业务流程，提高处理效率和准确性。

例如，银行业务中的开户、贷款审批、支付结算等环节，通过数字化技术的应用，可以大幅缩短办理时间，减少人工错误，提高服务质量；保险业中的理赔操作、保单管理等业务，引入数字化系统可以提高理赔效率和客户体验。

除了提高业务效率和服务质量外，数字化还能带来更多的创新和增值服务。随着移动互联网、大数据、人工智能等技术的发展，金融业务中融入了更多的智能化、个性化服务，如智能投资顾问、风险管理工具等。这些创新业务能够更好地满足客户需求，为金融机构带来新的盈利增长点。

在中国金融业，数字化发展主要依靠业务需求的推动，并且业务需求也在不断推动数字化的发展。金融机构能够通过数字化转型优化业务流程、提升服务质量、创造更多的商业机会，从而进一步推动金融业的发展和创新。随着数字化技术的不断演进和金融业务的不断变革，中国金融业的数字化发展将进一步深化和拓展。

第三节　我国金融企业数字化发展的问题

我国金融业数字化建设相较于西方主要发达国家，起步较晚且发展相对滞后。这一现象背后，既有社会对金融业数字化认识的局限性，也有数字化建设实践经验的不足，以及信息产业和信息技术发展水平的制约。相比之下，西方发达国家在金融信息系统的运行效率、信息综合程度和信息服务水平等方面都表现出了更高的水平。因此，我国金融业在数字化建设方面仍需努力追赶，以提升自身竞争力。

一、金融业标准化建设

我国金融业标准化建设长期停滞在“标准术语”阶段，金融机构在业务发展和数字化建设中忽视标准的制定和发展，并且各金融机构在标准化建设方面一直处于“各自为政”的状态。由于历史和体制的原因，我国金融体系各方面的标准和规范水平有待提升。

（一）金融业标准化建设先天不足，缺乏总体统一规划

我国金融业的数字化发展在实践中面临着一系列的问题和挑战，其中之一是金融业标准化建设先天不足，缺乏总体统一规划。

在数字化转型过程中，金融机构普遍面临着数据标准化、业务流程标准化、技术标准化等诸多问题。金融机构普遍服务对象众多，业务流程繁琐复杂，而各类服务对象和业务之间又存在较大差异，这导致了金融行业标准化建设较为困难。

此外，我国金融业缺少总体统一规划，缺乏整体性的标准化框架。各金融机构在数字化转型过程中缺乏一致性的标准化方针和具体实践标准，这导致了业内标准的异构性，造成了标准化建设的混乱、低效。

例如，我国金融业在进行数字化转型过程中，由于缺乏统一的规划和标准化框架，各金融机构在开展数字化工作时的标准和技术实现可能存

在很大的差异，这导致各机构之间难以实现信息的互通和共享，困扰着行业数字化转型的深入推进。

因此，金融行业标准化建设的先天不足和缺乏统一规划，成为金融企业数字化发展的瓶颈。针对这些问题，金融监管部门应该加强标准化建设的引导和规划，鼓励金融机构加强协作，推进标准化建设，形成一套全行业共同遵循的标准化框架。这样一来，金融业的数字化发展就能够更加顺利。

（二）金融业标准化建设后天不足，执行乏力

尽管金融行业对于标准化建设的重要性有一定的认识，但在实际执行中仍然存在一些问题。

首先，金融机构普遍面临着标准制定和修改的周期长、流程复杂的情况，导致标准更新和优化的执行速度较慢，这使一些相关技术和业务标准难以及时跟上行业的变化和创新。

其次，金融行业内部存在着不同机构之间的标准不一致的情况，这给行业数字化发展带来了不便和困扰。不同机构的标准体系存在差异，互操作性不强，这限制了数字化转型的协同和互联互通。此外，一些机构或企业对标准的执行力度不够，可能出现执行标准的人员不熟悉或不重视标准执行的情况，导致标准化建设的效果不佳。

最后，金融业标准化建设后天不足的问题还与标准管理的不完善有关。目前，我国金融行业标准管理机构的职责不够明确，标准的制定、推广和执行缺乏统一的协调和指导，导致标准的执行乏力。

为了解决金融业标准化建设后天不足、执行乏力的问题，有必要加强标准化建设的管理和监督。金融监管部门应加强对标准化工作的指导和督促，推动金融机构建立健全标准化管理体系、制定执行标准的具体措施和制度。同时，要加强金融行业标准化管理机构的组织与协调，提高标准化建设的效率和协同性。只有通过改进标准化建设的后天环境，才能更好地促进金融企业的数字化发展。

二、金融业数字化发展环境

我国金融业数字化建设面临着严峻的发展环境挑战。由于历史和体制等多方面因素，我国金融业数字化发展环境仍存在诸多问题亟待解决。

（一）金融机构网络认证中心建设进展缓慢

金融业数字化发展面临着一个重要问题，即金融机构网络认证中心的建设进展缓慢。

在金融业数字化的过程中，网络认证是一个至关重要的环节。通过网络认证，金融机构可以确保用户身份的真实性和安全性，提供更加可靠的金融服务。然而，目前金融机构网络认证中心的建设并不顺利。

首先，由于网络认证涉及金融机构内部的技术、安全和隐私等多个方面，需要进行全面的规划和协调。在实际操作中，金融机构面临着建设时间长、投入成本高、技术难度大等问题，这都导致了网络认证中心的建设进展缓慢。

其次，金融机构网络认证中心的建设还面临着技术标准和规范的统一问题。金融机构网络认证涉及多个金融机构之间的互联互通，需要统一的技术标准和规范。然而，目前金融机构网络认证中心的建设缺乏统一的标准和规范，导致不同机构之间的网络认证系统不兼容，互操作性差，无法实现有效的认证。

最后，金融机构网络认证中心的建设还面临着安全性和隐私保护的挑战。金融机构需要保护用户的个人敏感信息和交易数据，确保网络认证系统的安全性和可信性。然而，由于网络环境的不断变化和恶意攻击的威胁，金融机构网络认证中心的安全性和隐私保护面临着严峻的挑战。

为了推动金融机构网络认证中心的建设，需要加强政府和金融监管部门的引导和监督。政府和金融监管部门可以通过出台相关政策和规范，推动金融机构加强网络认证中心的建设，提升认证系统的安全性和效率。同时，金融机构也应该加大投入，加强内部技术人员的培训，提升网络认证中心的建设和运营水平。只有通过共同努力，才能促进金融机构网络认证中心的进一步发展，推动金融业的数字化转型。

（二）金融机构之间的互联互通远没有实现

在金融业数字化发展中，金融机构之间的互联互通是至关重要的一个环节。然而，目前金融机构之间的互联互通远没有达到应有的水平。

首先，金融机构之间的互联互通面临着标准不一致和数据格式不统一的问题。不同金融机构采用不同的数据格式和交换协议，互相之间的数据通信存在着差异和兼容性问题，影响了数据的交换和处理效率。

其次，金融机构之间的互联互通还面临着数据安全和隐私保护的挑战。在数字化发展的过程中，金融机构需要进行数据共享和交换，这也就暴露了数据泄露和安全风险的问题。为了解决这些问题，金融机构需要建立更加严格的数据安全和隐私保护机制。

最后，金融机构之间的互联互通还面临着操作效率低下的问题。由于金融机构之间的数据格式和协议不同，数据的交换和处理过程需要进行人工干预，进而导致了操作效率的降低和成本的增加。因此，在数字化发展的过程中，金融机构需要建立更加高效和智能的数据交换平台，提高操作效率和降低成本。

为了解决金融机构之间的互联互通问题，需要加强各金融机构之间的协同和沟通。除此之外，金融监管部门也需出台更加规范的政策和标准，推动金融机构之间的数据格式和协议的统一和标准化。这些措施可以有效提高金融机构之间的互联互通水平，进而促进金融行业的数字化转型和升级。

（三）金融业数字化建设的法律法规体系尚不健全

在金融业数字化发展中，建立健全法律法规体系是至关重要的一个环节。然而，目前金融业数字化建设的法律法规体系尚不健全。

在数字化发展的过程中，由于数字化金融业务和创新手段的不断涌现，社会公众对于其安全性、合法性和合规性等方面的关注度也越来越高，而当前的法律法规体系无法完全满足这些需求。

由于数字化金融业务与实体经济密切相关，因此如何确定数字化金融业务的合规性以及如何进行有效的监管等是至关重要的。然而，当前相关法律法规仍存在空白和不足之处。

在数字化金融业务的运作中，涉及的数据安全和隐私保护问题也越来越受到社会公众的关注。但是目前的法律法规仍未能有效保障用户的数据安全和隐私权益，需要进一步加强保护。

为了解决金融业数字化建设的法律法规体系不健全问题，需要加强相关部门和机构之间的协调合作，加强法规制度建设。此外，要建立金融机构和数字服务提供商的自律机制，以确保其业务合规性和数据安全性。最终，以制度建设为核心，全面推动数字金融监管的法治化和规范化，为数字化金融业务的发展提供制度保障。

三、金融业管理与市场业务数字化

金融业管理与市场业务数字化是金融业数字化发展中的一个重要方向。它将传统的金融业务管理和市场运营数字化，能够提高金融行业的效率和竞争力，同时创造更多的商业机会。

具体来说，在金融业管理方面，数字化技术的应用可以大幅提升金融机构的管理效率和精确性。比如，通过建立智能化的风控系统和客户管理平台，金融机构可以更好地识别风险，并更加精准地控制风险。此外，数字化技术还可以实现人机协同，帮助金融机构提高服务质量和客户体验。

在市场业务数字化方面，数字化技术可以延伸金融机构的业务范围和提高市场竞争力。通过采用人工智能、大数据等技术，金融机构可以更加精准地定位客户需求和提供更优质的服务，赢得市场信任和商业机会。此外，数字化技术也可以提供更为便捷的渠道和工具，如移动支付、电子商务等，助力金融机构实现市场拓展和价值创造。

金融业管理与市场业务数字化是金融业数字化发展的重要方向，它可以帮助金融机构优化管理流程、提高市场竞争力、创造商业机会，在数字化金融业务中获得更大的发展空间。

我国金融业在管理与市场业务数字化进程中存在的问题主要包括以下五个方面：

1. 理念挑战

一些金融机构的盈利模式惯性较大，缺乏数字化转型的主动性。同时，一些机构数字化思维欠缺，以客户为中心的服务理念还没有完全形成。这导致在数字化转型过程中，这些机构可能无法迅速适应新的市场环境和客户需求。

2. 机制挑战

许多金融机构在产品研发上仍沿用传统项目管理模式，存在环节多、流程长、耗时久、创新容错不足等问题。这种机制难以适应市场快速变化的要求，可能限制了金融机构在数字化转型中的发展速度和创新能力。

3. 人才挑战

当前，既懂金融业务又懂信息技术的高水平复合型人才总体上供给不足。这导致在数字化转型过程中，金融机构可能面临人才短缺的问题，难以支撑其数字化转型的顺利实施。

4. 技术挑战

尽管我国金融业在科技创新应用方面取得了显著进展，但与一些发达国家相比，仍存在一定的技术差距。一些金融机构在数字化技术的应用上可能存在不足，如数据分析、云计算、人工智能等方面的应用尚不成熟，这限制了其数字化转型的深度和广度。

5. 信息安全挑战

随着金融数字化的深入发展，信息安全问题日益突出。金融机构在数字化转型过程中需要处理大量的敏感数据，如客户身份信息、交易信息等。如果信息安全措施不到位，可能导致数据泄露、身份欺诈等风险事件的发生，给金融机构带来重大损失。

我国金融业在管理与市场业务数字化方面仍存在诸多问题，需要金融机构从理念、机制、人才、技术和信息安全等方面进行全面改进和提升。

四、金融监管和金融风险控制能力

金融监管和金融风险控制能力是保障金融市场稳定和保护金融体系健康发展的重要因素。金融监管是指监管机构根据法律法规对金融市场和金融机构进行监督、管理和监测，确保其合规运行。而金融风险控制能力则是指金融机构在面对各种风险时，能够有效地识别、评估和控制风险，并采取相应的对策，以维护自身和整个金融体系的稳定。

在金融监管方面，监管机构需要根据相应的法律法规和监管制度，对金融市场参与者进行监督和管理，以防止市场失灵和违法行为的发生。监管机构还需要进行监测和评估，及时发现潜在的风险和问题，并采取相应的措施加以应对。此外，监管机构还需要与其他相关机构及国家、国际机构进行合作，加强信息共享和合作，提高金融监管的有效性和全面性。

金融机构的金融风险控制能力是保证其稳健运营和风险抵御能力的关键。金融机构需要建立完善的风险管理制度和风险控制机制，包括制定风险管理政策、设立风险监测和评估系统、建立风险分析和预警机制等。金融机构还需要不断开展风险评估，提高对各种风险的识别和评估能力，并及时采取有效的风险控制措施，以保护自身和客户的利益，维护金融体系的稳定。

金融监管和金融风险控制能力是金融市场稳定和金融体系健康发展的重要保障。通过加强金融监管和提升金融机构的风险控制能力，可以有效遏制风险，维护金融市场的秩序和金融机构的稳定，促进金融体系的健康发展。

五、金融业信息安全

金融业信息安全是指保护金融机构和金融市场中的信息系统和数据免受未经授权的访问、使用、披露、破坏或篡改的威胁。随着金融业务的数字化和网络化发展，信息安全问题变得愈发重要和复杂。

首先,金融业务中包含大量的敏感信息,如客户账户信息、交易记录、身份证件等。这些信息如果被不法分子获取和利用,可能导致金融机构和客户的经济损失,同时也会破坏金融市场的信任和稳定。因此,金融机构需要加强对客户信息的保护,包括加密存储、网络传输和访问控制等措施,以确保敏感信息不被未授权的人员获取。

其次,金融业务的系统和网络面临各种外部威胁和攻击,如黑客攻击、病毒感染、网络钓鱼等。这些威胁可能导致系统瘫痪、数据丢失、业务中断等严重后果。因此,金融机构需要建立强大的信息安全防护体系,包括设立防火墙、入侵检测系统、漏洞管理和应急响应机制等,及时发现和应对各种安全威胁。

最后,金融机构还需要加强员工的信息安全意识培训,提高他们对信息安全风险的认识和理解,减少人为因素对信息安全的影响。员工应该知晓和遵守信息安全政策和规定,采取正确的操作行为,避免不必要的安全风险。

金融业信息安全对于保护金融机构和金融市场的安全和稳定至关重要。金融机构需要投入足够的资源和精力,加强信息安全建设,确保敏感信息的保密性、完整性和可用性,提高系统和网络的安全性,提升整个金融业抵御风险的能力。

六、金融业数字化人才

随着金融业务的数字化和技术革新,金融机构对于具备数字化技能和知识的人才需求越来越大。金融业数字化人才指的是那些具备数字技术相关能力和专业知识的人才。他们能够应对和适应金融科技的发展趋势,为金融机构提供有效的数字化解决方案。

首先,金融业数字化人才需要具备一定的技术能力,如计算机编程、大数据分析、人工智能等。他们能够通过编写程序、开发应用和分析数据等手段,为金融机构提供创新的数字化产品和服务。同时,他们也需要了解金融行业的特点和业务需求,将技术能力与金融业务相结合,找到解决方案并实现商业价值。

其次，金融业数字化人才需要具备创新和解决问题的能力。他们能够主动发现和分析金融业务中的问题和痛点，提出合理的解决方案，并通过数字化技术的应用实现改进和优化。他们能够利用人工智能、区块链等新兴技术，创造出更高效、安全和便捷的金融服务模式。

最后，金融业数字化人才还需要具备良好的沟通和团队合作能力。他们能够与不同部门和团队紧密合作，理解业务需求，解决跨部门合作中的问题，保证数字化项目的顺利进行和实施成功。他们也需要与客户和合作伙伴进行有效的沟通，理解其需求，并提供相应的数字化解决方案。

金融业数字化人才在金融机构的数字化转型中扮演着重要的角色。金融机构需要加大对数字化人才的培养和引进力度，提供良好的职业发展机会和培训机制，吸引和留住优秀的数字化人才。只有拥有强大的数字化人才队伍，金融机构才能更好地应对数字化时代的挑战和机遇，保持竞争力并实现可持续发展。

第四节　国外金融企业数字化的借鉴意义

西方发达国家的金融业数字化建设的起步领先于世界其他国家，发展速度和数字化水平也居世界前列，分析西方发达国家金融业数字化建设的经验教训，对我国金融业数字化建设具有重要的借鉴作用。

一、实现先进的信息技术与金融业务的完美结合

国外金融企业注重将最新的信息技术应用于金融业务中，以提高业务效率和客户体验。他们积极探索和应用人工智能、大数据分析、区块链等新兴技术，从而实现更智能、高效的金融服务。

国外金融企业将人工智能技术应用于风险评估和欺诈检测。通过建立强大的机器学习模型，他们能够分析和预测客户行为，及时发现和防范潜在的风险和欺诈行为，提高业务风险管理水平。

国外金融企业广泛应用大数据分析技术，从庞大的数据中提取有价值的信息，为客户提供个性化的金融产品和服务。通过深入了解客户需求和行为模式，金融机构能够更精准地定制产品、推荐投资组合，并提供个性化的金融规划建议。

国外金融企业还在汇款和支付领域运用区块链技术，提高交易的安全性和效率。通过建立去中心化的分布式账本，他们能够实现实时结算和跨境支付，降低交易成本和风险，加快资金传输速度。

国内金融机构可以借鉴到，在数字化转型中注重引入先进的信息技术，并与金融业务紧密结合。可以积极探索和应用人工智能、大数据分析等技术，利用数据和算法优化金融业务流程，优化风险管理和客户服务体验。同时，也可以考虑引入区块链技术，提高支付和结算的效率和安全性。

国外金融企业在实现先进的信息技术与金融业务的完美结合方面具有重要的借鉴意义。国内金融机构可以从中汲取经验，促进数字化转型，提升金融服务质量和竞争力。

二、引入市场竞争机制，注重社会的合理分工协作

国外金融企业注重市场竞争机制的引入，通过与其他金融机构的竞争，迫使自身不断提升服务质量和效率。他们积极开展创新实践，推出具有竞争力的金融产品和服务，以吸引客户并保持竞争优势。

此外，国外金融企业重视社会的合理分工和协作，通过与其他机构、企业和合作伙伴的合作，实现资源共享和优势互补。他们构建了开放的金融生态系统，通过合作与共赢的模式，推动整个金融产业的发展和创新。

国外金融企业还注重与科技公司和创业企业的合作，通过合作创新、战略投资、孵化等方式共同推动金融科技的发展。他们积极与技术创新者合作，以应对市场的快速变化和客户需求的多样化。

从这些经验中，国内金融机构可以借鉴到，在数字化转型中引入市场竞争机制，以激发内部创新和竞争力。可以通过不断提升服务质量和效率，与其他机构进行积极的比较和竞争，推动金融行业的发展与进步。同

时，国内金融机构也应注重社会的合理分工和协作，与其他行业和企业建立良好的合作关系。可以通过与科技公司、创业企业等合作，共同推动金融科技的发展，实现资源共享和优势互补。

国外金融企业在数字化转型中引入市场竞争机制和注重社会的合理分工协作方面的经验对我们具有重要的借鉴意义。国内金融机构可以通过学习和借鉴这些经验，提高服务质量和效率，推动金融行业的创新与发展。

三、加强金融业数字化的基础环境建设，包括法律和标准化建设

国外金融企业重视金融业数字化的基础环境建设，注重建立和完善相关的法律法规，以规范数字化金融业务的运作和发展。这包括涉及数据隐私保护、网络安全、电子签名、电子合同等方面的法律法规，为数字化金融业务提供法律依据和保障。

此外，国外金融企业还积极推动金融行业的标准化建设，包括数据标准、信息安全标准、金融科技标准等方面。他们通过制定和推广统一的行业标准，增强金融机构之间数据交换和业务协作的便利性和有效性。

在数字化转型过程中，国外金融企业还注重建设数字化基础设施，包括网络、云计算、数据中心等方面的基础设施建设。他们采用先进的技术和设备，确保数字化金融业务的高效稳定运行。

国外金融企业在加强金融业数字化的基础环境建设方面的经验对我们具有重要的借鉴意义。国内金融行业可以通过学习和借鉴这些经验，加强相关的法律和标准化建设，为数字化金融业务提供更加稳定和可靠的法律与基础设施支持，推动金融业数字化的健康发展。

四、提高金融机构自动化程度，加强信息安全建设

在金融业数字化的推动过程中，提高金融机构的自动化程度和加强信息安全建设具有重要意义。

首先，提高金融机构的自动化程度可以大幅提升其业务处理效率和服务质量。通过引入先进的信息技术和自动化系统，金融机构能够实现业

务流程的自动化和实时化，加快交易和结算过程，降低人工处理的错误率和成本，提升客户满意度。自动化的业务流程能够极大地简化操作步骤，提高工作效率，使金融机构更具竞争力。

其次，加强信息安全建设对于金融机构的数字化转型至关重要。随着金融业务的数字化和互联网的普及，信息安全面临着更大的挑战和风险。金融机构需要建立健全信息安全管理制度、安全技术体系和应急响应机制，加强对关键业务系统和数据的保护。同时，金融机构还应加强对员工的信息安全意识培养，提高他们对信息安全风险的识别和防范能力。

国内金融机构可以借鉴国外金融企业的经验，采用先进的信息安全技术和设备，利用人工智能和大数据分析等技术手段，实现对异常行为和攻击的实时监测和检测，加强对风险因素的识别和预防。此外，金融机构还应加强与相关安全机构和研究机构的合作，共同研究和解决信息安全领域的难题，提升整个金融行业的信息安全水平。

提高金融机构的自动化程度和加强信息安全建设是金融业数字化转型中不可或缺的环节。国内金融机构可以通过引入先进的信息技术和自动化系统，提升其业务处理效率和服务质量。同时，加强信息安全建设可以有效应对信息安全风险，保护金融机构和客户的信息安全，提升整个金融行业的信任度和竞争力。

五、警惕金融产品与服务创新风险，切实加强金融风险监管制度建设

在金融业数字化转型的同时，我们需要警惕金融产品与服务创新所带来的风险，切实加强金融风险监管制度的建设。

随着金融科技的快速发展，金融机构推出了各种新型金融产品和服务，如P2P网贷、虚拟货币、区块链等。这些新兴金融产品和服务给金融市场带来了巨大的变革和机遇，但也存在着一定的风险。因此，需要建立相应的监管制度，规范和监督金融产品和服务的运作。

在加强金融风险监管制度建设过程中，应重视以下几方面的工作：

首先，加强对新型金融产品和服务的监管。监管机构应及时跟踪和了

解新产品和服务的特点与运作模式，并制定相应的监管准则和规定，明确金融机构和市场主体的责任和义务，规避风险和保护投资者利益。

其次，加强对金融机构的风险评估和监管。监管机构应加强对金融机构的资本充足性、流动性和风险管理能力的评估，确保金融机构具备足够的资金储备和风险管理措施，能够有效应对市场风险和系统性风险。

再次，加强对金融科技公司的监管。金融科技公司在金融业数字化转型中发挥着重要作用，但也可能存在一些风险。监管机构应建立完善的监管体系和监管准则，明确金融科技公司的合规要求，加强对其业务活动和风险管理的监管。

最后，加强信息共享和跨部门协作。金融风险监管需要获取全面、及时和准确的信息，监管机构应加强与其他相关机构的合作和信息共享，形成合力，共同应对金融风险。

要实现金融产品与服务的创新发展，必须加强金融风险监管制度建设。通过加强监管，规范金融产品和服务的运作，我们能够降低金融风险，保护投资者利益，确保金融市场的稳定和可持续发展。

第三章　数字经济下金融企业发展战略

金融业数字化建设正在不断深入地改变着我国乃至全球金融业的发展路径。其中,一方面借助计算机和现代通信技术,我们实现了金融业的数字化和网络化,这是科技进步的显著成就。然而另一方 面,自由化和全球一体化增加了金融市场的流动性,却也削弱了金融监管力度,带来了巨大的风险。

在这样的大背景下,我国金融业数字化建设在实现跨越式发展之后,有必要审慎地分析我们所面临的机遇和挑战。我们需要重新审视和调整发展战略,积极适应新形势下经济和社会发展对金融业数字化建设的要求,以确保我国金融业的健康、稳定和快速发展,并最大限度地减少金融风险的影响。

第一节　我国金融企业数字化发展机遇

自21世纪初以来,我国信息产业呈现出飞速发展的态势,同时金融体制改革的力度也在不断加大。特别是金融业全面对外开放后,国外金融领域的先进经营管理理念、经验和技术的引入,以及全球经济资源的不断涌入,为我国金融业提供了前所未有的发展机遇。

一、宏观金融发展机遇

(一)国民经济持续快速发展

我国金融企业数字化发展面临着许多机遇。首先,国民经济持续快速发展为金融企业提供了广阔的市场空间。随着国民经济的不断增长,金融需求也在不断扩大。国民经济的快速发展为金融企业提供了更多的业务机会和发展空间,同时也促进了金融市场的繁荣和多元化发展。

国民经济的快速发展带来了更多的投资和融资需求,金融机构可以通过数字化技术更好地满足企业和个人的金融需求,提供更加便捷和高效的金融服务。同时,随着社会经济的不断发展和人民生活水平的提高,金融消费需求也在不断增加,金融企业可以通过数字化手段拓展更多的金融产品和服务,满足不断增长的金融消费需求。

总的来说,国民经济持续快速发展为金融企业数字化发展提供了有利条件,为金融机构提供了更多的发展机遇和空间。金融企业应抓住机遇,加快数字化转型步伐,提升金融科技创新能力,为实体经济提供更加全面、高效、便捷的金融服务,实现金融业和实体经济良性互动、共同发展。

(二)金融业改革不断深化

我国金融企业数字化发展面临着诸多机遇,其中之一是金融业改革不断深化。随着我国金融体制改革的不断推进,金融市场的竞争程度和开放度有所提高,为金融企业数字化转型提供了更加开放和宽广的舞台。

金融业改革的深化促使金融市场更加市场化、法治化和国际化,为金融企业的数字化发展提供了更加稳定和可预期的政策环境。通过深化金融业改革,我国的金融监管体系不断完善,监管政策和规则也在不断优化,这为金融企业数字化转型提供了更加清晰和明确的指引,使得数字化发展更具有可控性和前瞻性。

此外,金融业改革不断深化也促进了金融市场的创新和多元化发展。通过加快金融业开放进程,吸引更多的外国金融机构进入中国市场,推动境内外金融机构的合作与交流。这为金融企业数字化发展带来了更广阔的合作与共赢机遇,推动了金融科技的创新与发展。

总的来说,金融业改革的不断深化为我国金融企业数字化发展提供了重要契机和支持。金融企业应积极适应和把握金融业改革的新机遇,加强技术创新和应用,提升数字化能力和竞争力,推动金融业更加高效、稳健地发展,为实体经济的蓬勃发展提供有力的支持和保障。

(三)金融市场加快开放

我国金融企业的数字化发展面临着许多机遇,其中包括金融市场的加快开放。随着我国金融业对外开放步伐的加快,金融市场的竞争程度不断增强,这给金融企业提供了更大的发展空间和机遇。

金融市场的加快开放为金融企业数字化转型带来了更多的合作机会。随着外资金融机构在中国市场的持续加码,我国金融企业有更多的机会与国际一流金融机构进行合作交流。这将促进金融科技的跨国合作与创新,加速数字化技术和解决方案的引进和应用,加快我国金融企业数字化发展的步伐。

另外,金融市场的加快开放也为金融企业提供了更广阔的市场空间。外资金融机构的进入不仅带来了先进的金融科技和创新经验,还激发了国内金融企业提升自身竞争力和服务质量的动力。金融企业可以借助市场开放,扩展业务范围,开拓新的客户群体,提供更多样化、高品质的数字化金融产品和服务,从而加速数字化转型。

总而言之,金融市场的加快开放为我国金融企业的数字化发展提供了机遇和助力。金融企业应充分利用开放市场的机会,加强国际合作与交流,引进先进的技术与经验,不断提升自身的数字化能力和竞争力,积极参与全球金融科技创新,推动金融业实现更高水平的数字化转型,为经济持续健康发展做出更大的贡献。

二、微观金融发展机遇

(一)金融机构数字化建设初具规模

改革开放四十多年来,我国金融业数字化建设取得长足发展。在电子计算机等硬件设施方面,已初步建立起以大型主机为主、中小型机为辅的现代化基础设施体系。

金融机构数字化建设为金融服务提供了更便捷、高效的渠道。通过数字化技术的应用,金融机构可以提供更多元化、个性化的金融服务,满足客户不同层次、不同领域的需求,提升客户体验和满意度。

金融机构数字化建设助力金融风险管理和监控能力的提升。数字化技术的应用可以实现对风险更加准确的识别和监测,加强对金融市场的监管和控制,降低金融风险,提高金融机构的安全性和稳健发展能力。

金融机构数字化建设也为金融科技创新提供了更广阔的平台。数字化技术的应用促进了金融产品和服务的创新,推动了金融科技领域的跨界融合发展,为金融行业注入了更多的活力。

综上所述,金融机构数字化建设初具规模,为金融行业的数字化转型提供了扎实基础和有力支撑。未来,金融机构应进一步加大数字化建设的力度,深化数字化应用,不断提升数字化能力和水平,以更好地满足客户需求,提高服务质量,加强风险管理,推动金融科技的创新与发展,为金融行业的持续稳健发展做出更大的贡献。

(二)金融机构综合经营程度提高

金融机构综合经营程度提高为金融服务的全面性和多元性提供了更为广泛和深入的保障。金融机构不仅能够提供传统的银行、证券和保险服务,还能够实现自身业务的拓展和创新,涉及多个领域和板块,为客户提供更为丰富、多样化的金融产品和服务。

金融机构综合经营程度提高为金融市场的稳定性和可持续性发展提供了更加坚实的基础和条件。金融机构可以根据市场需求和变化,灵活调整和优化自身的经营模式和业务结构,提升自身的竞争力和市场地位,促进金融市场的稳步发展和健康成长。

金融机构综合经营程度提高也为金融创新和金融科技的发展提供了更为广泛的空间和契机。金融机构可以更好地整合内部和外部资源,实现不同领域和板块的协同合作,推动金融科技与实体经济的深度融合和创新发展。

综上所述,金融机构综合经营程度的提高是金融市场发展的必然趋势,也是金融机构转型升级的必要选择。未来,金融机构应进一步加强内部管理和风险控制,推动内部和外部资源的整合和协同,不断优化和创新自身的业务模式和产品服务,促进金融科技的应用和创新,为实体经济的发展和金融行业的可持续发展做出更大的贡献。

(三)金融机构改革力度加大

金融机构改革力度加大为金融市场的竞争环境创造了更加公平和规范的条件。金融机构通过改革措施,加强了内部管理和监督机制,提升了经营效率和服务质量,增强了市场竞争力,有效防范了不当竞争行为和市场垄断现象。

金融机构改革力度加大推动了金融业务的创新和发展。金融机构不断优化和创新自身的业务模式和产品服务,推出更多样化、个性化的金融产品,满足了客户多样化的金融需求,促进了金融市场的繁荣和发展。

金融机构改革力度加大也促进了金融科技的应用和创新。金融机构加强与科技企业的合作与交流,引入先进的技术和理念,提升了金融科技的应用水平和影响力,推动了金融科技与实体经济的深度融合,为金融业务的转型升级提供了有力支撑。

综上所述,金融机构改革力度的加大是当前金融市场的一大亮点和重要趋势。未来,金融机构应进一步加强改革意识和能力,积极主动适应市场变化,推动机构内部管理和制度建设的不断完善,不断提升服务质量和竞争力,为金融行业的可持续发展和实体经济的繁荣做出更大的贡献。

(四)金融机构本土优势

对比国外金融机构,国内金融机构具有显著的本土优势:

一是国内金融机构业务网络覆盖面广,从大城市到县乡村,布局全国各地,市场规模优势明显。国内金融机构更了解本地客户需求,能针对性地创新金融产品和服务,更容易得到客户认可。

二是国内金融机构深谙本土金融市场运作,更容易获得政府和监管部门的政策支持。

三是相对于外资机构更聚焦高端客户,国内金融机构客户基础广泛,中低收入客户和中小企业是主要服务对象,这源自国内金融机构在普惠金融方面的积累。

四是国内客户对本土金融品牌的认知和信任度更高,这也是国内金融机构的宝贵无形资产。

国内金融机构具备客户基础优势、本土运作经验优势、政策支持优势,这些外资机构难以替代。这将是国内金融机构在竞争中立于不败之地的关键所在。

第二节　我国金融企业数字化战略框架

近年来,我国金融业数字化建设进入了迅速发展的新阶段。利用数字化技术来构建企业核心竞争力,已经成为整个金融业的共识。为了避免在数字化建设中出现监管缺失的情况,我国的金融数字化进程必须建立在科学的战略指导下。因此,制定一个清晰、可持续、符合金融机构与行业发展需要的数字化战略,在当前形势下尤为重要。我们必须抓住数字化浪潮,在规范监管的前提下,推动金融业数字化建设,使其向着更高效、更安全、更透明的方向发展,以满足经济社会对金融服务的新要求。

一、基本原则

尽管我国金融业数字化发展在经济全球化的大背景下具有市场竞争

和需求驱动的普遍性特点，但仍需高度关注我国金融业数字化的特有问题。在金融业数字化建设过程中，应遵循以下基本原则：

（一）与金融业发展趋势相融合的原则

金融业数字化战略作为金融总体发展战略的重要组成部分，与创新、人才、国际化、市场等战略密不可分，在推动金融业创新发展中处于核心地位。制定数字化战略必须考虑金融业的发展趋势，与其他战略保持一致性和针对性，形成一个行之有效的战略框架。在全球一体化和市场开放的大背景下，我国金融数字化进程必须顺应金融业市场化、综合化的发展趋势，使数字化成为驱动金融业转型升级的重要动力。我们要充分认识数字化战略在金融业发展中的关键性作用，立足国内国际大环境，准确定位，科学制定数字化发展路线图和具体举措，以进一步提升我国金融业的竞争力和风险防范能力。

（二）实现信息技术与金融业务相融合的原则

金融业数字化进程需要实现信息技术与金融业务的深度融合，二者缺一不可，必须紧密配合。随着数字化建设不断推进，信息技术在金融业的战略地位日益凸显。金融业必须高度关注信息技术发展动向，与之保持同步，以在市场竞争中保持优势。因此，制定数字化战略时必须跳出金融业视角，从更高战略高度审视信息技术发展，密切关注那些可能为金融数字化带来机遇与挑战的前沿技术，全面利用有利条件推动数字化建设。我们要加强与信息技术企业的交流合作，优化技术服务供应，整合创新资源，使金融数字化在技术创新上保持领先。只有这样，才能在数字化进程中走在前列，实现金融业转型升级。

（三）全面发展与重点突出相结合的原则

我国金融业在深刻变革与数字化快速发展的双重推动下。整体数字化基础仍相对薄弱，各项工作同时展开，容易陷入平铺直叙的困境。因此，我们必须在全面发展的同时，突出重点，抓住影响金融业数字化的关键问题。当前，需要重点关注的三个方面是：第一，数字化外部环境，包括经营环境和技术环境；第二，数字化内部环境，包括管理体制和运行机制；第三，数字化技术问题。我们要直接把握一些关键领域，增强战略指导与规划，直击痛点与短板，使数字化建设既注重整体又彰显关键，在系统谋划与重点发力相结合下，推动我国金融业数字化取得新的突破与进展。

(四)总体提高与差异化相结合的原则

尽管综合化经营是我国金融业的发展方向，但在一定时期内，分业经营仍将是主要经营模式。因此，制订和实现金融数字化发展目标时，必须充分考虑银行业、证券业、保险业等目前所处的发展阶段，兼顾分业经营和综合经营两种情况。在推动金融业整体水平提升的同时，不能搞“一刀切”，应允许不同领域根据实际情况实现差异化数字化发展，确保各业可按照适合自身的数字化战略和技术路线推进建设。我们既要统筹规划，又要因地制宜，兼顾整体与局部，使数字化建设既符合金融业发展总体需要，又能结合不同业态的具体情况，成为促进各领域协调发展的有力支撑。

二、战略目标

我国金融业数字化发展需要以实现经济、金融和消费者的全面协调发展为基本目标。我们要建立一个基于现代信息网络的金融服务体系，能够满足社会多层次、多样化的需求，实现高效、安全、可信和可持续发展，为我国金融业现代化提供有力保障。这个金融服务体系需要具备以下特征：立足于经济社会发展需求，服务实体经济，满足多样化金融消费需求；运用前沿数字技术，建立灵活便捷的网络服务平台；确保金融信息安全，维护服务体系稳定可靠；融合监管要求，实现风险可控和业务可持续发展。通过数字化建设，进一步提升我国金融服务水平，使金融在经济高质量发展中更好地发挥积极作用。

(一)整体战略目标

我国金融业数字化建设的整体战略目标应该是：

第一，完善与金融数字化相关的外部环境，营造有利的政策、法规、技术和市场环境。

第二,运用信息技术改善金融机构的内部管理和业务流程,建立高效的数字化管理体制和运行机制。

第三,加强数字化管理体制和运行机制的持续调整与优化,使其能够灵活适应金融业务模式的变革与创新。

第四,提升金融产品和服务的创新能力,开发数字化赋能下的新型金融业务,为客户和实体经济提供高质量的金融服务。

我们需要从外部环境、内部管理、运营机制和创新能力等多个维度着力,通过系统谋划与积极作为,使中国金融业的数字化建设走在技术和应用创新的前列,在全球新一轮科技革命和产业变革中抢占先机。

(二)金融机构数字化建设目标

在金融产品和服务方面,实现网络化经营,全面提升经营效率和服务质量;大力发展主动式数字化客户服务,推进新型网络营销模式;开发网银、网证、网保等新型金融服务产品。

在金融机构经营管理方面,建立数字化的综合管理信息系统,在实现前台业务电子化的基础上,积极推进后台管理数字化,实现从市场营销到内部管理的全面数字化转型,有机衔接业务处理和管理决策。

实现金融机构管理决策的智能化和知识化,大力发展数据仓库和数据挖掘技术,在业务和管理中广泛应用,改变过去低效的决策方式,充分利用客户和市场数字化信息资源,全面开发经营决策的新机遇。

我们需要全方位推进金融数字化建设,使产品服务、经营管理和决策支持均实现数字化转型,大幅提升金融机构的经营效率、管理水平和核心竞争力,推动金融业更好地服务实体经济,增强抗风险能力。

(三)金融业数字化业务技术发展目标

加快推进金融网络信息化和业务流程自动化。建立银行间的大联网,实现票据、债券等金融工具的畅通流转。采用先进的电子化设备,提升服务效率和质量,加快业务办理,提高客户体验,扩大客户群体。

建立金融信息数据管理库,为客户提供全方位金融服务,同时收集银行及监管机构的数据,开展预测分析,为经济调控提供决策依据。通过信息共享和数据库互联,增强金融业的智能化支撑。

大力发展金融电子化服务体系,实现金融服务现代化。推广信用卡等电子支付工具,建设覆盖广泛的自助服务网络,开发线上线下融合的新型金融服务,降低现金使用的社会成本,提升资金流转效率。

我们需要全面推进金融数字化建设,构建高效、便捷、智能的新型金融服务体系,以先进的电子化手段提升金融服务和管理水平,增强抗风险能力,更好地为实体经济提供金融支持和保障。

三、战略指导

我国金融业数字化的建设过程中,应该特别关注一些相关的金融战略要素,创新战略、人才战略和国际化战略扮演着保障甚至引导、推动数字化建设的角色,已经成为数字化建设过程中不可或缺的力量,因此需要对这三个战略进行详细的分析。

(一)创新战略

金融业数字化的创新战略主要包含两方面:

一是数字化对金融创新的保障与支撑。金融创新是金融业发展的生命力,信息技术是推动数字时代金融创新的重要动力。信息技术大大降低了运营成本,催生了许多新型金融产品和工具,克服了时间和空间限制,实现了金融市场的全球化。

二是数字化自身的创新能力。这涉及数字化的制度环境、组织模式、信息技术等要素的创新。这些不能机械照搬国外经验,而要根据国内情况进行创造性的建设。

我们要充分认识信息技术在支持金融创新方面的关键作用,同时积极推进数字化过程中的自我创新,完善法规政策,优化组织流程,运用新技术,以符合国内实际的方式推动数字化建设。数字化和金融创新需相互促进、相互支撑,共同提升我国金融业的竞争力和风险防控能力。我们要在数字化创新中走出一条适合中国国情的金融发展之路。

(二)人才战略

数字化人才是金融业数字化建设的重要战略资源。当前我国金融业人才队伍与数字化要求还存在一定差距,金融业全面开放后这一问题更加突出。因此,金融机构必须将数字化人才战略作为数字化发展的重要组成部分,从以下几个方面着手:

一是深化人事制度改革,建立适应数字化需求的人才发展机制;

二是加大人力资源开发力度,迅速提升人才配置的市场化程度;

三是建立完善的人才培养、吸引和考核激励机制,优化人才发展环境;

四是构建符合国际标准的人才流动机制。

要从战略高度谋划数字化人才建设,采取综合措施,打造一支符合数字化需求的高素质金融人才队伍,为金融业数字化发展提供坚强人才保障。人才优势将是推进中国金融业在数字化时代持续领先的关键所在。

(三)国际化战略

数字化建设的国际化战略蕴含着两个层面的深刻意义。第一,我国应主动学习国际数字化建设的先进经验,全面了解数字化发展的国际趋势,吸收其有益借鉴,避免走弯路。在此基础上,结合自身实际情况,科学制定数字化战略,提高研发效率,降低建设成本,实现数字化建设的跨越式发展。第二,我国数字化建设需要与国际标准接轨,使信息系统实现国内外互联互通。这不仅有利于金融机构开拓国际市场,也能提高监管效能,为我国金融业与国外机构的竞争提供制度保障。通过国际化路径,促进我国数字化建设与全球体系对接,实现共赢发展。

四、战略实施

(一)金融业数字化建设战略的三个实施层面

1. 国家战略层面

应充分发挥金融业数字化在国民经济数字化进程中的引领作用,建立完善的国家宏观支撑保障体系。这包括加快数字化相关法规建设,制定业务、产品、技术标准，加大基础设施建设投入，营造良好的发展环境。同时，要积极推进社会信用体系建设，重点建立信贷征信体系，尽快构建个人和企业信用机制，不断完善市场经济体制，为经济金融健康发展提供坚实基础。通过国家战略层面的积极作为，引领和推动金融业数字化建设，使其在国民经济数字化进程中发挥关键性作用。

2. 金融行业层面

应完善金融业数字化服务保障体系，推动现有金融电子化系统升级改造。首先要研究确定金融数字化发展所需的各类标准，逐步形成完善的数字化标准体系。其次要改造金融基础设施，建设一个开放、安全、高效、可扩展的行业互联网络。最后要建立健全金融信息系统安全保障机制，完善金融监管系统，实现对金融系统的动态、智能化监管，确保信息系统安全。同时鼓励规范金融服务提供商的发展，组织攻关关键技术。通过完善数字化服务保障体系，推进金融业数字化建设，提升金融服务水平。

3. 金融企业运作层面

应顺应现代信息技术潮流，推进金融机构管理架构和业务流程重组，实现金融网络化运营、服务综合化和电子商务支付网络化。要建立金融信息综合集成系统，发展金融信息共享处理技术，强化网络化金融风险监控和防范，促进金融信息系统的安全自动化、网络化和管理现代化，同时建立完善的金融安全风险评估体系。还应建立有效的数字化管理体制和运行机制，充分利用信息资源，加强信息项目管理，实现管理和决策的数字化与智能化。通过推进金融管理架构、业务流程和管理体制的数字化转型，提高金融服务效率和风险防控能力。

（二）金融业数字化建设重大项目实施策略

金融业数字化建设过程中，部分涉及面广、政策性强、技术复杂、对金融业发展具有重要带动作用的系统和体系建设，需要加强科学指导和规范化管理，严格保证建设进度和质量。金融业数字化建设中的重大项目实施也需要从上述三个实施层面来着手。

具体来说，要推进金融业数字化建设，确保重大项目顺利实施，可以考虑采取以下策略：

政府主导，成立领导小组，统筹规划数字化发展路线图，调动各方参与热情，提供资金及政策支持。成立项目组织协调小组，由相关政府部门、监管机构和金融机构成员组成，负责具体实施方案设计、过程监管、阶段验收等。引入市场化运作机制，吸收社会资金和专业力量参与，提升项目运营效率，并在项目获利后实现可持续发展。发挥产学研优势互补，金融机构与高校、科研院所形成合作，提高项目实施质量并促进产业协同发展。加强国际合作与交流，学习借鉴国外成功经验，避免走弯路，实现数字化建设跨越式发展。

通过政府主导、市场运作、产学研结合、国际合作等多种方式协同推进，不断完善我国金融业数字化建设，与国际先进水平接轨。

第三节　我国金融企业数字化战略任务

在明确了我国金融业数字化建设的战略目标和指导方针之后，需要制定相应的策略和措施来保障其实施，根据金融业数字化建设战略确定战略任务。

一、建立国家宏观支撑和保障体系

我国金融业数字化战略任务之一是建立国家宏观支撑和保障体系。现代金融业的数字化转型和发展需要有一个完善的宏观支撑和保障体系，以实现数字化战略的顺利实施和可持续发展。

建立国家宏观支撑和保障体系可以为数字化金融企业提供政策和制度上的保障，以确保其发展的合法性、稳定性和可持续性。这包括了制定相关法规和政策，加强对数字化金融业务的监管和管理，为数字化金融企业提供更为完善的运营环境和公平的市场竞争机制。

建立国家宏观支撑和保障体系可以促进数字化金融企业的跨界合作和互联互通，提高资源利用效率和运营效率。通过建立数字化金融企业之间的合作机制和平台，可以打破原有的产业壁垒和信息孤岛，促进不同领域的协同发展，实现资源共享和价值互补。

建立国家宏观支撑和保障体系还可以加强对数字化金融企业网络安全和信息安全的保障，提升数字化业务的稳定性和防范网络风险的能力。针对数字化金融业务的风险和安全问题，加强相关技术指导，建立健全相关制度，注重网络安全和信息保护，为数字化金融企业运营提供更为可靠的保障。

综上所述，建立国家宏观支撑和保障体系是我国金融企业数字化战略的重要任务之一。在实现数字化转型和发展的同时，必须注重建立更为完善的政策和制度保障体系，促进数字化金融企业的合法稳定发展，并加强对安全和风险的防范和应对，为数字化金融业务的顺利发展提供更加稳健有力的支持。

（一）完善法律法规体系

目前，我国数字化立法在计算机网络建设和网络安全方面取得一定进展，但在信息安全、电子商务、数字化监管和金融产品与服务创新等方面存在明显短板，尤其是在应对日新月异的金融产品和服务时，相关的法律制度保障严重缺失，无法满足金融数字化高速发展的需求，这严重制约了金融数字化的健康发展。为推动金融业数字化更好更快地发展，亟须建立和完善数字化立法体系，以适应数字经济和金融业发展的需要。

1.关于国家信用管理的法律法规

我国信用体系建设还处于起步阶段，信用法律法规明显不足，可以借鉴发达国家在信用法规建设方面的成功经验。一是尽快制定信用基本法，以及针对不同专业领域的信用专门法，为信用体系建设提供法治保障。二是建立健全失信惩戒机制，明确市场经济条件下失信的法律红线。三是统一地区与部门信用标准，修改不符合国家统一信用要求的规定，推动建立统一的国家信用体系。完善的信用法规体系将为我国信用体系建设和社会诚信文化建设提供制度保障。

2.关于金融业数字化监管的法律法规

金融业大量应用信息技术,在提升经营管理效率的同时,也带来了新的风险挑战:一是网络金融业务的快速增长,导致金融企业面临更大的流动性风险和市场波动风险;二是金融交易网络化使交易主体难以辨识,增加了信用风险。面对网络金融业务的快速发展,金融监管部门亟须出台网络金融管理和风险防范办法,在引导金融创新与加强金融监管之间求取平衡。通过完善的监管体系和风险管理机制,促进网络金融健康可持续发展。

3.关于金融电子商务的法律法规

电子商务的发展极大促进了国民经济和社会发展,但我国在电子商务立法方面几乎空白,在一定程度上制约了电子商务的进一步发展。应根据我国电子商务发展状况和国情特点,吸收借鉴发达国家的电子商务立法经验,明确我国电子商务立法框架和法律体系,尽快制定统一的电子商务法,并配套制定相关单行法规,构建包括电子支付、网上交易、知识产权保护等在内的电子商务法律体系,为电子商务的规范有序发展提供法治保障。完备的电子商务立法体系,将有力促进我国电子商务健康快速发展。

4.关于金融信息安全的法律法规

目前金融业数据高度集中导致信息技术风险聚集,需要在信息安全保障、金融信息犯罪防范和应急体系建设方面完善法规体系。一是通过立法建立健全国家信息安全管理体系,明确信息安全机构职能,形成高效、职责明晰的行政管理和业务运行机制。二是建立信息安全标准和评估制度,加强通信网络安全保密和信息加密技术立法,完善信息犯罪定性、裁判和惩处法规。三是尽快出台信息安全事故法律责任和赔偿适用法规,以及金融业应急体系建设规定。完善的信息安全法规体系将为防范金融信息技术风险提供有力法治保障。

5. 关于金融产品与金融服务创新的法律法规

随着金融工程技术和理论的不断创新，新型金融产品层出不穷。近年来，在相对宽松的政策环境下，我国金融创新迅猛发展，电子银行、银行卡、个人理财、衍生品交易等业务蓬勃开展。证券、保险、期货、外汇等领域，也出现了各类创新产品，如浮息债券、开放式基金、股指期货等。但是，与金融创新相匹配的法规建设严重滞后，相关政策规定不足，不仅制约了金融创新，也可能导致严重的金融风险。当前，迫切需要加强金融创新监管法规建设，吸取2008年美国次贷危机的教训，确保金融体系稳定和市场健康发展。通过完善的法规体系，适度监管金融创新，既鼓励其健康发展，也防范可能的风险。

（二）建立、完善企业与个人信贷征信体系

我国信用体系不健全已经成为经济发展的瓶颈。一方面，由于信用缺失和经济秩序问题，市场交易中的无效成本占比较高，每年直接和间接经济损失较大。另一方面，没有建立个人信用系统，银行缺乏放贷依据，导致个人贷款困难，缩小了货币市场规模。因此，我国亟须在借鉴国际经验的基础上，不断完善信用管理法规体系，建立个人信用数据库和评估机制，加快构建社会信用体系，以减少交易成本、扩大货币市场、促进经济平稳健康发展。完善的信用体系将为经济发展提供有力制度保障。

1. 建立统一、开放共享的信用数据库和信用评估标准

应建立由政府主导、企业和个人参与的信用体系建设模式。政府应统一协调银行、公检法、海关、税务、保险等部门和金融机构，在全国范围建立统一的企业和个人信用管理系统，并制定统一的信用评估标准和程序，对企业和个人信用进行规范和约束。

2. 政府应通过制定适当的政策，积极促进信用服务机构的健康发展

一方面，政府可采取必要措施引导和支持信用服务机构的成立，但不应过多直接参与其日常经营；另一方面，政府应明确监管职责，制定相应监管要求，加强对信用服务机构的监督管理。此外，还应建立健全法律法

规和市场机制,共同形成惩处失信行为的双重约束,从而营造诚实守信的社会环境,培育信用文化,推动现代信用体系建设。在市场化发展和政府监管之间找到平衡,是健全我国信用体系的关键。

二、完善金融业数字化服务保障体系

应由中国人民银行、银保监会、证监会等金融监管部门牵头,成立国家金融业数字化转型工作领导小组。该小组应制定全面的数字化转型规划,明确监管原则、安全标准、服务规范、技术路线图等,并统筹协调各项工作。其主要任务包括:加强对金融业数字化转型的监管指导,研究制定监管政策和标准。加强网络和数据安全管理,防范金融风险。规范金融服务市场秩序,防止不正当竞争。制定金融业数字化转型的技术标准体系。组织开展金融核心技术研发和标准制定。推进金融基础设施建设,构建开放共享的金融服务基础平台。

通过统筹推进各项工作,加快形成安全高效、竞争有序、技术先进、业务协同的金融业数字化服务保障体系,为金融业创新发展提供强大支撑。

(一)完善金融业数字化标准

我国金融业数字化转型正面临标准体系不完善的问题,各金融机构信息系统孤立,数据无法共享,互联互通困难。为推进金融业数字化建设,完善标准体系刻不容缓。

相关部门应组织金融机构和信息技术企业,根据国内外标准化实践,研究制定适合我国国情的金融业数字化标准体系。标准体系可包括:基础通用标准,规范数据、接口、通信等基础技术。技术标准,指导基础设施、系统与软件开发。管理标准,确保数字化转型各环节有效组织与监管。安全标准,保障网络与数据安全。应用标准,推进关键金融业务系统协同化。其他必要的标准。

完善的标准体系有利于打破信息孤岛,构建统一开放的金融服务基础平台,使各金融机构系统间实现联通互操作、数据互通共享,切实提升我国金融业数字化水平。这需要政府部门、行业机构和企业通力合作,共同推进。

(二)加强金融业数字化监管

尽管我国目前已经形成了分业经营、分业监管的体制,金融监管工作在构建监管组织体系、建立监管指标体系、完善监管法律体系等方面取得了进展,但仍存在一些问题:首先,我国金融监管过于注重事后的处罚,而非事前预防,与国际新规不完全相符;其次,相关法规框架性较强,实施细则不完善,导致监管操作规范性不足;最后,针对虚拟金融的监管规则还比较薄弱。我国应该借鉴国际成功经验,结合国情实际,制定科学的风险管理方针,逐步健全符合时代发展的金融监管体系。

1. 建立国家金融宏观调控信息系统

建立国家金融宏观调控信息系统,是实现科学、精准的经济调控的重要手段。该系统通过构建结构合理、理论基础扎实的经济模型,开发预测模型和指标体系,对宏观经济运行进行全面、客观的监测分析,助力决策部门准确判断经济趋势,及时制定货币政策,保持人民币汇率稳定,促进经济平稳较快发展。系统的主要功能包括经济预测、政策制定、中间目标和最终目标的协调调整等。构建此类宏观调控信息系统,对我国经济高质量发展意义重大。

2. 完善金融监管体系,应加强各金融监管机构之间的协调配合,建立统一的监管信息系统

银保监会、证监会应与中国人民银行加强政策协调,签订信息共享协议,明确监管职责,注意分工合作,建立监管网络和信息资源共享机制,提高监管效率。同时,应整合针对不同监管对象和业务领域的监管应用软件,建立风险评估和控制模型,完善风险预警指标体系,最终建立统一的金融监管信息系统。通过协调联动和信息共享,不断完善多层次、全方位的金融监管体系。

3.建立国家反洗钱系统

在金融全球化的背景下，反洗钱工作对维护国家金融安全极为重要。应建立和完善反洗钱系统，通过收集金融机构可疑交易数据，利用数据仓库和数据挖掘技术，根据预设模型对可疑交易进行评估分析，为监管部门开展反洗钱工作提供指导和支持。这不仅可提高我国金融业的反洗钱能力，而且有助于我国反洗钱制度与国际标准接轨，促进我国金融业融入经济全球化浪潮。建立科学、高效的反洗钱系统，是实现金融安全的重要举措。

4.规范金融业数字化业务外包市场，加强风险控制

业务外包符合市场经济规律，能够优化资源配置，降低金融企业成本，但同时也带来安全风险、后勤保障风险等潜在隐患。现行监管法规对此还未做出规定，不利于外包业务市场发展。金融监管部门应考虑颁布完善的外包业务监控规范，制定外包业务监管指引，明确外包业务范围和监管程序，加强对金融服务提供商的监管，规范服务提供商市场。通过健全外包业务监管规则，防控风险，外包业务市场能够规范、健康发展。

（三）建设、改造全国性金融服务基础设施

全国性金融服务基础设施是实现金融业数字化转型的重要支撑，主要包括公共金融支撑平台和现代化支付系统。它由计算机、软件、通信网络等构成基础性数字平台，为金融机构和用户提供安全、高效的数字化金融服务，有利于我国金融业数字化服务体系的建立。构建统一开放、安全可靠的全国性金融服务基础设施，是推进金融业数字化转型的关键举措。

1.建设、改造全国性公共金融支撑平台

应构建一个开放、高效、安全、可扩展的全国性金融支撑平台，该平台可以为综合经营、联合监管、跨国经营的金融服务和动态监管提供基础支撑，实现跨行业、跨平台的信息共享、系统互联互通和业务互操作。全国现代化支付系统、资金清算系统等金融系统平台，以及“三金”工程等信息网络建设，都是公共金融支撑平台建设的重要组成部分，对我国金融业发

展意义重大。构建统一的公共金融支撑平台有利于提高金融服务效率，降低监管成本，保障金融系统安全高效运转。

2. 健全现代化支付体系

应加快支付领域创新步伐，完善电子支付服务系统和电子资金清算系统，为客户提供安全、快捷、方便的资金支付和清算服务。

要持续加强以现代化支付体系为核心的全国性金融基础设施建设，由公共金融支撑系统、全国性信贷征信系统、现代化支付系统等构成全国性金融服务基础体系，再辅以金融企业服务系统、金融监管系统和反洗钱系统，最终形成现代化的金融服务和监管体系。加强金融基础设施建设，能够有效提升我国金融服务水平，保障金融运行安全高效。

（四）加强金融数字化安全保障体系建设

1. 建立健全金融信息安全标准体系

信息安全产品向标准化发展是趋势，央行等监管机构和大型金融机构虽已推出若干信息安全标准，但仍存在不完善、“各自为政”等问题。我国金融业应在借鉴国外经验基础上，结合实际需求，建立适合自身的、具前瞻性的信息安全标准体系。这需要监管机构与商业银行通力合作，紧跟国际标准建设方向，建立统一、高效的标准体系。通过制定统一、科学的信息安全标准，不仅能有效保障金融信息安全，也能提升我国金融业在国际竞争中的地位。

2. 更新、完善信息安全行业规范与法规

在建立金融业数字化安全标准基础上，监管机构还应密切关注国内外金融业发展趋势，及时制定和完善相关信息安全规范。应明确系统安全评估、信息系统规划、网络安全、业务持续性、外包监控等方面的要求，形成完备的信息安全法规体系，从法律上保障金融信息安全。通过不断更新、完善信息安全规章制度，规范行业发展，央行等监管机构能为金融机构数字化转型提供坚实的法规支撑和政策保障。

3.加强信息安全监管

首先,应该加强金融机构的信息安全体系建设和内部控制。重点是监督各金融机构认真执行国家的信息安全法规,结合自身实际制定切实可行的内部控制制度,确保员工的日常操作规范合理,不存在越权或管理漏洞。

其次,应该加强对金融机构网络系统建设的安全性和合理性的监管。金融监管部门要定期检查全国性金融机构的网络系统,商业银行也要加强自身系统的安全监测,确保设备线路部署得当、备份和供电系统可靠,操作系统和应用程序无安全漏洞,配备防火墙、防病毒和定期升级等安全措施。

最后,应该加强对金融从业人员的监管。金融监管部门和商业银行应该对人员的从业资格进行审查,确保其具备较高的法律和安全意识,没有可能危害金融信息安全的不当行为,从源头上杜绝安全隐患。

(五)组织对金融业数字化关键技术攻关

促进金融服务和创新发展的关键信息技术,主要包括能够支持综合业务的核心系统、确保信息系统安全的各项技术手段及能够实时处理海量数据的技术等。与金融管理和决策相关的关键技术,则集中在商业智能和知识管理等方面,以支持数据分析和决策。

我们应致力于深入研究这些先进的信息技术,将其积极应用到金融行业中,用技术创新推动金融业更好地服务实体经济,防范金融风险,提高经营管理和决策效率。同时也要注意技术适用的风险,建立健全金融科技监管,保障金融信息安全。

1.综合业务系统

随着金融业数字化建设的深入,金融机构开始逐步将核心业务集中到区域和全国中心进行处理。通过构建以客户为中心的综合业务系统,集成客户关系管理、金融产品服务管理、风险管理审计等功能,金融机构可以为客户提供全方位、多层次的服务,实现规模化经营,提升集约化效益。

实现这一目标的关键技术手段包括：第一，通过企业应用集成技术，连接企业各异构系统、应用和数据源，完成核心业务系统的集成和多渠道后台的融合。第二，使用金融数据交换协议，更好地支持银行、证券、保险行业和部门之间的互联互通，促进复杂金融数据的联通处理，保证电子业务安全高效。第三，采用模型驱动架构和基于模型的软件开发方法，可以显著提高开发效率，增强软件的可移植性、协同性和可维护性。这代表了新一代的软件开发方向。

这些技术手段的运用，将有力推动金融业数字化建设，使之更好地服务实体经济，防控金融风险，提升经营管理效率。我们应当积极采用，并注意技术应用中的风险防控。

2. 信息系统安全技术

信息系统安全包括系统安全运行和信息安全两方面。

首先，为确保信息系统不受自然灾害、设备故障、病毒等影响，实现7×24小时安全可靠运行，金融机构应积极采用各类防火墙、入侵检测、网络管理等安全技术，并对重要数据采取备份、容灾等措施，确保数据安全。

其次，为有效应对各种信息安全威胁，防止数据被篡改、机密泄露等，金融机构应在借鉴国外经验基础上，积极研发适合本国国情的加密和认证等安全技术。这需要在监管部门领导下，集合各机构技术力量，保证研发效率和技术适用性。

金融机构应采取全面的信息系统安全技术措施，建立健全信息安全管理制度，营造良好的信息安全文化，以适应数字化转型要求，防范信息安全风险。同时，监管部门也应加强监管和指导，促进金融信息基础设施建设。

3. 大规模数据实时处理技术

随着金融业务规模的快速增长，对实时性的要求也在不断提高。金融机构需要满足大规模业务处理和实时风险管理的需求，同时又需要控制运营成本。此时，利用先进的分布式计算和网格计算技术可以帮助金融机构有效整合分散的服务器资源，通过高速网络提升系统的并行计算、管理和服务能力，而无须增加额外的运营成本。这一技术的应用不仅可以增强金融机构的实时业务处理和风险管理能力，更可以推动金融信息系统向智能化和实时化方向发展，支持金融业更精细化和智能化的风险管理，提供更便捷、高效的金融服务，维护金融体系的安全稳定运行。当然，在采纳这些技术成果的同时，我们也需要加强监管，防范可能的技术风险。

4. 商业智能技术

商业智能是倚赖大数据，运用统计、机器学习、数据仓库等技术来支持管理和决策的重要手段，主要包含数据仓库、在线分析处理和数据挖掘等技术。

数据仓库技术可以有效整合各类数据，形成全局化视角，支持金融业务创新和转型需求，助推金融业从"产品中心"向"客户中心"的转变。

在线分析处理技术可以将数据仓库和业务系统的数据转化为有价值的信息，支持管理决策；数据挖掘技术则利用统计、人工智能等方法，结合专家经验，从海量数据中发现新的见解，为金融机构的业务分析和决策提供支持。

商业智能的应用有助于金融机构提升数据驱动的经营管理水平，更好地控制风险，创新金融产品，维护金融体系的稳定运行。我们应该积极应用商业智能技术并加强监管，防范可能的技术风险。

5. 知识管理技术

知识管理是通过构建良好的企业文化和应用内容管理、协同工作等系统，促进个人知识向组织知识的转移、显性知识的共享和隐性知识的传播，从而提高企业核心竞争力和长期竞争优势的战略与实践。知识管理通常借助计算机系统的支持，内容包括建立知识库、促进员工知识交流、营造尊重知识的环境以及将知识作为战略资产进行管理等。

知识管理孕育于知识经济兴起、信息技术快速发展和商业竞争激烈的环境中。知识管理与信息技术紧密结合，共同强化金融机构的商业智能建设,成为金融机构核心竞争力的重要来源。知识管理是企业管理的发展方向,也是信息管理进一步发展的结果。金融机构需实现向知识管理战略的转型,以适应未来金融市场竞争的需要。

知识管理技术的应用将促进金融机构知识创新、加强风险控制和提升决策效率,使之更好服务于实体经济发展。

三、开展数字化建设并实施数字化配套管理变革

在金融机构的运营层面推进数字化建设,需要树立正确的数字化理念,制定数字化长期规划,并从管理体制和运行机制等方面进行调整适应。

首先,树立数字化转型的新理念,将数字化作为提升金融服务和风险管理的重要途径。其次,制定系统的数字化长期规划,明确数字化建设的路线图、时间表、资源投入等。再次,调整管理体制和运行机制,形成有利于数字化、信息化建设的组织框架和运作模式。最后,不断完善金融服务体系,使用数字化手段提升金融产品创新、风险管理、决策支持等能力,持续推动金融机构的智能化转型。

通过上述工作,金融机构可以顺应数字化趋势,用技术创新力推动业务转型升级,更好地防控金融风险,服务实体经济,保障金融体系安全运行。监管部门也应加强指导协调,促进金融业数字化建设的健康发展。

(一)数字化管理体制

数字化管理体制是金融机构为确保数字化建设有效开展而设立的,涉及机构设置和组织职能划分的制度框架。其目的是明确各部门在数字化过程中的职责和协调机制,为数字化建设提供基础保障。

为解决数字化建设中可能出现的效率低下、人才流失等问题,我国金融机构应调整数字化管理体制,转变为以客户为中心、以创新为导向、以流程管理为手段、以首席信息官为领导的组织模式。这种组织模式有助于积极推进现代数字化管理体制的建立。

具体而言,金融机构应设立专门的数字化转型部门,并培养复合型数

字化人才队伍。同时，应建立灵活的流程和协作机制，发挥首席信息官的领导作用，推动信息技术与业务的深度融合。此外，还应持续优化数字化管理，形成具有金融机构特色的、适应数字化需求的现代管理模式。

这一转变将有助于金融机构适应数字化趋势，利用技术创新力量提供更优质高效的金融服务，同时防控金融风险。监管部门也应加强指导，促进金融机构数字化管理的规范化。

1.成立金融机构数字化决策委员会，明确数字化建设领导职责

鉴于数字化建设关系到金融机构的发展和竞争力，建议成立一个由业务、技术等部门高层领导组成的数字化决策委员会，作为数字化决策的最高机构。该委员会应负责制定数字化总体战略，进行信息技术资源规划和部署，其主要职责包括：①分析行业数字化发展趋势，提出金融机构数字化战略规划；②研究数字化对业务和管理的影响，提出数字化转型方案；③规划和部署数字化建设所需的信息技术资源和能力建设；④监督数字化项目执行，评估数字化效果并提出持续改进方案；⑤提升企业数字化治理水平，完善数字化管理体制和运行机制。

通过设立数字化决策委员会，明确数字化决策机制，金融机构可以更好地统筹数字化进程，提高数字化建设的协同性、高效性和指导性，以适应数字化潮流和市场竞争的需要。

在数字化决策委员会的战略指导下，金融机构还应设立一名专职负责数字化建设的高层领导，既要熟悉数字技术，又要理解金融业务。可以参考高新技术企业的做法，设立与副行长或副总经理相当的首席信息官（CIO）职位，负责数字化工作。CIO应当使技术资源规划与业务需求紧密结合，推动数字化建设，其主要职责包括：①根据业务需求，制定数字化技术规划路线图；②组织实施数字化项目，确保业务和技术融合；③引进和培养数字化人才，提升机构数字化能力；④推动业务流程再造，支持新技术应用和创新；⑤评估数字化效果，不断优化数字化管理。

设立CIO有利于金融机构树立数字化转型理念，进一步提高数字化建设的协同性和效率，以适应数字化时代的发展需求。

2. 设立金融产品和服务创新部门，负责组织和协调创新研发工作

随着金融业的对外开放，境外金融机构带来的创新金融产品和服务正在冲击着国内市场，尤其是综合化经营推动的金融创新浪潮，使得国内金融机构面临提升自身创新能力、增强市场竞争力的迫切需求。

目前一些金融机构的金融创新意识较弱，业务部门分割、缺乏协作，存在"新产品委员会"形同虚设的问题。因此，金融机构有必要专门成立金融产品和服务创新部门，全面负责金融创新工作。

该部门应具有前瞻性视角，深入研究市场需求，真正实现以客户为中心的理念，开发定制化、多样化的金融产品和服务。其主要工作可包括：①研究分析市场需求，提出金融创新方向；②组织开发新金融产品，开拓创新金融服务；③协调业务部门，实现金融创新协同；④引进和培育金融创新人才队伍；⑤评估金融创新效果，提出持续改进措施。

通过设置金融创新专职部门，金融机构可以更好地提升市场响应能力和综合服务水平，以适应开放环境下的竞争形势，更好地服务实体经济发展。

3. 强化金融机构信息管理部门职能

目前，国内金融机构在信息资源管理方面还停留在较为初级的水平，仅仅停留在收集、简单处理、存储和传递数据的阶段。面对信息时代的到来，金融机构必须充分认识到信息资源的战略性地位，并采取切实有效的措施来加强信息资源管理部门的功能。为此，金融机构应将信息管理部门升级为独立的职能部门，以提升其信息管理水平。通过应用决策支持系统，采用数据仓库、联机分析处理和数据挖掘等技术，信息资源管理部门可以更深入地开发和利用信息资源，特别是客户信息，从而从大量数据中挖掘出有价值的信息，为机构的经营决策提供有力支持。

（二）数字化运行机制

数字化运行机制是指为保证金融信息系统的正常、稳定运行，在信息资源、人才、安全、项目管理等关键要素上进行科学、合理配置的一套制度体系。

1.加强金融机构信息资源的管理和深度开发

金融信息是金融领域动态变化的集中反映,其产生源自金融活动,又反馈至金融活动,对金融的组织管理和市场决策起到决定性作用。在数字化时代,信息资源的战略价值日益凸显,已成为金融机构提升核心竞争力的关键。为充分发挥信息资源的战略价值,金融机构需从以下三个方面着手:

首先,金融机构必须从战略高度重视信息资源的价值,充分认识到信息资源在决策支持、风险防范、金融创新等方面的关键作用。

其次,金融机构应按照国家法规和金融业标准要求,建立健全信息规章制度和标准,以数字化决策委员会和首席信息官为核心进行信息资源统筹规划和管理,实现信息管理的精简高效。

最后,金融机构应建立内部信息共享机制,在数据集中整合的基础上,组织业务流程各方面信息,运用数据仓库和数据挖掘技术深入开发利用信息资源,辅助经营决策和客户管理,推动金融产品和服务不断发展创新。

通过以上措施的实施,金融机构将能够更好地发挥信息资源的战略价值,提升自身在金融市场中的竞争力。

2.完善金融机构数字化人才管理机制

我国金融业数字化人才管理机制主要包括以下两个方面:

第一,数字化人才的激励约束机制是关键。为了激发员工的工作积极性和创新能力,我们需要建立规范的人才流动机制和员工考核淘汰机制。同时,通过培育鼓励创新和复合型人才的企业文化,营造良好的人才环境,实现企业与人才的双赢。对于数字化技术的核心人才,我们还需要进行适当的经济利益和权力激励,以保持他们在激烈的人才竞争中的优势。

第二,为了更好地管理数字化人才,我们需要建立健全人力资源管理信息系统。这个系统需要基于理顺的内部人力资源管理流程,并被嵌入到整个管理信息系统中。通过这样的系统,我们可以规范人力资源管理流程,提高人力资源开发效率。

总的来说，我国金融业数字化人才管理机制需要从激励约束机制和人力资源管理信息系统两个方面入手，以实现对数字化人才的科学高效管理。

3. 建立以信息安全为核心的信息系统运行管理机制

在当今的网络时代，金融业信息系统的安全性、可靠性和有效性对于金融机构乃至整个金融行业和国家的安全稳定都至关重要。因此，我国金融机构必须建立并完善一套行之有效的信息系统运行管理机制，以确保信息系统的安全、可靠、稳定和有效运行。

首先，关于信息系统的安全性，我们需要从技术和组织两个层面进行全面保障。在技术层面，金融机构需要不断发展和应用单项安全技术，同时采用针对金融行业安全问题的整体解决方案，构建一个全方位、专业化、纵深一体化的金融网络安全体系。在组织层面，金融机构需要严格遵守国家金融业安全法规标准，并从组织机构、制度规定、人员配备等管理层面加强安全建设。

其次，为了保障信息系统的可靠性，金融机构需要在硬件和软件方面进行全面的提升和优化。在硬件方面，除了加强基础设施的建设，还需要建立一个灾备中心，以便在系统发生故障时能够及时地进行备份和恢复。在软件方面，需要成立跨部门的业务管理连续化应急委员会，以便在系统故障发生时能够迅速有效地进行应对。

最后，关于信息系统的可扩展性，金融机构需要充分考虑未来一段时间内业务发展需求，并结合自身发展战略进行项目规划。同时，还需要加强内部部门之间的沟通配合，及时根据业务需求调整系统，以确保信息系统能够适应业务发展的需要。

综上所述，我国金融机构必须高度重视金融业信息系统的安全性、可靠性和有效性，并建立完善的信息系统运行管理机制，以确保信息系统的安全、可靠、稳定和有效运行。这不仅是金融机构自身发展的需要，也是保障整个金融行业和国家安全稳定的重要举措。

4.规范数字化项目管理机制

信息项目管理是在数字化项目建设中采用的一种科学且有效的项目组织和实施方法。该方法充分考虑了信息项目的多界面和复杂环境，强调项目的整体规划、矩阵式组织和动态控制，通过统一组织并协调各相关部门的技术力量，保障项目的顺利完成。

首先，我们需要树立“面向流程”的管理思想，根据项目建设的流程来确定各阶段所需的部门、人员和资源，并明确各自的分工。同时，我们需要统一组织协调部门之间的关系，并妥善处理项目人员与所属部门的关系，以保障项目建设的顺畅、有序和高效。

其次，组织形式可参照矩阵型组织结构进行设置。项目经理应作为最高负责人，从各部门选派项目人员，并赋予他们完成项目的相应权力。在此基础上，成立专门的项目事业部，集中专业力量和资源以提供支持。

最后，关于项目的具体实施方式，可以采用项目招标制、项目经理制和项目监理制三制合一的方式进行。其中，项目招标制用于确定最佳的建设单位；项目经理制用于提高建设效率；项目监理制则用于实施质量和进度的监控。

(三)金融服务和管理体系

金融机构应建立一套完善的现代化金融服务体系，通过优化数字化管理体系，提高工作效率，并有效防范风险。在此过程中，金融机构应强化“以客户为中心”的经营管理导向，为消费者提供安全、高效、便捷、全方位的金融产品和服务。

为了构建现代化金融服务体系，一方面，金融机构需要制定大型实时金融服务系统的开发建设标准，提升大型网络应用系统在开发流程、质量管理等方面的水平和能力。同时，发展信息外包业务，以提高系统建设的质量、效率和市场化程度。另一方面，顺应网络时代的要求，金融机构需要重新审视自身的业务流程和机构设置，探索网络金融的发展模式、系统框架、运行机制、安全策略，并积极发展网络金融，推进电子商务建设。

在数字化管理体系方面,一方面,金融机构需要整合现有的相对独立的信息系统,加强信息资源统一管理。同时,积极建立客户关系管理系统和现代化客户服务中心,充分挖掘客户资源和信息,为决策提供依据。另一方面,金融机构应运用先进的信息管理和知识管理技术,实现经营管理决策的智能化和风险管理的实时化。

第四章　数字经济下金融企业转型升级

第一节　战略重构是金融企业转型升级的重要前提

一、金融体系的内涵

金融体系是指一个国家或地区的各类金融机构、金融市场、金融制度、金融法规、金融服务等构成的系统。它是国民经济发展和社会稳定的重要支撑，并在实现资源配置、资金流动、风险管理、货币发行等方面发挥关键作用。

在理论层面上，一个健全的金融体系应由三个相互关联的组成部分构成：金融机构体系、金融市场体系以及金融监管体系。然而，在实际操作中，由于各国在国情、文化、经济发展程度和历程上存在差异，因此其金融体系的完善程度也各不相同。此外，即便在同一国家内，不同地区由于地理和政策等因素的影响，金融体系的完善程度也可能存在差异。

一个国家或地区金融体系的完善程度，不仅对其经济体的可持续增长能力产生重要影响，同时对经济结构调整和产业结构升级也具有深远的影响。

衡量一个金融体系是否完善，可以从金融总量、金融结构和金融效率三个方面来看。

(一)金融总量

对于金融体系的发展程度，金融总量的大小是一个重要的衡量指标。一个健全的金融体系通常具有较大的金融总量，这种规模优势在宏观、中观和微观层面都有所体现，并为金融体系的内部结构优化和效率提升提供了基础。

从宏观角度来看，随着金融体系的不断发展和成熟，其总量规模主要表现为社会经济货币化和经济金融化程度的不断深化。经济金融化是经济与金融相互渗透、融合的过程，经济活动越来越多地以金融形式表现出来，这是经济货币化的高级阶段。一个健全金融体系的显著总量优势主要体现在高度经济金融化上。简言之，这体现在市场主体之间的经济关系日益金融化，社会资产也日益金融化。这标志着金融与经济紧密交织，成为经济运行的重要载体和助推力量。

在微观和中观层面，健全的金融体系的总量优势主要体现在以下几个方面：一是提供数量众多、种类齐全的金融机构；二是汇集大量社会储蓄，提高储蓄水平；三是为社会经济发展提供强大的融资支持；四是提供数量众多、种类齐全的金融工具和商品。这些优势满足了不同市场主体的需求，提高了运行效率，并为经济发展提供了支撑。

当然，考虑到不同经济体的规模差异，健全的金融体系的金融总量也会有所不同。关键在于能够最大限度地适应和促进特定经济体系的发展。

(二)金融结构

金融总体的各个组成部分在分布、存在、相对规模、相互关系和配合状态等方面的特征就是金融结构。在确定金融总量的情况下，由于组成内部部分体系的比重不同，其对经济的效能和效率也会有所不同。因此，完善的金融体系应具备适合本经济体系发展的合理金融结构，主要体现在以下几个方面：

金融市场要合理，各种金融机构要相互协调、竞争，为客户提供服务，这样机构才能提高效率，让整个金融市场更加规范和高效。

金融工具结构应合理。金融工具的品种应丰富多样，为市场主体提供多元化的投融资渠道，满足其对流动性、安全性、收益性的不同需求，活跃金融市场。

金融区域结构也应合理。各经济区域应兼顾实际情况，培育适合本区域经济的金融体系，同时不同区域之间应建立良好的交流机制，促进全社会资本效率。

合理的金融结构是一个相对概念，不同国家和地区因社会经济制度和发展程度不同，其合理的金融结构也不同。关键在于能否最大限度适应和促进特定经济体系的发展。

（三）金融效率

金融效率是评估金融体系优良的关键指标，它反映了金融资源在经济系统、金融系统及其子系统中的合理配置程度。一个优良的金融体系具备高水平的金融效率，这可以从以下几个角度来分析：

1. 金融功能效率

金融体系通过各种机制如资本市场、银行信贷等手段促进资本流动，优化资源配置，推动经济增长。体系越成熟，这种推动作用越显著。

2. 金融配置效率

金融的核心作用在于合理配置社会资源，为供需双方搭建起资金融通的桥梁，实现储蓄向投资的转化。体系越完善，这种转化途径和方式越丰富，效率也越高。

3. 金融管理效率

在完善的金融体系下，金融机构的管理效率较高，能够通过规模经济和范围经济降低成本，提高整体社会生产效率。

金融效率是判断金融体系优良的根本标准。金融总量和结构的价值最终体现在效率的提升上。不同国家或地区的金融总量和结构不尽相同,因此只能通过效率这一指标进行比较。高水平的金融效率是完善的金融体系的核心特征,它能够直接决定金融体系对经济发展的推动作用。

金融体系的完善是金融总量扩大、结构优化和效率提高的过程。金融总量和结构是实现高效率的基础,而效率则是金融总量和结构发挥功能与作用的关键。完善的金融体系依赖于适度的总量和合理的结构,从而能够高效地推动经济增长和结构升级。

二、金融带动产业结构优化的内在机理

金融体系犹如一个大家庭,其中包含两个核心成员:市场性金融与政策性金融。市场性金融,正如充满活力的青年,在金融市场中活跃而富有创新,通过各类金融机构的协同作用,为产业结构转型升级注入活力,如同清流推动着进步。而政策性金融,则如同深思熟虑的长者,通过政府的金融政策安排,稳固地支持特定产业的发展,为整个金融体系提供坚实的保障。

在产业结构升级的进程中,市场性金融与政策性金融如同一对黄金搭档,各自发挥其优势,共同推动产业结构的持续完善。他们犹如金融体系大家庭中的左右手,缺一不可,相互补充,使整个体系更加和谐、稳健。

以上二者仅是在概念上有所区分,二者同等重要,并无孰轻孰重之分。对于不同国家来说,由于国情、社会经济条件及产业发展阶段的差异,对两者的定位和偏重也会有所不同。我们不能将其视为绝对化、固定化的模式,否则会对本国产业结构的发展和升级产生不利影响。

市场性金融和政策性金融作为成熟金融体系的重要组成部分,其运用应结合本国国情,并根据实际情况灵活调整,确保二者能够相辅相成,共同推动产业结构的优化升级。

(一)市场性金融

市场性金融就是让市场来决定怎么分配社会资源和引导资金流动的金融方式。这种金融方式主要依赖商业化的金融机构和现代的金融市场体系来运作。

1. 市场性金融的作用机制

金融体系犹如一个大型水库，汇聚社会上的资金。通过信贷杠杆的运用，这些资金得以转化为产业资本，进而推动各产业的发展。金融机构与投资者在考虑投资的风险、收益及安全性后，选择合适的投资对象。这种选择机制促使资金从效益不佳的产业流向更具潜力的产业，助力优质产业迅速发展，而效益欠佳的产业逐渐被市场淘汰。由此，整个产业结构得以实现更为合理且高效的发展。同时，消费者通过金融市场获得贷款，提高消费水平，进一步推动产业结构的优化与升级。简言之，金融体系犹如一位指挥家，运用各种策略引导资金的流向，助力优质产业的发展，淘汰落后产业，进而推动整个产业结构的升级与转型。

以下四种内在机制共同作用，使得市场性金融能够在产业结构转型升级中发挥重要作用。

（1）资本形成机制

马克思曾指出，资本主义的商品生产无论是在社会层面还是个体层面，均需要货币形式的资本作为每一个新企业的第一推动力，这明确指出了资本是现代经济发展的关键因素之一。要实现产业结构顺利转型，首先需要解决资本问题。

从资本形成过程的角度来看，产业资本的积累经历了两个主要阶段：储蓄形成和储蓄向产业资本的转化。

在储蓄形成阶段，金融体系欠发达时，储蓄工具相对单一，选择范围有限。不同经济主体对风险和收益的偏好各异，面对单一的储蓄工具和充满不确定性的市场风险，整体储蓄意愿较低，从而制约了储蓄的积累。然而，随着经济金融化的深入发展，金融体系逐渐完善，金融创新持续涌现，储蓄工具也变得更加丰富。

在储蓄向产业资本转化的阶段，金融体系发挥了重要的中介和桥梁作用。由于单个经济主体的规模和资源有限，它们往往无法单独形成产业资本。金融体系通过克服信息不对称，以低成本的方式汇集了社会的闲散资金,改变了资金的供给和配置,提高了储蓄和投资的水平。然后,通过相关的融资制度,将资金投入产业,完成了从储蓄到产业资本的转化过程,并为产业发展和结构转型提供了支持。

总之,一个成熟的金融体系在产业发展和转型过程中发挥着至关重要的作用。通过资本形成、风险管理、资源配置等多种机制,金融体系能够有效地为产业发展提供资金支持,帮助突破资金瓶颈,推动产业结构的顺利转型。

(2)信用催化机制

在经济发展的过程中,金融体系的作用逐渐凸显。通过聚集闲散资金来积累产业资本的方式已经不能满足当前产业对资金的需求。为了应对这种情况,信用创造体系应运而生。信用创造理论指出,金融体系不仅可以利用闲置资源,还可以通过货币量的扩大来增加产业资本的总量,加快资本的形成速度。这种适度的信用扩张可以促进产业结构的调整和升级。

现代金融体系特别是银行体系的建立,可以通过乘数效应来大幅放大有限的资本,虽然这些资本是虚拟的货币,但它们可以被投入生产,推动产业的发展和结构的升级。除了银行系统外,金融工具和制度的不断创新也极大地拓展了产业资本积累的途径和影响范围。近年来,随着金融市场的不断发展和创新,融资证券化和资产证券化等创新方式逐渐崭露头角。这些创新不仅丰富了信用创造的方式,更为产业资本提供了新的直接融资途径,为产业结构升级注入了新的动力。

融资证券化和资产证券化等创新方式为产业资本提供了更加灵活和多样化的融资方式。在传统的融资方式中,企业主要依靠银行贷款或发行股票等方式进行融资,而这些方式往往受到各种限制,如贷款额度的限制、股票市场的波动等。而融资证券化和资产证券化等创新方式则可以通过将企业的资产或未来收益进行证券化,将流动性较差的资产转化为流动性较强的证券,进而实现更加灵活和多样化的融资。

这些创新方式还为产业资本提供了更加稳定和可靠的融资渠道。在资产证券化中,企业可以将缺乏流动性的资产转化为高流动性的证券,从而提高了资产的变现能力。同时,由于资产证券化是通过市场化的方式进行融资,因此可以降低融资成本,提高融资效率。此外,融资证券化和资产证券化等创新方式还可以通过分散投资风险来降低企业的融资风险,进而提高了融资的稳定性和可靠性。

除了为产业资本提供新的融资途径外,这些创新方式还通过重组和分配风险增强产业自身应对市场风险的能力。在传统的融资方式中,企业往往需要承担全部的融资风险,而在融资证券化和资产证券化等创新方式中,风险可以通过市场化的方式进行分散和转移。例如,在资产证券化中,企业可以将资产的风险转移给投资者,从而降低了自身的风险。这种风险重组和分配的方式不仅有助于降低企业的融资成本,还有助于提高企业的风险管理能力。

总的来说,这些创新方式在信用催化机制下突破了仅依靠聚集闲散资金的总量局限,为产业资本的形成提供了新的途径。金融系统可以通过信用体系创造出金融运行和产业发展所需的资金,从而支持产业的发展和结构的调整。同时,这些创新方式还有助于提高企业的融资效率和风险管理能力,为产业资本的发展注入新的动力。

在未来,随着金融市场的不断发展和创新,我们相信这些创新方式将会发挥更加重要的作用。同时,我们也期待看到更多的金融机构和企业能够积极参与到这些创新中来,共同推动金融市场的发展和产业的转型升级。

(3)资金导向机制

金融体系推动产业结构升级的机制主要表现在资本形成和信用催化两个方面,这些机制能够促进社会资本的积累和积聚。在总产业资本一定的条件下,产业结构升级需要劳动力和资本从夕阳产业向朝阳产业流动,而这就需要一个合理的资金导向机制来引导资金流向优质产业。通过这样的机制，金融体系能够为产业结构升级提供必要的资金支持和导向，推动经济的可持续发展。

在商业金融市场下，金融机构为追求利润，根据投资收益性、安全性和流动性原则评估竞争行业，将更多资金投向收益高、风险小的优质产业。有效的金融资产价格能准确反映资本供求关系、稀缺程度和市场主体经营状况，引导社会资源合理流动，实现产业资本市场化配置。随着经济金融化深入发展，金融工具不断丰富，更多实物资产以金融资产形式存在，这极大增强了产业资本的流动性，支持其市场流动。

政策性金融在资金导向方面的作用不仅体现在对特定企业的直接资助，还能够通过政府实施产业政策或政策性金融机构的间接融资，为中小企业和民营企业提供资金支持。这种导向体现了国家对特定产业或领域的关注和支持，与市场性金融存在显著区别。政策性金融能够解决市场失灵问题，为产业结构转型创造必要的条件，同时也能够促进经济发展和就业增长。

(4)风险管理机制

金融体系作为现代经济体系的核心，通过其风险管理机制在产业结构升级中发挥着至关重要的作用。这种作用主要体现在风险交换、风险投资、风险分散和保险支持等方面，对于实现产业转型具有重要意义。

首先，风险交换是金融体系推动产业结构升级的重要手段之一。金融机构通过分散投资、对冲交易等手段，将风险从高风险资产转移到低风险资产，实现风险的分散和降低。这种风险交换机制有助于促进资本市场的稳定和健康发展，为产业结构升级提供有力支持。

其次，风险投资是金融体系推动产业结构升级的另一种重要手段。风险投资机构通过向初创企业、创新项目等提供资金支持，帮助这些企业实现快速发展和扩张。同时，风险投资机构还为企业提供管理、技术等方面的支持，帮助企业提高竞争力和市场地位。这种风险投资机制有助于推动新兴产业的发展和壮大，促进产业结构的优化和升级。

再次,风险分散也是金融体系推动产业结构升级的重要手段之一。金融机构通过将资金分散投资于不同的领域和项目,降低单一项目的风险,提高整体投资收益。这种风险分散机制有助于促进资本市场的多元化和平衡发展,为产业结构升级提供更加稳健的支撑。

最后,保险支持也是金融体系推动产业结构升级的重要手段之一。保险公司通过为产业提供保险保障,降低企业的风险和成本,提高企业的竞争力和市场地位。同时,保险公司还为企业提供风险管理、理赔等方面的服务,帮助企业应对各种风险和挑战。这种保险支持机制有助于促进产业的稳定和可持续发展,为产业结构升级提供更加全面的保障。

综上所述,金融体系在推动产业结构升级中发挥着重要作用。这种作用主要体现在风险交换、风险投资、风险分散和保险支持等方面,对于实现产业转型至关重要。因此,我们应该加强对金融体系的建设和管理,提高其风险管理能力和服务水平,为推动产业结构升级提供更加全面、有效的支持。

2.四种内在机制的作用路径

在完善金融体系的前提下,金融市场主体之间相互作用的四大机制:资本形成机制、信用催化机制、资金导向机制和风险管理机制,从不同角度展现了金融体系在增量资本动员和存量资本导向调节方面的效率。

具体来说,金融体系通过资本形成和信用催化机制,加速产业资本的形成,扩大资金总量,体现了其在资本增量方面的强大作用。同时,通过良好的资金导向机制,金融体系能够改变产业资本的配置,实现存量调节。资本动员吸引新资本加入,存量调节提高资本使用效率,这两者共同反映了完善金融体系所具备的高效融资机制,包括直接融资和间接融资机制,这是金融体系最核心的功能。

高效的融资机制必然强力推动产业结构的升级,主要体现在以下两个方面:

第一,高效的融资机制能够为企业提供生产性融资,解决不同类型企业的资金需求,特别是技术密集型、资本密集型企业,帮助冲破产业转型过程中的资金瓶颈,从供给层面改善企业外部融资环境。

第二,高效的融资机制能够通过向居民提供消费性信贷,打破消费时点限制,让消费者在更长时间内合理配置消费,优化消费结构。消费结构优化升级,消费品档次高级化,消费需求多层次化,将带动产业结构的持续升级。

(二)政策性金融

政策性金融是一种政府为实现特定经济政策目标而采取的金融手段,它通过对特定行业、领域或对象进行定向资金支持,弥补了市场性金融的不足,为国家保障既定产业政策的实施提供了有力支持。

政策性金融的作用方式包括政策引导、直接投资和政府融资。政策引导是指政府通过制定相关政策,引导金融机构向特定领域或对象提供资金支持,从而实现经济政策目标。直接投资是指政府直接投入资金,对特定项目或企业进行投资,促进其发展。政府融资则是指政府通过发行债券等方式筹集资金,为特定项目或企业提供资金支持。

在发展中国家,政府通过政策性金融大力扶持基础产业和战略产业,对产业结构调整发挥了强大推动作用。例如,政府可以通过政策性金融支持农业、能源、交通等基础产业的发展,提高国家整体经济实力。同时,政府也可以通过政策性金融支持新兴产业、高新技术产业等战略产业的发展,推动国家经济转型升级。

政策性金融的运作需要政府、金融机构和社会各方面的共同努力。政府需要制定科学合理的政策,为政策性金融提供有力保障;金融机构需要积极响应政府的政策导向,为特定领域或对象提供资金支持;社会各方面也需要积极参与和支持政策性金融的发展。

总之,政策性金融是政府为实现特定经济政策目标而采取的重要手段之一,它对于弥补市场性金融的不足、推动国家经济发展具有重要意义。

1.政策性金融的作用机制

(1)政策引导

政策性金融推动产业结构转型升级的政策引导作用,是政府根据本国产业现状,拟定各种促进产业结构优化的特定政策。这种引导作用主要有:一是通过扶持高新技术产业、补齐基础产业短板、扶植弱小产业、淘汰落后产业,实现不同层次产业协调发展。二是通过引导资金合理流向,纠正市场配置失调。三是扶持高新技术产业,提升产业技术密集度,推动劳动密集型向技术集约型产业转变,提高产业技术水平。

这种政策引导运用以下三种方式:第一,政府实施财政政策,中央银行运用货币政策工具,为产业调整创造宏观环境。第二,实施差异化信贷政策,通过调节不同产业的融资成本,引导产业发展方向。第三,中央银行直接指导民间金融机构的信贷计划,优先支持重点产业获得发展资金。

(2)直接投资

政府直接投资是促进产业发展的重要手段之一,通过财政拨款和设立政策性金融机构,为产业提供资金支持,推动产业升级和转型。政策性银行在支持新兴产业发展方面具有重要作用,但也需建立完善的风险防控和财务管理体系。

首先,政府直接投资可以为企业提供稳定的资金来源。对于新兴产业来说,往往需要大量的资金投入,而市场上的商业资本往往因为风险较高而难以进入。此时,政府可以通过财政拨款和设立政策性金融机构,为新兴产业提供稳定的资金来源,降低企业的融资成本,促进企业的发展。

其次,政策性银行在支持新兴产业发展方面具有重要作用。政策性银行通常具有较为专业的业务领域和较为完善的风险防控体系,可以为新兴产业提供更加专业的金融服务。同时,政策性银行还可以通过优惠的利率、贷款期限等政策,降低企业的融资成本,促进企业的发展。

然而,政府直接投资也存在一定的风险,因此政策性银行在支持新兴产业发展时,需要建立完善的风险防控和财务管理体系,这包括对企业的信用评估、风险控制、资金监管等方面的工作。只有建立了完善的风险防控和财务管理体系,才能确保政府直接投资的安全和效益。

此外,政府还需要加强对政策性银行的监管和管理。政策性银行作为政府的金融机构,需要接受政府的监督和管理。政府需要建立完善的监管机制,确保政策性银行按照国家的政策和法规进行业务操作,防止出现违规行为。

总之,政府直接投资是促进产业发展的重要手段之一,政策性银行在支持新兴产业发展方面具有重要作用。然而,政府直接投资也存在一定的风险,因此需要建立完善的风险防控和财务管理体系。同时,政府还需要加强对政策性银行的监督和管理,确保政策性银行按照国家的政策和法规进行业务操作。

(3)政府融资

之前我们讨论了政府通过直接投资支持产业结构转型升级,资金运用必须以筹措为前提,为了获得充足资金推动区域经济发展,政府需要建立配套的多元化融资模式。

政府融资方式非常丰富,可以分为债权融资、股权融资、项目融资和资源融资四大类。具体而言,政府债权融资主要有:国内外银行贷款、银团贷款、发行债券、委托贷款、信托计划、民间资本融资、资产支持证券等;股权融资主要有:产权交易、增资扩股、投资基金、风险投资等;项目融资主要有:BOT项目、TOD项目、REIT项目、项目包装等;资源融资则包括无形资源、土地资源和整合资源融资。

为了突出重点,本文从功能目标出发,将政府融资分为三大类进行介绍:第一,公用基础设施建设融资模式,如发行专项债券等。第二,政策性产业扶持基金模式,如技术创新基金、种子基金等。第三,农业产业投资公司模式,通过设立专业化公司进行农业产业链投融资。这三大融资模式针对政府不同的功能需求,能够提供定制化的融资方案。

公用基础设施建设融资是缓解基础设施融资困境的重要途径,也有助于引导产业结构调整。这类项目投资额大、周期长、风险高,需要政府开拓新的融资渠道。主要模式有:一是BOT模式,即政府将基础设施项目特许经营权授予私人承包商,承包商在特许期内负责设计、融资、建设、运营,期满后将项目移交政府。BOT有多种变种,如BOOT、BOO、BTO等,适应不同项目条件。BOT有利于吸引社会资本投资基础设施，拓展投资机会。二是TOT模式，与BOT类似，政府将已建成的基础设施以特许方式委托私人运营、管理一定期限后移交政府。三是PPP模式，即政府与社会资本合作，利用社会资本提供公共产品和服务。官方提供项目与政策支持，社会资本提供专业化经营。四是PFI模式，即私人融资发起基础设施项目，由政府对项目后期使用进行付费。政府不提供直接资金支持。五是ABS模式，将基础设施项目未来收入流作为基础，通过证券化方式融资。这些创新模式发挥政府和社会资本互补优势，有效防范项目风险，值得推广应用。

TOT（Transfer-Operate-Transfer）模式是政府创新融资公共基础设施的一种方式，是指政府将已建成投产的基础设施项目的特许经营权，在一定期限内移交给民间投资人，由民间投资人在约定期限内负责项目的运营管理，并收回投资获得合理回报。在特许期满后，项目所有权将收回政府。

TOT的最大优势体现在四个方面。有效避免国有资产流失：政府通过将已建成的基础设施项目的特许经营权移交给民间投资人，避免了国有资产的流失，确保了公共基础设施的控制权仍然掌握在政府手中。盘活存量国有资产：通过TOT模式，政府可以将存量国有资产进行盘活，实现保值增值，提高资产的使用效率。项目成本和产品价格相对较低：由于民间投资人参与项目运营管理，可以降低项目的成本和产品价格，减轻政府的财政压力。较少体制制约：TOT模式相对较少受到体制的制约，可以充分利用民间资本参与基础设施建设，促进市场的竞争和效率的提高。TOT集政府监管与民间经营优势于一体，既提高资产使用效率，也防范资产流失风险，是创新融资公共设施的一种有效模式。

PPP模式是公共部门与民间企业合作的一种优化融资实施模式，用于公共基础设施建设。PPP的实质是政府通过授予民企特许经营权和收益权，换取基础设施的快速建设和有效运营。它弥补了BOT模式的不足，是一种新型融资模式。

PPP模式的主要特征和优势包括:一是政府和社会资本紧密合作,提供公共产品和服务。政府提供项目支持和政策保障,社会资本提供专业化运营。二是利用社会资本,加快基础设施建设进度,提高资金使用效率。三是分散政府投资风险,降低政府财政压力。四是综合运用政府监管和社会资本市场化运作。PPP广泛应用于交通、医疗、公共安全、教育等领域的基础设施项目,是基础设施建设的一种重要创新融资模式。

PFI模式是一种创新融资公共基础设施的模式,其主要特征是利用私人或私营机构的资金、技术和管理优势,投资并经营公共项目。政府通过购买服务或者授予私营部门收费特权的方式获取公共产品和服务。

PFI的优势包括:广泛吸引社会资本投入公共产出,充分发挥民间资本作用;政府支付分期进行,有效减轻当前财政负担;提高项目建设效率,充分利用民间资本管理和技术优势;转移大部分项目风险给私人方,降低政府风险;政府部门可以更专注于监管。PFI模式提高了公共资源配置效率,有效利用社会资源,值得推广应用。

ABS模式是一种以项目资产为支持的证券化融资方式,具有以下优点:有效克服了依靠外债和外资所带来的风险压力,改善融资结构;通过在资本市场规模化筹资,能够降低融资成本;适用于已建成和在建收费基础设施项目,政府始终保留项目所有权;将基础设施的预期收益进一步资本化,提高资金使用效率;分散投资者风险,扩大项目融资渠道。

政策性产业扶持基金模式主要包括两类:一是创业投资引导基金。通过引导社会资本设立风险投资基金,支持初创企业发展。二是贷款风险补偿基金。通过给予贷款费补贴等方式,分担金融机构贷款风险,支持重点产业发展。这两类基金发挥政府政策引导作用,支撑产业转型升级。

创业投资引导基金的运作模式主要有五种。投资联盟模式:引导基金与创投机构建立投资联盟,共同对项目进行投资。公司型投资基金模式:引导基金与创投机构合作成立投资公司。有限合伙人模式:引导基金作为有限合伙人参与创投基金。直接投资模式:引导基金直接投资境外创业投资基金。子母基金模式:引导基金下设子基金,进行产业孵化投资。这些模式发挥政府引导作用,引导社会资本投入创新创业,支持战略性新兴产业发展,同时也分散了政府投资风险,实现政府与社会资本合作共赢。

贷款风险补偿基金的主要运作方式包括:融资平台保证金:引导各融资平台提取一定比例的保证金,用于风险补偿。融资平台风险准备金:要求各类融资平台提取准备金,防范风险。担保机构费用补偿金:对担保机构进行补偿,提高其承担能力。中小企业信用互助基金:通过互助形式分担中小企业贷款风险。知识产权融资基金:对知识产权质押贷款进行贴息。贷款贴息:对符合产业政策的贷款进行贴息。风险补偿基金:直接对农业、小微企业等贷款损失进行补偿。这些方式发挥政府引导功能,鼓励金融机构扩大重点领域贷款,支持产业政策实施,也有助于防控金融风险。

当前,国有农业产业投资公司主要通过农业担保和财政补贴来支持农业,但是这种模式存在一定局限性。为更好地服务农业产业化,政府平台应转变工作重心:一是应加大对农村合作金融机构的支持力度。这是国外成功的农业投融资体系的关键所在,发展农村金融能更好地满足农业的资金需求。二是要继续重点扶持重大农业产业化项目。这是推动农业现代化的关键环节,但是要注重引入社会资本,采取多种创新融资模式,分散政府财政风险。三是要深化政府融资平台改革。无论是基础设施建设还是产业扶持基金,都应强化市场化运作,让资金流向真正需要的地方。四是要发挥政府平台的制度创新作用。既可以引入先进技术和管理模式,提升农业生产效率;也可以通过市场化运作来控制风险,提高资金使用效益。

政府投融资平台应该发挥资金杠杆作用,引导社会资本入农、服务农,助力农业供给侧结构性改革。通过改革创新,建立科学高效的农业投融资体系。

2.政策性金融创新发展的重要性

政策性金融作为调节经济运行的重要手段,其作用途径会随着经济发展而不断丰富。上文对政策性金融的分类分析仅仅是概括性描述,难以涵盖所有细节。实际上,政策性金融运作手段的创新与完善是一个动态的过程。

随着经济进入新常态,政策性金融面临新的机遇与挑战。一方面,供给侧结构性改革对政策性金融提出了新的需求,需要更多样化、精准化的金融工具来服务实体经济转型;另一方面,金融创新与科技发展为政策性金融提供了更丰富的运作手段。因此,政策性金融亟待深化金融供给侧结构性改革,加快产品和服务创新,提高资金配置效率。

具体来说,政策性金融可以积极拓展多层次的金融产品,创设灵活的信贷扩展工具,构建差异化的风险补偿机制,实现资金定向精准支持。同时,应积极运用金融科技手段,建立智能化的金融服务体系,提升政策执行效率。只有不断丰富和创新政策性金融的具体运作途径,才能与市场性金融形成良性互动,共同推进经济结构优化升级。

3.政策性金融的功能

在政策性金融职能的研究方面,白钦先的开创性理论研究系统而深入,在国内外处于领先地位[1]。他从功能演进的视角阐释了政策性金融的特有经济金融功能,强调它作为政府调节经济金融的手段,主要发挥调节功能。相对于市场性金融,这种调节功能又可分为主动引导功能和补充功能,前者指引市场经济达成特定目标,后者适应市场失灵。此外,政策性金融支持基础设施建设,完善了城市生产生活功能,为产业转型提供支持,与引导和补充功能一起成为政策性金融的三大功能。

(1)引导功能

在对市场性金融的讨论中,曾提到过它通过导向资金的流向来发挥作用。政策性金融的引导功能在本质上也是如此,但是两者之间存在差异。市场性金融追求利益和效率最大化,自发地将资金配置给预期收益高、风险低的市场主体,市场本身充当资金配置的主体。而政策性金融以实现国家产业政策和战略发展目标为目的,政府作为主体影响和引导社会资

[1] 白钦先.金融可持续发展研究导论[M].北京:中国金融出版社,2001.

金流向。政策性金融强调贯彻国家目标,政府主导配置;市场性金融强调效率最大化,市场主导配置。两者在资金流向引导上存在不同导向。这种引导功能主要表现在以下两个方面:

第一,政府通过政策性金融机构优先投资高风险的新兴和重点产业,发挥"领头羊"作用。这不仅直接给予产业资金支持,也增强了商业性金融机构的信心,提高其贷款意愿,产生乘数效应,带动更多资金投入需要扶持的领域,这有助于解决重点产业长期以来资金不足的问题。

第二,政府出台利率、期限等优惠政策,鼓励重点产业获得低成本资金。由于重点产业处于发展初期,与传统产业相比融资条件较差,优惠政策使其获得发展优势,带动产业结构升级。

政策性金融通过示范引导和政策优惠,引导社会资金流入高风险和战略重点产业,支持其发展壮大,实现产业结构优化升级。

(2)补充功能

政策性金融的补充功能是对市场性金融的补充和矫正,以克服市场失灵,保证产业结构调整政策的顺利实施。在市场性金融作用下,社会资本追逐高收益低风险,往往投向传统落后产业,使处于成长期的重点产业得不到足够金融支持。为克服这种市场失灵,政策性金融必须作为主体,对市场性金融的服务盲区进行补充。政策性金融通过支持产业政策扶持弱小企业,保证它们获得所需资金,健康发展壮大。这种对市场缺陷的矫正和补充,使产业结构优化升级政策能够顺利实施,发挥应有作用。具体而言,这种补充功能主要表现在如下两个层面:

一是资金层面的补充。政策性金融机构通过对技术和市场风险较高的重点产业进行补充性投资,以及对投资回收期过长和低收益基础设施进行补充投资,弥补市场性金融对重点产业的投资不足,拉动重点产业发展,推进产业结构升级。

二是服务层面的补充。市场性金融倾向为大型企业提供服务,而对中小企业特别是高技术新兴企业服务不足,制约其发展。政策性金融机构可以为符合产业政策导向的高风险和低资信企业提供信用担保等金融服务，弥补市场性金融的服务盲区，保障重点产业发展。

政策性金融通过资金和服务双层面的补充，弥补市场失灵，支持重点和新兴产业，推动产业结构优化升级。

(3)完善城市功能

正如我们在第二章所论述的，金融发展和产业结构优化都是城市功能完善的重要组成部分。城市功能的不断完善为产业结构转型升级提供了必要的外部环境和保障，这是政策性金融发挥作用的重要途径之一。

城市经济学理论认为，城市是一个各种经济市场交织的网状系统，是市场的集合体，其最大功能是服务交易的实现。城市将一定区域内的人口、智力、资源、能量、资金、信息等要素聚集起来，通过城市活动满足内部需要并向外扩散，这是城市功能的本质。

政策性金融通过支持基础设施建设等方式，完善了城市的生产和生活功能，为产业结构顺利转型提供了强大的外部环境支持。这种推动城市功能完善的作用力，又反过来促进了产业结构的升级，体现了政策性金融在完善城市功能和产业转型方面的双向作用。

归结起来，聚集资源是城市的核心功能，下面，我们将从资本、技术、人才三个方面论述政策性金融对城市聚集资源功能的促进作用。

在对市场性金融的讨论中，我们提到它可以通过建立高效的融资机制，有效汇聚社会闲置资金，形成产业资本，为产业结构调整提供资金支持。但是，这种聚集资本的方式存在“市场失灵”的问题。资本为追求最大化利润，往往汇聚于收益快、风险小的行业，而较少涉足收益慢、风险大的高新技术企业和中小企业，这导致了城市资本分布失衡。

政策性金融可以通过对这些高风险、收益慢的战略性新兴产业进行引导性投资，吸引更多社会资本关注这些产业。同时，政策性金融还可以提供风险补偿、贴息等优惠政策，降低企业的融资成本和风险。这些举措可以弥补市场性金融的盲区，提高战略性新兴产业获得资本的可能性，优化城市资本配置结构。政策性金融发挥这种聚集和引导资本的功能，可以更好地服务于产业结构升级。

政策性金融可以有效地克服市场性金融的缺陷，通过建立广泛而高效的融资平台进行补充性融资，促使城市聚集资本功能的完善。具体而言，可以从如下两个层面进行阐述：一是融资层面。政策性金融通过建立面向中小企业、高新技术产业和创新型产业的融资平台，如风险投资基金、私募股权基金、创业投资基金等，有效解决这些领域的融资困境，为新兴产业发展提供资金支持。二是投资层面。这些融资平台针对产业结构调整的关键领域和企业，所聚集的资金可支持处在市场性金融盲区的产业和企业。这推动了城市产业资本结构的优化，使城市聚集资本功能更加完善。

政策性金融通过创新融资平台，聚集资本到战略性新兴产业，弥补市场失灵，优化城市产业资本配置，更好发挥聚集资本功能，服务产业结构升级。

资本和技术的聚集是城市发展的重要方面。政策性金融并不意味着效率低下，相反它能有效聚集资本和引进先进技术。政策性金融在聚集资本的同时，也引进了先进的管理经验和技术，通过建立良好的竞争机制，引入了市场因素，保证了资本使用的效率。我们可以从以下两个方面理解这一点：

第一，政策性金融引入了先进技术。尽管政策性金融存在政府干预，但它可以为城市发展提供总体框架，在具体实施中引入市场机制来保证效率。例如，政府可以通过招标引入高质量和高效率的企业，学习先进的管理模式，提升本地企业的运营水平。

第二，政策性金融可以促进技术创新。政府通过投资科研和教育，推动知识积累和传播，为技术创新奠定基础。适当的竞争机制也可以激发技术创新的内在动力。

总而言之，政策性金融并不低效，它可以有效地聚集资本、引进技术、提高效率、促进创新，推动城市的发展。

社会经济建设的主体和城市发展的动力都是人,“以人为本”是政策性金融促进城市发展的根本宗旨。政府通过政策性金融改善民生和城市环境,可以有效促进人才聚集,这是城市发展的重要标志。政策性金融在人才聚集方面的作用可以从以下两个方面理解:

一是政策性金融可以优化城市环境以吸引人才。政府通过项目融资改善基础设施和居住环境,提高居住舒适度。同时,给予人才各种优厚待遇,吸引大批优秀人才,奠定城市发展的人力资源基础。

二是政策性金融可以支持教育发展,建立完善的人才培养体系。政府通过财政资金投入教育尤其是高等教育,在全社会范围内构建完整的人才培养机制,既可以提高全民知识水平,也可以培养大量高端人才,保证城市发展的人力资源可持续性。

无论从理论还是实践来看,政策性金融是金融体系中不可或缺的组成部分。它有着深刻的经济社会背景,可以纠正资源配置的失衡,是政府实施产业政策的重要手段,也是产业结构优化升级的有力推动器。政策性金融通过吸引人才聚集和培养人才,为城市发展提供持续的人力资源支持。

(三)市场性与政策性金融的内在联系

总体来看,市场性金融和政策性金融是金融体系中的两个相互补充、密不可分的部分。它们都是推动产业结构转型升级的重要力量。正如学者白钦先指出的,政策性金融和市场性金融是国家经济金融体系中不可或缺的两翼,它们是相互补充而不是替代的关系,是平等合作的伙伴,而不是竞争对手。在一个成熟的金融体系中,政策性金融和市场性金融必须并存和协调发展,才能保证经济社会的稳定发展。任何一翼缺失,都会导致金融体系扭曲、失衡和低效。

在推动产业结构优化升级这一进程中,市场性金融和政策性金融各自发挥作用,又相互紧密合作。市场性金融配置资源的高效性有利于产业结构调整，而政策性金融则提供战略性支持和方向引导，维护产业升级的整体目标。两者相互补充，共同推动产业结构的优化升级。

市场性金融和政策性金融在资源配置主体和目标上有所不同，但最终致力于实现产业结构调整这一共同目标。从金融可持续发展理论来看，微观层面的市场性金融主要由独立的市场主体进行资源配置，目标是经济效率；而宏观层面的政策性金融则由政府进行战略性资源配置，目标是社会效率。市场性金融的资源配置根据市场机制做出正向选择，政策性金融则根据产业政策做出逆向选择，以纠正市场失灵。政策性金融的逆向选择是动态变化的过程，会随着市场状况调整。它引导并与市场性金融紧密结合，使整个金融体系服务于产业结构升级这一共同目标。政策性金融调控市场性金融的盲点与缺陷，两者相互补充，共同推动产业优化升级。所以，尽管在配置理念和目标上有差异，但市场性金融和政策性金融共同依托产业政策这一导向，通过相互制衡与合作，形成协同效应，为产业结构转型升级提供稳定的金融支持。

市场性金融和政策性金融在运行机制上有差异，但在实际中往往相互交融、互为补充。市场性金融通过追求利益最大化的金融主体之间的相互作用发挥作用；政策性金融则通过政府的产业政策来支持特定产业。但在实际运行中，两者往往相互重叠、协调运作。例如，政府通过BOT/BT模式进行基础设施项目融资，既体现了国家政策性安排，也采用了市场化运作模式。在这种融资中，政策性金融提供宏观框架和方向，市场性金融发挥资本配置效率、注重收益等特长。

具体来说，市场性金融需要在政策性金融提供的宏观框架下运行。比如，商业银行的信贷需要遵守中央银行的利率政策。政策性金融发挥作用需要市场性金融的配合。政府扶持产业政策需要企业通过提升自身效率、市场化运作来实现，需要市场性金融的支持。尽管两者机制不同，但市场性金融和政策性金融在实践中是相互依存、相互促进的，共同推动产业结构优化升级。两者融合互补发挥协同效应。

政策性金融和市场性金融本质上是两种不同的金融形式，彼此之间存在明显的区别。把它们简单地并列在一起，以“同等”的态度看待，是不科学的。从宏观层面来看，市场性金融应该是主体和主导，政策性金融只能起到辅助和补充的作用。在微观层面，两者的机构数量、市场份额等也不可能完全相同。总体而言，政策性金融必须服从和服务于市场性金融，不能与之对立或取代。但在特定领域，政策性金融可能需要发挥更大作用。所以，二者之间的主辅关系是相对的，需要根据具体情况进行灵活处理，不能机械地进行绝对化的理解。

产业结构转型升级与金融体系发展之间存在着密不可分的内在联系。一方面，金融体系的进步与创新为产业结构转型提供了重要支持。市场性金融和政策性金融在竞争合作中不断完善自身，极大增强了金融体系的融资和服务能力，满足了产业转型过程中的多样化金融需求。另一方面，产业结构升级也推动着金融体系的发展。产业变迁提出了更高要求，促使金融机构和工具不断创新以适应经济发展需求。当前我国正处于经济转型期，产业结构不尽合理，亟待转型升级，而金融供给仍存在一定缺口。因此，应充分发挥金融体系的供给引导作用，通过深化改革创新，建立服务产业转型的金融体系，为产业结构优化升级提供有力支持。只有协调推进产业结构转型和金融体系改革，让二者紧密结合、相互促进，才能在转型发展中取得更大进步。

三、完善金融体系下产业结构的变化趋势

前文阐述了金融体系与产业结构转型升级之间的密不可分的关系。那么，一个完善的金融体系将如何具体推动产业结构的质的飞跃呢？归结起来，这种改变主要表现在如下三个层面。

(一)产业组织结构的合理化

产业组织结构的合理性对产业发展有重要影响。从宏观和微观层面来看，金融体系对产业组织结构的调整具有正向推动效果。宏观层面上，金融体系的资源配置功能可优化产业布局，但不应仅仅淘汰落后企业，也

要支持企业技术改造，完全“淘汰”会造成失业和社会动荡。微观层面上，金融机构与企业的合作不应过于直接干预企业内部决策，应该更多通过投融资渠道和公司治理框架进行间接影响。直接干预企业经营易引发道德风险，不利于市场机制发挥作用。

为更好发挥金融对产业组织结构优化的正面促进作用，不能采取过于极端的“淘汰”方式，也不能过度直接干预企业内部。应在引导产业组织结构合理化的同时，兼顾社会稳定和市场化原则，与企业形成利益共同体，实现共同发展。通过提供充足的金融支持和完善公司治理等制度性安排，持续推动产业组织结构的动态优化。

(二)产业产出结构的高级化

产业产出结构升级的两个主要特征是高级化和协调化。产出结构高级化，是指从要素投入驱动向要素生产率驱动转变，实现由劳动密集型到资本与技术密集型的升级，这是经济提质增效的过程。产出结构协调化，是指在追求高级化的同时，还需保持各产业部门之间投入产出关系的匹配性，形成高效的协同联动，避免结构失衡。

综合这两个特征，产业结构的合理变动方向是实现高级化与协调化的统一，既要积极引领产业向资本和技术密集型升级，又要保证产业链互相关联，形成有机配套的产出结构框架。这需要系统谋划，平衡发展，而不能过于倾斜仅仅追求要素密集度的提升。只有高级化和协调化并重，才能真正实现产业结构的科学优化，保证经济社会的协调可持续发展。

从供给方面看，金融体系通过资本配置、信贷扩张和资金导向等机制，在一定程度上改变了产业资金的供给结构，对产出结构产生了推动作用。但产出结构变化不完全是资金供给的简单反映，还受多方面因素影响。

从需求方面看，金融体系虽可通过消费信贷刺激需求，但消费结构升级是一个复杂的社会经济过程，不仅取决于金融因素。消费结构的变化也不会完全或直接决定产出结构，两者是相互影响的。

因此,金融体系在改变资金供给结构和影响消费需求两个方面,对推动产业产出结构升级起到了重要作用,但这种作用是复杂和间接的,需要考虑多方面因素,不宜过于简单化地表达金融体系的影响。金融与产业的关系需要放在更广泛的社会经济环境下全面分析。

(三)产业技术结构的现代化

金融体系推动产业结构升级和产业技术进步是协同的过程。低水平产业结构依靠资源驱动,而高水平产业结构依靠技术创新驱动。因此,金融体系助推产业升级必须支持技术创新,实现产业技术结构的现代化。同时,在支持技术进步的过程中,还必须使技术结构与产业结构升级方向相适应,实现技术结构的先进性与合理性的统一。

具体而言,市场性金融通过投融资支持技术创新,引导资金流向技术含量高的企业。政策性金融直接投资重大技术项目,助推关键核心技术突破。各类风险投资机构也发挥重要作用。另外,政策性金融根据产业政策引导技术发展方向,使之与产业升级目标相符。市场机制也会淘汰落后产能,促进技术结构更新。

金融体系通过资本配置和制度安排,促进产业技术创新与结构优化协同推进,最终达到推动产业整体升级的效果。这需要发挥政策性金融和市场性金融的优势与作用。

第二节　模式变革是金融企业转型升级的关键环节

数字科技与金融深度融合,正在重塑金融业态,改变经济社会面貌。具体来看,数字金融生态主要体现在:

第一,新技术应用提升了金融服务效率,大数据分析实现精准营销,云计算降低运行成本,人工智能实现智能投顾等。

第二，丰富的金融场景孵化创新商业模式，如互联网支付改变交易方式，P2P网贷突破传统借贷边界，数字资产开拓了新的投资空间。

第三，以区块链为代表的分布式账本技术，解决了信息不对称和价值传输的难题，支持打造价值互联的数字经济。

第四，移动互联等技术推动线上与线下融合，提供自助、无人、跨时空的金融服务。

数字化不仅重塑金融形态，也将进一步赋能实体经济，推动产业升级和商业模式创新，促进经济社会数字化转型。充分利用数字技术创新金融，能有效防控金融风险，实现普惠金融和智慧社会，但需要把握技术发展方向与金融监管的平衡。

一、数字科技服务金融的底层逻辑

大数据的深度构建为数字金融创新奠定了基础。金融机构内部数据与外部多源异构数据的融合，提供了全面反映用户与市场的信息源；算法的进步也使得对这些多维度数据的挖掘分析更加智能化。这为实现精准的个性化金融服务提供了可能。

我们不应仅关注大数据技术本身，而要看到数据应用为金融创新带来的价值。应用大数据建立信用评估和反欺诈模型，可以更好地控制风险；深入挖掘用户数据进行精准营销，可以提升金融服务效率；大数据分析还可洞察宏观经济走势，指导投资决策。

当然，在应用大数据的同时，也需要注意保护用户隐私，建立数据安全防护体系。只有在合规合法的前提下发挥大数据价值，数字金融创新才能真正造福社会。大数据为金融科技发展提供了重要支撑，但更需要关注其应用落地带来的效益。

人工智能通过模拟和延展人类智能，在金融领域可以实现智能客服、投资建议、风险评估等，极大提升了服务效率和风险防控能力。区块链提供去中心化的可信记账，有助于降低金融交易成本、提升结算效率。智能合约等应用也拓展了区块链的可能性。云计算则通过提供灵活、可扩展的计算服务，助力金融机构应对数据分析、业务规模变化等挑战，实现业务创新。

我们不能过于强调这些技术本身，而应看重它们如何解决金融痛点、创造应用价值。同时，也需要认识到技术并非银弹，其应用也面临安全、隐私、监管等方面的限制和风险。只有在风险可控的前提下，以技术为手段实现金融创新，才能真正造福社会。

二、数字科技赋能金融实践

金融科技促进金融创新。应用大数据、人工智能、区块链等新技术，创新金融产品和服务，如网络支付、P2P网贷、数字资产交易等，提高金融服务效率。

推动金融数字化转型。利用数字化手段改造传统金融业务流程，使银行业务线上化，实现账户业务、信贷业务、投资交易等全流程电子化，降低运营成本。

构建智能金融监管。利用云计算、大数据分析、监管科技等优化监管方式，实现智能预警、精准识别金融风险，提高监管效能。

提升金融数据价值。应用人工智能技术挖掘海量金融数据的价值，实现精准化营销、智能投顾、信用评估等，提升数据运用效率。

夯实金融基础设施。运用区块链、云计算等技术提升支付结算效率，建立安全可靠的交易体系，确保金融系统平稳运行。

推广金融普惠。依托移动互联网和数字支付手段，让更多边远地区及低收入群体享受便捷和廉价的金融服务，促进共同繁荣。

加强网络和数据安全。加大网络安全投入和系统防护力度，保障信息和资金安全，维护金融稳定。

数字科技的应用为金融业注入新动能，推动金融供给侧结构性改革，但是也需要防控金融风险，推动金融良性循环和稳定发展。

三、数字科技助力构建金融新生态

数字科技的发展为金融业带来了新的变革与创新。

数字支付的兴起改变了人们的交易方式。移动支付App如支付宝、微信支付等使支付更加便捷快速;区块链和数字货币也提供了新的价值转移途径。这为建立开放、高效的金融新生态打下了基础。

大数据和云计算支持实时、高效的金融服务。通过云服务和开放API,金融机构可以更灵活地开发金融产品,有效整合资源;AI和机器学习技术也被广泛应用于金融监管、反欺诈、资产定价等领域,提升了金融服务的智能化水平。

5G、物联网等新技术也在催生新的金融场景。汽车、房屋等资产能够通过物联网技术获得价值,成为抵押借贷的新标的。

充分利用这些数字科技有助于构建一个开放互联、高效便捷的金融新生态。

第三节　技术升级是金融企业转型升级的根本保证

一、金融科技对金融行业的数字化赋能

随着金融科技与传统金融的深度融合,金融科技给传统金融带来机遇的同时也带来诸多挑战,引起各方关注。主要质疑集中在三点:一是科技公司合作或自主开展的金融业务,本质上是否还是传统金融业务?二是科技公司深度介入后,是否会侵蚀传统金融机构市场份额,导致市场过度集中?三是现有监管框架是否仍适用,如何更好地监管大型金融科技平台?

这些质疑反映出传统金融与新兴金融科技在市场地位、业务边界和监管方面存在明显差异。但金融科技的快速发展势在必行,监管当局需要保持开放和包容的态度,坚持技术中立原则,在鼓励创新的同时审慎防范各种风险,逐步建立适应新业态的监管理念和手段,使监管既不滞后也不过度,实现行业的平稳健康发展。

目前,金融科技主要有四种赋能模式:一是科技公司直接面向用户自营金融业务(B2C模式),这需要获得金融牌照,接受监管。二是科技公司面向金融机构提供技术服务(B2B2C模式),如蚂蚁的借呗和花呗等,表面上是B2B2C,但科技公司控制整个业务链,中间的B被弱化为纯出资方,既没有提升数字化能力,也加速了市场边缘化。而监管仍聚焦金融机构,存在监管盲区。三是金融机构自主加大科技投入和建设力度。四是金融机构在外独立成立金融科技子公司。后两种模式有利于金融机构数字化转型和业务创新,是监管机构所鼓励的。

监管当局需要更新理念,除监管金融机构外,也要加强对科技公司的监管,坚持技术中立,防控各种风险,保障行业平稳健康发展。

从科技公司的商业逻辑和模式来看,大规模自营金融业务面临一定困难:第一,科技行业注重快速扩张获取网络效应,而金融业务需要稳健经营和严格监管,这制约了科技公司的发展。第二,自营金融将大幅增加科技公司的资本占用,也更易触碰监管约束,如净资本要求等增长"天花板"。相比而言,专注提供金融科技服务有更大的市场空间。第三,科技公司的发展规律是"越做越大",从金融科技向更广域的数字科技服务扩展,有利于发挥网络效应。而长期自营金融业务容易"越做越窄",难以形成协同效应。

因此,科技公司参与金融业务或申请金融牌照,更多是"先行先试",目的是打开市场并输出技术解决方案,而非战略转型。科技公司仍应聚焦提供金融科技服务,帮助传统金融机构实现数字化转型,从而能发挥自身优势并获取更大的发展空间。

尽管科技公司可能无意取代金融机构,但在融合发展中仍存在一定风险,需要引起监管重视:一是科技公司可能掌控金融服务关键环节,导致金融机构退化为资金提供方。二是科技公司可能过度泛化科技输出为业务模式输出,造成收益风险错配。三是个别大型科技公司可能导致用户过度负债、市场垄断、不公平竞争等问题。四是可能存在过度采集用户数据的风险。

为规范B2B2C合作模式、防范“去金融中介化”等风险，金融科技监管不仅不能放松，反而需要进一步加强。监管需要引导科技公司回归技术服务提供方角色，确保金融机构对客户关系和风险控制的主导地位，防止科技公司过度控制金融服务环节。同时，要加强对科技公司的行为监管，防止其利用技术优势进行不正当竞争。只有这样，才能平衡发展和风险，保障金融科技健康有序发展。

二、技术驱动下监管科技的探索和发展

监管科技和金融科技是数字金融发展的两翼。监管科技是帮助被监管机构提升合规效率，帮助监管机构提升监管效率的技术应用解决方案。它兴起的两大驱动力是：一是金融机构和科技企业主动运用科技回应监管要求。二是监管机构运用科技提升监管能力和手段，即“科技驱动型监管”。

监管科技具有双重主体性、多功能性、数字化、敏捷性、实时性、集中性和适应性等特征。它可以有效提升金融监管能力，助力金融科技监管和数字合规，并推动监管理念和模式变革，未来可能发展成金融基础设施。

监管科技不仅提升效率，还可以近乎实时地监测、识别和应对金融风险，是推动监管范式变革的关键性力量，它应该发展为支撑整个金融业的基础设施。监管科技既是效率工具，也是风险防控工具，将深刻影响数字金融时代的监管形态。

从全球监管科技发展趋势看，欧美发达国家仍然领先，亚太地区正在追赶，南美也在逐渐兴起。从业务领域看，2019年全球378家监管科技企业中，约155家从事合规咨询，87家从事用户身份识别，53家从事监管报告，49家从事风险管理，34家从事交易监控。从投融资看，2019年全球监管科技投融资强劲增长，达到85亿美元，较2018年增长89%，发生了317笔交易，较2018年增长93%。预计到2022年，市场规模将达到1000亿美元。

监管科技广泛运用大数据、云计算、人工智能、区块链、5G等新技术，覆盖银行、证券、保险、支付、供应链金融、外汇管理、反洗钱、监管报告自动化等多个领域。整体来看，监管科技正在蓬勃发展，投融资热度较高，技术应用广泛，预计未来市场空间巨大。这为监管机构运用科技增强监管能力提供了良好契机。

云计算、大数据、区块链和人工智能等新技术与监管科技深度结合，使监管手段日益丰富，监管效率不断提升：云计算可为监管机构和金融机构提供高性能、易扩展的基础设施，优化信息处理流程。大数据用于数据收集和数据分析，可识别市场操纵等违规行为。区块链通过"嵌入式监管"概念，将监管规则直接嵌入交易执行中，大幅降低合规成本。人工智能可实现联邦学习解决数据安全问题，进行不出库的多方建模；应用机器学习进行投研监控和舆情监测，辅助金融机构风险控制，降低合规成本。

新技术将监管手段变得更智能化和精细化，使监管更具前瞻性和针对性，这为监管机构实施"科技赋能监管"提供了坚实基础。监管科技必将深刻改变监管方式和监管效果。以下是我国监管科技未来发展的可能方向：

1. 建立监管科技标准规则和基础设施体系

监管科技的应用涉及大量数据、系统和业务规则的处理，因此应当重视监管科技标准化的顶层设计，以确保各系统之间的数据交互和业务规则的统一性和规范性。未来，监管部门应当构建以技术应用为中心的基础设施体系，包括数字化的监管规则体系、监管应用平台保障机制、自动化的数据采集制度、监管部门之间的信息技术协同合作机制以及智能化的网络安全设施等。此外，还需制定包括监管政策、实施要求、运行数据定义以及监管科技自身技术应用标准规范等内容。通过这些举措，可以更好地规范和引导监管科技的健康发展。

2. 金融数据治理机制

监管科技的发展需要优化金融数据体系，主要从以下三个方面着手：一是加强金融数据标准的法治化建设，明确数据标准的法律地位；二是保障数据安全，实现数据的选择性共享，防范数据泄露风险；三是构建技术化的数据规则体系，利用科技手段加强数据治理。同时，要加强链上和链下数据的统筹治理，防止出现监管短板。要加强对链下数据的评估和监督，防止监管漏洞；要参考主数据管理理论，开展链上数据的治理。

在监管科技的运用中，还要高度重视数据保护规则的建设：一是向客户提供数据共享和隐私说明，让客户知晓信息共享政策并了解自身权利；二是在使用客户相关信息时，应征得客户的知情同意；三是完善数据共享规则体系，实行分级分类授权使用机制，对第三方数据控制者和处理者进行约束和规范。通过这些举措，可以在发展监管科技的同时，保障数据安全与客户隐私。

3.强化风险防控

监管科技作为金融监管的新模式，并不改变监管的本质属性。未来，监管理念需要与金融创新同步演进，这是金融科技和监管科技协同发展的必然选择。在此基础上，要完善监管科技的协同运作机制：

在监管部门层面，要强化监管科技顶层设计，推动金融科技规范有序发展。监管机构之间要建立协调合作机制，完善基于监管科技的基础设施，搭建数据共享平台或“监管数据库”。

在技术层面，要将监管科技与金融科技有机结合，加快基于新技术的监管科技工具研发，用现代科技手段优化和升级金融监管手段。

同时，要高度重视监管科技的风险防控，开展系统测试和优化，加强对监管科技的内部审计和外部监督，辅助人工复核监管科技应用结果，提高系统的透明度。

通过这些举措，可以实现监管科技与金融创新的和谐协同发展，防控监管科技应用风险，提升金融监管效能。

第四节　产品创新是金融企业转型升级的核心动力

一、创新是产业结构优化的必由之路

首先，要推动金融科技创新，利用移动互联网、云计算、大数据、人工智能等新技术重构金融业务流程，提高金融服务效率，降低交易成本。新技术的应用可以优化传统金融模式，建立更加开放、便捷的金融服务体系。

其次，金融机构需要加大创新力度，根据市场需求和监管要求，开发设计创新金融产品，满足消费者多样化的金融需求。创新产品的推出有助于丰富金融市场，调整产品结构。

最后，要创建良好的金融创新生态环境，完善法规政策，为金融创新提供制度保障，并积极引导金融创新方向。同时，加强人才培养和交流，提升金融从业人员的专业能力和创新意识。

只有持续推动各类金融创新，优化金融产品和服务结构，使其更好地满足实体经济需求，才能推动金融业结构变革，提升金融业对经济发展的支持能力。因此，创新是金融业结构优化的必由之路。

二、创新推动产业结构优化的路径

提高自主创新能力和加大科技投入，对推进经济增长方式转变和产业结构优化升级意义重大。具体来看，通过加强自主创新，可以推动产业结构从传统产业向新兴产业、从先进制造业向现代服务业等多个方向、不同层次进行升级。各地在制定创新驱动产业结构升级路线时，都根据本地实际情况进行选择，但大体上包括传统产业改造、发展新兴产业和现代服务业三大重点。例如江苏省就是产业结构调整的领头省份。2010年，江苏省就提出用3年时间实施“新兴产业倍增计划”“服务业提速计划”和“传统产业升级计划”，加快产业转型升级，推动新兴产业、现代服务业与先进制造业的融合创新发展。

自主创新对产业结构优化升级具有重大推动作用。各地区要根据本地实际，制定科技创新促进产业转型的路线图，加大科技投入，充分发挥创新在产业升级中的引领作用，推动经济持续健康发展。下面我们就从传统产业、新兴产业和现代服务业三个方向进行论述。

（一）利用高新技术改造传统产业

传统产业对区域经济发展做出过重要贡献，且在当前经济中仍占很大比重。例如，苏州的传统优势产业包括电子信息、装备制造、轻工纺织、冶金化工等，这些产业2009年主营业务收入达到18887.8亿元，占规模以上工业的95.35%。但这些传统产业普遍存在技术创新能力弱、产业素质不高、整体竞争力较弱、处于全球产业链低端、自主品牌缺乏、附加值不高等问题。因此，利用高新技术改造提升传统产业，增加产品科技含量，提高整体竞争力和产业链地位，是区域产业转型升级的重要组成部分。现阶段，各地区要根据自身实际，积极推动传统产业技术改造和管理创新，使之向精细化、专业化、绿色化方向发展，形成特色优势，为区域经济高质量发展提供坚实支撑。

利用高新技术改造传统产业的主要途径有：第一，研发传统产业的核心技术和关键技术。要有针对性地开展科技攻关，研发适用的高新技术，以突破传统产业技术瓶颈。第二，推广应用电子信息技术，实现传统产业信息化。主要是运用互联网和企业管理软件等信息技术。第三，改造提升传统产业的技术装备和工艺流程。主要是引进或自主研发高精尖、高效能生产设备，实现产品质量和产能大幅提升；引进或自主创新综合成套设备，提高企业自动化、数字化、智能化水平。此外，还要注重管理创新，实现经营模式转型；加强品牌建设，提升产品附加值。多方共同推进，以高新技术改造助力传统产业转型升级，提质增效。

尽管利用高新技术改造传统产业符合产业转型升级的客观要求，但具体实施中面临不少困难。传统产业大多处于生命周期衰退期，成本上涨但利润有限，难以自行完成技术改造，需要外部支持。除政府扶持外，银行贷款是改造的重要资金来源，但是传统产业企业多为中小企业，经营风险大，不易通过商业银行贷款。如何拓宽融资渠道，是推进传统产业改造的关键。

对此，建议从以下五方面着手：一是加大财政资金对企业技改的支持力度，提供贴息贷款；二是发展小额贷款公司，创新信贷产品，优化贷款审批流程，降低企业融资门槛；三是发展产业导向性基金，以股权和债权方式投资传统产业改造；四是建立科技金融服务体系，运用科技手段评估企业价值；五是完善资本市场多层次融资体系，拓宽上市融资渠道。只有在政府支持和金融体系创新下，传统产业才能顺利实现技术改造，推进产业结构优化升级。

（二）推动新兴产业的发展

当今世界，新一轮科技革命和产业革命正在兴起。新能源技术持续突破，信息技术融合创新不断推进，生物技术广泛渗透应用，全球正进入创新密集时代。世界主要发达国家积极布局新技术、培育战略性新兴产业，抢占新一轮发展制高点。我国也在制定战略性新兴产业发展规划，对节能环保、新一代信息技术、生物、高端装备、新能源、新材料等进行前瞻布局。

苏州积极响应国家政策，把科技创新放在优先发展位置。2010年重点项目中，苏州高新光伏产业园一期项目投资超过10亿美元，将打造成本最低、质量最优、配套能力最强的光伏产业园。苏州乐轩科技二期项目建筑面积达10万平方米，完工后LCD产能可达1000万—1200万台，成为全球最大单厂产能。这些项目的实施，将有力促进苏州新兴产业培育发展，推动经济结构战略性调整，保持苏州在新一轮科技革命和产业变革中赢得先机。

以高端技术为基础的新兴制造业，市场前景广阔、资源消耗低、带动作用大、就业机会多、综合效益好。发展新兴制造业，对培育新的经济增长点、优化产业结构、提升竞争力具有重要引领作用。但是，新兴制造业建立在高端技术基础上，创新迅速、竞争激烈，初创期往往仅有无形研发成果，其融资具有以下特点：一是资金需求长期性，从研发到投产都需大量资金支持；二是风险大，收益存在不确定性；三是信息不对称严重；四是缺乏抵押担保。这些特点使其难以符合商业银行贷款条件。发达国家证明，风险投资是支持高科技企业发展的有效途径，但我国风险投资机制仍在起步阶段，对高科技企业支持不足。

因此，完善风险投资体系势在必行。一是政府要加大对风险投资的扶持力度；二是建立完善的风险投资退出机制；三是规范风险投资市场，防止投机炒作；四是鼓励社会资本参与风险投资；五是依法保护风险投资者权益。只有形成完备的风险投资体系，新兴制造业才能获得所需资金支持，推动经济结构优化和产业升级。

（三）大力发展现代服务业

与传统服务业不同，现代服务业是伴随信息技术和知识经济发展而产生，运用现代新技术、新业态、新服务方式改造传统服务业，创造需求、引导消费，为社会提供高附加值、高层次的知识型生产服务和生活服务。

现代服务业与制造业和传统服务业相比，具有高技术性、知识性、高附加值性、集聚性、从业人员素质高、新兴性等特征。主要包括金融服务、法律服务、软件和信息服务、咨询服务、广告服务、物流服务、教育服务等。

与土地和能源密集型的制造业、传统服务业不同，现代服务业对资源环境要求较低，是提升产业层次、构建资源节约型社会的重要方向。发展现代服务业，可以带动就业、拉动内需、提高居民生活质量。因此，发展现代服务业是优化产业结构、建设现代化经济体系的重要举措，应成为各地区产业政策的重点。

以高新技术为主要载体的现代服务业，是国际服务业发展的重要趋势。我国服务业以批发零售、餐饮等传统服务业为主，现代服务业所占比重较小且发展较慢。从发达国家看，这一领域是服务业中最具潜力的，即使是发展中国家，如印度软件业发展也有成功经验值得借鉴。

发展现代服务业,对于调整产业结构、推动经济转型、实现可持续发展具有重要意义。因此,我国应抓住发展机遇,采取有力措施大力发展现代服务业:一是加大科技研发和人才培养投入,为发展高新技术服务业提供坚实基础。二是放宽市场准入,鼓励民营资本进入现代服务业。三是创新监管方式,为现代服务业创新创业提供良好环境。四是加强知识产权保护,提升我国现代服务业的核心竞争力。五是积极开拓国际市场,提高我国现代服务业国际影响力。

作为中国经济最发达城市之一和长三角地区中心城市,苏州在发展现代服务业和推动产业升级中处于领先地位。近年来,苏州高新区服务业获得快速发展,规模效益不断扩大,结构持续优化,对外开放不断深化,品牌影响力日益提升。高新区已初步形成商贸集聚区、科技服务区、物流配套区和沿太湖观光区四大功能区。同时,太仓被评为全国现代服务业投资环境十佳区县,充分体现了苏州在发展环境创造方面的成效。

展望未来,苏州将继续致力于打造现代服务业高地。一是规划建设苏州国际服务业集聚区,打造服务业引领型园区。二是完善公共服务体系,为发展提供保障。三是深化服务业改革开放,提升开放水平。四是大力引进人才,为发展注入活力。五是加强品牌培育,提高国际影响力。苏州将在新时代奋力推动现代服务业迈向世界一流水平,为建设现代化经济强省和强市作出新贡献。

现代服务业与高新技术是互为条件、互相促进的关系。一方面,现代服务业建立在高新技术的广泛应用之上,是新技术的重要使用者。高新技术使现代服务业能够以更高效便捷的方式提供服务,提升服务附加值,满足层次更高的需求。另一方面,现代服务业也推动了高新技术的发展。服务业需要研发支持才能获得持续发展,服务业的研发投入在所有研发支出中占比也在持续提高。服务业对新技术的需求激发了更多技术创新,同时服务业也在许多领域取得原创性技术突破。

高新技术为现代服务业提供了技术基础和支持,而现代服务业又促进高新技术获得应用和发展。两者相互依存、相互促进,共同推动经济社会发展与进步。只有充分认识两者互动关系，并加强供给侧结构性改革，才能培育具有竞争力的现代服务业，实现产业结构优化升级。

厘清现代服务业与高新技术的关系，对当前发展现代服务业，推动产业结构转型升级具有重要意义。

发展现代服务业，最关键的是提升企业自主创新能力和加大研发投入。实现这一点需要政府和金融体系共同努力。第一，政府要加大政策支持力度，搭建良好的创新创业平台。第二，拓宽融资渠道，发展多种形式的股权融资和债权融资。现代服务业范围广、主体多、分散性强，政府资金支持有限，因此必须构建包容、高效的金融体系，提供持续、稳定的资金支撑。

具体建议有六点：一是发展天使投资、创业投资、并购基金等风险投资；二是鼓励发行公司债券；三是发展保理、金融租赁等中小企业融资方式；四是建立完善的多层次资本市场；五是推动商业银行创新金融产品；六是培育产业导向型的政策性融资担保体系。只有“有形之手”和“无形之手”紧密结合，现代服务业才能获得持续健康发展，推动产业结构优化升级。

三、创新驱动发展战略的内生性金融需求

（一）相关理论研究

关于自主创新与金融体系关系的研究可以追溯到20世纪初。Schumpeter认为，创新是企业家进行新的生产要素组合，以获得超额利润的过程，是经济实现突破性增长的重要动力❶。金融中介通过评估创新企业的能力并提供融资，对技术创新和经济增长发挥关键作用。Hicks的研究表明，工业革命时期的技术应用需要大量长期资本，金融市场能将短期资金转化为长期资本投资，从侧面说明了技术创新、金融市场和经济增长的关系❷。

❶ 艾伦.开门——创新理论大师熊彼特[M].马春文，等译.长春：吉林人民出版社，2011.
❷ 希克斯.经济史理论[M].厉以平，译.北京：商务印书馆，2011.

国内学者通过实证研究发现，我国四大科技创新区域的金融体系对科技型中小企业创新均有长期支持作用，但短期支持效应存在区域差异，长三角和珠三角的支持效应更显著，东北老工业基地和内陆科技圈的短期支持不显著。

金融体系与自主创新之间存在密切关系。完善金融体系，为创新提供资金支持，是推动经济持续健康发展的关键。当前，我国应加快金融体制改革，发展多层次资本市场，拓宽创新企业直接融资渠道，同时引导商业银行加强创新驱动，提供适合创新企业发展的金融产品和服务，以更好地激发企业创新活力。

高新技术企业的生命周期可分为种子期、创建期、成长期、成熟期和衰退期，各阶段的资金需求和风险程度不同，对应的融资方式也各有侧重。种子期，企业尚在筹建，资金需求不大但风险很大，主要依靠政府支持、自筹资金及个人投资。创建期，市场和财务风险较大，资金缺口巨大，主要依靠风险资本和政府创投基金。成长期，产品进入市场，可获取银行贷款，但仍有一定融资缺口，需要风险资本弥补。成熟期，运营稳定，可利用银行贷款、发行股票、企业债券等方式融资。衰退期，经营状况恶化，融资渠道受限。

因此，完善多层次的资本市场体系，发挥政府、风险资本、银行等各类金融机构在不同发展阶段的优势，为高新技术企业提供持续、稳定的融资支持，是推动企业持续创新发展的关键。当前要加快金融供给侧结构性改革，创新金融产品和服务，更好地满足高新技术企业的融资需求。

（二）国际经验——“硅谷”模式

硅谷是当今世界高新技术的中心，汇聚了许多顶尖的高科技公司，如惠普、思科、英特尔等。它在信息技术革命中担任最早的产业核心，在科技创新历史上处于举足轻重的地位。

硅谷的发展离不开以下五方面：一是政府的大力支持和扶持。美国政府高度重视科技创新，通过各类政策措施积极扶持高新技术产业。二是以斯坦福大学为首的一流高等教育和科研机构提供人才支撑。三是风险投资的大力发展。硅谷聚集了大量风险投资机构，为初创企业提供资金支持。四是“硅谷银行”的创新支持。这些银行了解高新技术企业特点，能为其提供定制化的金融服务。五是纳斯达克（Nasdaq）等多层次资本市场的发展。通过直接融资渠道支持高新技术企业成长。

想要打造新的“硅谷”，必须整合政府、高校、金融体系等各方力量，形成有利于科技创新的良性生态，为高新技术企业提供持续支持。这对我国推动自主创新、实现科技跨越式发展具有重要启示。

总部位于美国加州硅谷的硅谷银行（Silicon Valley Bank），成立于1983年，是美国中型银行中的佼佼者。它专注为高新技术创业公司提供融资和商业银行服务，是科技创新企业的重要合作伙伴。硅谷银行在1993年进行战略转型，从传统业务如房地产贷款中撤出，转而服务高速成长的科技创业公司。其盈利模式主要有：一是为风险投资机构投资的创业公司提供银行服务；二是直接为风险投资机构提供商业银行服务；三是直接投资风险投资机构或其投资企业。硅谷银行表明，银行可以在控制风险的前提下，为科技中小企业提供良好服务。我国应借鉴其经验，发展专门服务科技中小企业的科技型商业银行，以解决这些企业的融资需求。

纳斯达克（Nasdaq）是1971年成立的全电子化股票交易市场，专注服务新兴产业，实行自律管理，面向全球。在美国的创业资本循环中，投资退出是最关键的环节。纳斯达克为美国硅谷创业公司提供了融资和上市的便利条件，也为风险投资机构提供了退出渠道。风险投资支持了硅谷大量高新技术企业的成长，这为纳斯达克提供了持续的上市资源；而纳斯达克带来的财富效应也吸引了更多风险投资和人才进入硅谷。如果硅谷是风险投资与创业的“孵化器”，那么纳斯达克就是硅谷的“催化剂”和“加油站”。我国应借鉴纳斯达克的成功经验，完善创业板市场，便利中小企业融资。

第五章　数字经济下金融企业运营技术

第一节　金融网络与信息共享技术

为适应经济和金融全球化发展，我国金融业中的银行和非银行金融机构在数字化建设上都有了长足进步。但进入21世纪后，金融业的竞争由过去的相互排斥向合作竞争转变，以降低风险和成本，提升收益。建立金融信用体系，加强风险监管，推进银行机构间、非银行机构间以及银行与非银行机构之间的业务融合等需求日益增加。这些变化和需求要求金融信息和知识能在各金融机构间快速便捷地交流和共享。

一、建立金融网络信息共享平台的必要性

我国当前金融机构庞杂多样，主要由银行金融机构和非银行金融机构构成。由于各金融机构数字化发展程度和信息表示不一，导致机构间信息难以交流共享，信息资源严重浪费。这使各机构成为独立的信息孤岛，也造成大量重复建设和资源浪费。同时，高昂的数字化成本将对许多中小型金融机构形成信息壁垒，削弱其发展动力和竞争力。因此，建立金融领域共享的信息知识平台，对于促进金融业发展，控制风险，降低成本，提

升中小型机构发展，提高信息共享和重用，提高使用效率，降低使用成本具有重要作用。建立金融网络信息共享平台势在必行。

二、金融网络信息共享平台的建立与运行

实现金融网络信息共享平台的关键是建立通用的语言和共享模式。当前金融数字化网络平台建设中广泛采用的是KIF（Knowledge Interchange Format）知识描述语言。KIF是一种信息知识交换格式语言，主要功能包括对象关系定义、支持元级知识和非单调推理表达，基于一阶谓词逻辑，具可描述语义。KIF通过扩充一阶逻辑来支持非单调推理，规定语法和语义体系，还提供多种逻辑操作数帮助对逻辑信息编码，能利用复杂术语表示复杂信息。不同知识表达语言可通过KIF“翻译”成通用标准格式，以实现异构系统间信息知识共享。

当前异构系统间信息转换主要采用点对点方式，但随着节点增多，这种方式转换成本剧增，应用系统信息转换过于复杂，N个系统需$N\times(N-1)$个转换器。为克服点对点模型弊端，现在主要采用同层本体域中的信息节点对应一个中性交换格式进行集中转换。通过同层本体域的共同信息概念转换中间件，可以将异构信息转换为标准化规范的领域概念集，构建同层本体域的共享本体知识库。在集中转换模型下，每个节点只需针对中性交换格式转换信息知识，这不仅降低了系统复杂性，也大大降低了信息共享成本。

根据金融领域中金融机构的功能特点，可以将金融领域划分为三个层次：第一层次是由独立运营的个体单位（如银行、保险公司等）构成，属于基本组成单元；第二层次是由具有相似特征的独立运营单位构成的群体（例如银行类金融机构和非银行类金融机构等）构成，属于一个较大的组织体系；第三层次就是该领域的最高层次，具有最标准化、规范化的通用性描述，是该领域的共享基础和整体框架。

金融领域由功能相对独立的子领域组成，如银行金融机构和非银行金

融机构。每个子领域又由具有独立功能的机构组成,如银行、证券、保险公司等。这些机构的信息系统差异很大。

通常大型金融机构已建立自己的信息系统,可以将这些异构系统看作基本的信息节点。通过基于知识转换的中间件,可以将这些节点的异构信息转换为标准化的信息和知识表示,用于构建子领域的共享本体库,实现子领域内的信息共享。小型机构可以直接访问子领域本体库进行信息共享和重用。

尽管建立了子领域本体库,子领域之间仍存在语义不兼容问题。可以在子领域本体库之间再建立转换中间件,将信息进一步抽象为标准化的概念和关系,构建覆盖整个金融领域的共享本体库。

通过逐层抽象和转换,从节点到子领域再到领域,信息逐步标准化,共享程度提高。最终可以建立覆盖全金融领域的知识共享平台。

第二节　数据仓库与数据挖掘技术

当前,金融数字化发展的关键是数据管理。虽然数据库技术改进了数据存储,但在数据管理和信息分析方面还存在不足。一方面,传统数据库注重数据存储,而忽视数据综合处理和信息分析。这导致金融机构各部门间形成“数据孤岛”,数据失衡,无法提供可靠的决策支持。另一方面,金融机构数据分析仍属事务驱动型,系统性差,缺乏高度集成的信息分析模式。同时,许多金融机构使用的运营型数据库主要是数据存储介质,难以进行多周期的数据综合处理,发掘数据间的潜在关系,对高层决策支持不足。

面对这些问题,金融业数字化主要采用数据仓库和数据挖掘技术,提升数据管理和分析能力,增强决策支持。数据仓库在数据集成、综合、分析和查询等方面显著改进,为数据挖掘和知识发现提供基础,是客户关系管理的关键,也是金融业数字化建设的方向。

一、数据仓库技术

数据仓库技术是将企业的数据进行提取、转换、加载到数据仓库中，实现数据的集中存储和统一管理的技术。

第一，需要对企业的业务数据和历史数据进行抽取，这包括数据库中的结构化数据，以及企业各种业务系统中的半结构化和非结构化数据。

第二，需要对这些抽取的数据进行清洗、转换和整合，确保进入数据仓库的都是质量高、格式统一的数据。这需要对数据进行去重复、纠错、补缺、格式化等处理。

第三，将处理好的数据加载到数据仓库中进行存储。数据仓库体系通常包括数据仓库、数据集市以及数据挖掘等部分。数据集市用于存放原始数据，数据仓库存储的是处理后用于分析的数据。

第四，需要对数据仓库中的数据建立索引和视图，并开发相关的查询和分析工具，便于决策者使用这些数据，可以对数据进行多维分析等，实现数据的挖掘应用。

通过数据仓库技术的应用，可以构建企业统一的信息平台，实现数据的集中管理和共享应用，为企业智能决策提供支持。这是提高企业管理水平、创新业务模式的重要基础。

(一)数据仓库的概念

数据仓库是面向主题的、集成的、相对稳定的、反映历史变化的数据集合，它用于支持企业的决策分析过程。

第一，数据仓库具有主题导向特性，是构建用于支持决策的主题数据集合。它按照决策者的分析角度组织和存储数据。

第二，数据仓库实现了对企业内部各种数据源的集成，提供统一数据视角。它整合了来自多个业务系统和外部数据源的数据。

第三，数据仓库中的数据具有相对稳定性，主要反映历史状态和变化情况。它不是频繁变动的详细业务数据库。

第四，数据仓库存储的是时间变化的数据，可以反映数据的历史趋势和模式，以支持趋势分析。

第五，数据仓库支持OLAP（Online Analytical Processing），可以进行复杂的多维分析。

数据仓库通过对业务数据的提取、清洗、综合，构建面向分析的高质量数据集合，支持企业信息化和智能化决策，是构建企业业务智能的核心基础。

（二）数据仓库的开发与实施

数据仓库的开发与实施通常可以分为以下六个阶段：

第一阶段是规划设计，根据决策者的需求，对数据仓库的范围、内容、架构等进行规划，确定主题区域、事实表、维度表等的设计，并评估所需软硬件资源。

第二阶段是数据提取和转换。它需要从多个源系统抽取相关数据，然后对数据进行清洗、去重复、纠错、补缺、格式转化等处理，让数据达到入库标准。

第三阶段是实施建模，根据设计通过ETL工具建立数据集市和数据仓库，实现对各类数据的提取、转换和加载工作。还需要建立元数据管理系统，用于管理数据仓库元数据。

第四阶段是开发分析应用，通过OLAP、数据挖掘等技术开发管理分析应用系统，构建模型和生成报表，实现数据可视化分析。

第五阶段是部署和测试，将设计构建好的数据仓库系统进行部署，并通过用户测试确保系统满足分析决策需求。

第六阶段是运行维护，通过监控系统运行情况、定期备份数据、加载新数据进行维护，确保数据仓库系统顺利运行。

数据仓库的规划设计和实施过程往往需要进行多次迭代，以确保其能够满足企业决策需求。

二、数据挖掘技术

数据仓库整合了大量历史数据，通过先进的统计、数据挖掘、机器学习等技术，可以深入分析这些数据之间的关联，发现隐藏的趋势、模式和规律，提供重要的决策支持。数据仓库为金融机构提供决策支持的一个重要方式就是基于数据仓库进行知识发现(Knowledge Discovery in Databases，KDD)。

KDD表示从数据库中发现知识，是从大规模数据集中提取有用信息和模式的过程。其基本流程包括：第一步是数据集选择，从各种数据源中选择相关子集作为目标数据集。第二步是数据预处理，包括数据清洗、数据集成、数据转换、数据规约等，处理缺失值、噪声数据，改进数据质量。第三步是数据挖掘，在预处理后的数据集上，通过分类、聚类、关联分析等算法，发现潜在模式和关系。第四步是模式评价，根据业务目标和问题，对挖掘出的模式进行解释和评估，识别真正有用的模式。第五步是知识表示，将有效模式可视化表示，转化为可理解的结构，如图表、规则等。KDD可以从海量杂乱数据中发现隐藏的有价值信息和知识，支持企业决策。它结合了数据库管理、数据预处理、数据挖掘、人机交互等多学科知识，是实现从数据到知识的重要过程。

相比单纯依靠人工经验决策，基于数据仓库知识发现的决策更具备全面性、科学性和前瞻性。这为金融机构在复杂瞬息万变的市场中保持竞争优势提供了重要支撑。充分利用数据仓库知识发现功能是金融机构实现精细化决策、科学决策的关键所在。

(一)数据挖掘的概念与任务

数据挖掘主要运用统计模型和机器学习算法从数据中发现模式。统计模型如概率分布、相关分析、回归分析、聚类分析等，用于假设检验和结果评估。机器学习算法如神经网络、决策树、遗传算法等，通过训练学习发现模型参数。数据模式可分为两大类。预测型模式：根据数据项的值准确预测结果，使用带结果标记的数据。描述型模式：描述数据规则或根据相似性分组，不能直接用于预测。数据挖掘综合运用统计和机器学习算法，从数据中发现有价值的预测型和描述型模式，完成从数据到知识的发现过程,支持决策和业务优化。数据挖掘是知识发现的核心技术步骤。

将预测型模式与描述型模式进行细分,数据挖掘的任务可以分解为六类。预测建模:建立模型预测目标变量,包括分类(预测离散变量)和回归(预测连续变量),目标是最小化预测误差。关联分析:发现数据中的强关联模式和规则,发现最有效的模式。聚类分析:发现密切相关的数据群,使同一簇数据尽可能相似,不同簇之间相异。异常检测:识别与大多数数据显著不同的异常点,目标是高检测率和低误报率。统计分析:利用传统统计方法分析数据,检验假设,评估结果。可视化分析:通过交互可视化分析数据,发现模式。

综合运用数据挖掘技术,可以从数据中发现有效知识,支持决策分析和业务优化。数据挖掘作为知识发现的核心步骤,需要选择合适的方法对不同的分析任务进行定向分析。

(二)数据挖掘的应用

数据挖掘技术在金融业数字化中应用广泛。在银行领域,可以辅助评估客户贷款、拓展新客户、加强客户服务、分析信用卡消费行为和信誉、防范犯罪。在金融服务领域,可以建立投资和风险模型,辅助进行股票选择、信用评级、抵押筛选、识别犯罪等。在保险领域,可以分析决定保额的因素、预测客户模式、有效防范犯罪。在经营管理方面,可以评估客户信息、评价员工业绩、检测财务舞弊。

数据挖掘可以支持银行客户分析、投资建模、信用评级、反洗钱、保险定价、欺诈识别等众多应用。它通过发现数据间的重要关联和规律,有效提取其商业价值,为金融机构的经营决策、风险控制、客户关系管理等提供有力支持,提高管理效率和盈利能力。数据挖掘技术已成为实现金融机构数字化、智能化的重要手段之一。

数据挖掘必须建立在数据仓库之上,与单纯的数据库挖掘有本质区别。数据仓库与数据挖掘的联合应用使金融业数字化具有以下特点:一是规模大。数据仓库集成多源异构数据,数10GB至更大,需要大规模并行处理技术支撑,并研发更高效算法。二是历史数据丰富。数据仓库进行长期历史数据存储,支持分析长期趋势,提供持续决策支持。三是数据集成综合。数据仓库集成企业内部各系统数据,支持发现复杂的企业级知识模式。四是查询性能强。数据仓库优化了查询性能,支持数据挖掘的实时交互和深度挖掘。

数据仓库在扩展数据规模,丰富数据时间跨度,整合异构数据源等方面为数据挖掘提供了更广阔的支撑。数据仓库完成数据准备工作,使数据挖掘可以更专注于知识发现。同时,数据仓库的特点也对数据挖掘技术提出了更高要求。

因此,数据挖掘技术需要与数据仓库发展结合,以发挥最大价值,支持金融机构数字化建设。数据仓库和数据挖掘的融合应用是实现金融风险管理、客户分析、精准营销等智能化决策的重要基础。

第六章　数字经济下金融企业运营保障

第一节　管理流程数字化

一、创新投入资金管理

(一)测算体系

企业研发支出是企业用于基础研究、应用研究和试验发展等科技活动的经费支出。

企业科技活动经费支出分内部支出和外部支出。内部支出是企业自行开展研发的费用,包括人员劳务费、材料费、设备费等。外部支出是企业委托外单位合作研发的经费。

技术开发经费是企业研发新产品、技术、工艺等所发生的费用,包括设计费、规程制定费、试验费、图书资料费、研发人员工资等。

数字化转型的企业可以通过外部技术购买或并购,有效获取先进技术,加速自身技术创新,我们称为外部知识投入,主要包括:用户参与创新费用,供应商参与费用,种子资金和风险资金,知识产权支付,技术并购费用。

合理配置内外部研发投入，可以避免重复研发，弥补企业技术短板，提升企业整体创新能力和产业竞争力。

（二）资金分配

企业研发资金的合理配置应服务于企业经营战略。不同的企业战略要求研发资源有不同的配置比例。例如，为保持技术领先，华为每年研发投入占销售收入的10%，这被写入华为基本法，必要时还将扩大投入；追求快速市场占有的企业可提高产品研发比例；注重降低成本的企业可加大工艺改进投入；积累核心技术的企业应增加基础研究投入；开拓新领域的企业可适当增加技术创新与风险投资；成熟期企业应提高产品升级和用户体验设计投入；初创企业应聚焦核心产品，控制研发规模。企业应根据发展阶段和战略定位，合理配置研发资金在产品、技术、市场等方面的比重，充分发挥资金效益，为企业可持续发展提供技术支撑。研发投入的战略匹配性至关重要。

1.企业不同发展阶段的比例关系

在企业不同发展阶段，研发资源投入结构存在差异。初创期企业资源有限，只能进行少量试验性项目；发展成熟期企业资源丰裕，可以投入大量资源进行系统性基础研究和应用研究。以西门子为例，1850—1900年“工匠式企业”时期，研发经费仅占销售额0.3%以下；1950—1990年“系统公司”时期，研发经费占比提高至2%—3%；1990年后“服务公司”时期，研发经费占比进一步提升至3%以上。西门子研发经费投入与其发展阶段和战略高度相关。

2.近、中、远期项目间的比例关系

研发资金在近、中、远期项目之间的配置是企业研发管理的关键战略问题。过多集中在近期项目可满足当前竞争需求，但长远发展后劲不足；过多集中在中远期项目则难以维持现有竞争优势，竞争实力较弱的企业尤其如此。必须在近、中、远期项目间实现研发资金配置的平衡。西门子公司研发资金配置遵循该原则，将近一半资金用于近期项目维持强大的现时竞争力，另一半用于中远期项目以保持未来竞争力。

许多研发单位存在将资源集中在短期项目的倾向，原因有二：一是这类项目基于现有知识，技术风险较小；二是可快速产出成果获取回报。这种倾向在企业经济不佳时更加明显。其最大危害是研发脱离企业长远战略目标，影响企业长远发展。为平衡短长期项目，企业在条件允许时可采取两套班子：在保证足够科技力量攻关短期任务外，还应保持一定科技力量承担长线基础研究项目。这样既保证短期需求，也兼顾长远发展。

3. 公司总部与分公司之间的比例关系

研发资金在公司总部和分公司的配置与公司发展战略、技术创新体系高度相关。通常，总部技术中心主攻与公司业务相关的核心和共性技术难题及基础研究，周期较长；分公司技术中心则更关注当下项目和业务的产品和工艺研发，周期较短。

不同分公司技术中心开发项目存在差异，但都应用总部研究成果。因此，在保证总部技术中心资金后，应更多地将研发资金分配给分公司技术中心，促进总部研究成果的产业化，保持公司市场竞争力。如拜耳公司研发资金中10%给总部技术中心，90%给分公司；西门子更是95%给分公司。这样既保证公司长远竞争力，又满足当前市场需求。

4. 三类研究与发展活动之间的比例关系

三类研究与发展活动间的资金分配比例是动态发展的，取决于外部环境（如政治、经济、政策、环保要求等）与企业战略的变化。基础研究作为长期投资，往往要10—20年后才能对生产力的突变产生影响；试验发展是短期投资，12年可能见效；应用研究作为中期投资，一般在3—5年，多则10年内对社会生产力产生重大影响。

例如，拜耳公司在农业领域的研究与发展投资，将33%的资金用于研究方面，使公司在农业生命科技领域保持强大的研究力量。同时，公司又将4%的资金用于产品和工艺开发，以推动研究成果能够最快产业化。此外，公司还为生命周期管理分配27%的研究与发展资金，为产品改进和更新换代等渐进创新提供支持。

5.产品研发与工艺研发间的比例关系

由于新产品对企业生存发展意义重大，人们倾向于将大部分研发资源投入产品研发，而忽视了工艺研发。据美国机械行业调查，新产品研发占45%，改进现有产品的研究占41%，工艺研发仅占3%。

产品研发与工艺研发力量分配失衡，不利于保证产品质量和提升企业水平。德国一些公司在新产品研发的同时，也开展配套的新工艺研发，以低成本高效制造新产品。他们工艺研发费占研发总费的8%—9%，新产品研发费占5%—6%，余下80%+用于工程开发。他们不仅有强大的产品研发部门，还有专门的工艺研究所和生产工程研究所。产品研发与工艺研发应科学配比，共同提升企业竞争力。

6.不同行业企业研究与发展资金投入的差异性

不同行业因技术复杂度、进步难易程度和信息来源的差异，其研发资金投入存在巨大差异，如纺织行业需大量设计投入，制药等技术密集型行业需大量新产品研发投入。

多元化企业不同业务的研发资金投入也存在差异。例如，拜耳公司涉及聚合物、有机产品、工业产品、医药、农业和影视等六大产业，其研发资金必须在各产业间进行分配。基于不同产业的技术复杂度和对企业战略重要性，拜耳在六大产业的研发资金分配差异显著。医药业属核心竞争力最强的技术密集型产业，拜耳在此产业投入研发资金最多，占46.5%；而有机产品属传统成熟产业，研发资金仅占6.6%。研发资金应因行业而异，向核心和战略产业倾斜。

二、创新投入与企业绩效

我们一直认为创新起到积极作用：公司需要更多创新，通过员工激励鼓励创造和探索创新思路，因为创新能创造价值。但创新也有消极面，可能破坏其价值。受目标和激励驱动的创新可创值增长，但不受约束的失衡创新也有阴暗面,会让公司置于危险境地。当创新影响短期业绩时,对公司整体影响较小,绩效易评测,预期绩效可描述,现金激励较适宜,有规范的量化评估方法。当创新存在大量激进创新时,应采取长期股权激励和主观评价相结合的方式。

对于激进创新,认可体系应发挥更大作用。即使项目失败,参与管理者也应感受到风险承担的奖励;如果项目成功,他们应公平分享价值。只有项目结束,方能公正评判努力与价值。激励体系在这方面有缺陷,认可制更适合激进创新。激励可驱动行为改变,没有评估和激励,组织抵制力会阻碍创新和变革;当激励会加强有益行为,为创新奠定基础。

三、创新投入绩效评价

(一)绩效管理

创新过程中的测量是必要的。"创新或死亡"意味着创新要持续推进,不仅需要责任和努力,还需要系统管理方法,需要高管持续测量、检测和改进。测量是行动的关键动力,使人们注意力集中在价值提升,而创新通常被视为提升竞争力最有效的途径之一,这使得监测和测量创新显得尤为重要。鉴于测量的重要性,我们通常假设组织擅长测量并能有效利用它来推动创新,但真是如此吗?

Lingle 和 Schiemann(1996)调查了 203 名美国跨行业企业管理者,试图回答以下问题:①公司通过什么措施提高绩效?②不同公司的战略绩效测量有何不同?③测量指标是否被用来管理变革?

该调查发现,绩效测量并未被广泛采用作为一个整体实践贯穿各个流程。而且,绩效测量的价值和影响显著,可以区分优秀企业和其他企业。正如 Lingle 和 Schiemann 所言,对于那些突破给定界限和时间的高管而言,测量工作将对公司盈亏产生持续影响,内容涵盖从满足客户需求、应对环境与制度力量,到组织适应性等公司战略核心点。尽管绩效测量非常重要,但调查显示创新和变革方面的测量情况较财务、生产力和客户满意度等要糟糕。创新测量通常不包含在管理评估和会议中，很少被用来推动组织变革或与员工奖励挂钩。调查总结，创新领域缺乏测量的首要原因是公司目标模糊，没有形成认同和承诺的明确说明。许多公司依赖主观反馈，没有测量管理的公司往往意识到问题时为时已晚。

其调查结果让我们反思创新测量的局限和不足。我们需要建立适合本公司的、能促进创新并持续改进的测量体系。

每个组织都应运用某种测量系统，无论简单还是复杂。没有测量，公司无法知道是否完成目标。测量可以控制、评估和改进流程。测量本身是一个包括确定对象、指标和后续行动的过程，是提升理解的方法。正如克尔文所言，当你能用数据表达所谈之事时，你就理解它了；否则你的知识就贫乏且不令人满意。领先企业已经在行动，建立了测量指标和系统来实现绩效目标。许多公司开展创新项目，一段时间后开始反思投入是否值得，没有创新跟踪系统的公司无法回答这个问题，也就对创新失去信心，因为无法认识到投入的价值。只有运营测量系统的公司才能跟踪项目，采取正确行动，通过后续创新战略实现战略和短期目标。

测量之重要在于：关注需要提升的领域；突显高绩效区域；显示战略实施成本；凸显目标和现实成就差距。没有测量，管理就像盲人摸象，无从知晓做了什么、效果如何、是否重要。测量是管理的基石。

（二）绩效评价

为保证绩效测量的有效性，测量指标应可比较。但在实践中，定义和指标存在很大差异，如生产力可定义为质量指标、财务指标等。这种明显差异使得测量复杂，在制定恰当的测量系统时需系统、仔细处理。

绩效测量需要压缩各个商业决策面向，使组织向期望方向发展，这需通过体系化的方法建立恰当的指标并持续跟踪。一个好的绩效测量系统应具备以下五个特点以保证有效性：①目标清晰：提供达成目标所需的正确信息；②准确精细：提供“优质”信息；③及时：在恰当时间为恰当人员提供恰当信息；④反映过程透明度：捕捉工作过程，提供持续改进反馈；⑤反映发展:捕捉良好工作过程。指标应产生客户导向结果,关注核心价值活动。关键是选择和实施关键指标,形成有助于达成公司目标的反馈。

1.绩效测量发展阶段

绩效测量经历了三个不同发展阶段。

第一阶段的测量系统出现在20世纪80年代早期,重点在财务指标如利润、ROE和生产力。这基于管理会计传统逻辑设计测量系统,但具有局限性:

传统会计指标是与日常改进决策关联较少的滞后指标,基于传统会计系统,用于追溯成本而非辅助决策。它仅在财务方面量化绩效,未能推动改进措施,如客户满意度。获取财务信息是事后进行的,它只对已发生事件进行历史描述,与控制正在发生的事件相关性不高。它难以提供促进公司战略实施的相关措施。它强调遵循严格标准,导致组织关注集中化和不灵活。传统指标不仅难以收集且成本高,专注面窄且形式固定,不同部门的指标互不相关,造成信息冗余。它可能会为产出和行为设置上下限,阻碍持续改进。中层管理使用的传统财务报告未反映组织灵活性,而这灵活性令组织能快速应对客户需求变化。

这些问题导致企业开始采用部分非财务指标,其重点转移反映了发展的第二阶段。在第二阶段,重点转向开发非财务指标,以促进管理者和员工的决策制定。更贴近操作流程的新指标,允许通过"在线"行动来控制和改进流程,而不是仅监视过去表现。这些指标非常灵活,可通过微调以反映动态市场的新兴需求。

第三阶段通过开发和整合财务与非财务指标的系统,来驱动组织绩效。这种集成系统的基本目的,是允许从多个角度考察绩效,以实现从公开讨论到最终决策过程的平衡。许多这样的系统已经开发,最著名的是平衡计分卡、战略测度与报告技术、量子绩效测量模型和战略测量系统等。这些集成系统有时被称为绩效测量系统,但它们实际上是完整绩效测量系统的一部分。

2. 绩效测量

绩效测量系统是在各层级（组织、流程和人员）平衡各项指标（成本、质量和时间），以系统监测和控制组织转型过程的工具。实施绩效测量系统的逻辑建立在一个简单原则上：最终实现测量的是什么。本质上，该系统依据开发一套规则和程序，为组织评估和改进收集特定信息。

一个有效的绩效测量系统应该为运营的效率和效果提供及时准确的反馈。确保绩效测量系统提供的数据能准确反映核心业务流程和关键活动的相关性与真实性非常重要。精确和准确的信息是做出良好业务决策的基础，是成功和失败的关键差异。

一个良好的绩效测量系统应当：与企业经营目标、宗旨和项目以及关键成功因素一致；通过尽可能少和简单的指标来传达信息；揭示客户需求和组织满足这些需求的效率高；指标应集中在客户关注的关键因素上；为每个组织组成部分提供一套指标，以展示其决策和活动如何影响整个业务。

3. 支持组织学习和持续性改进

从历史上看，绩效测量系统曾经试图通过提供公司上一财年运营概览，满足利益相关方和高管需求。这些指标在提供一致性测量的同时，推动整个组织的作用有限，因为它们是在年末很久之后形成的回顾性总结。为了在组织层面上更有用，这些指标必须能帮助管理者做出决策和采取行动。在绩效测量系统中采用错误的指标不仅浪费资源，还会严重损害员工士气和工作积极性。事实上，许多绩效测量系统之所以失败，是因为包含了过多或过于模糊的指标，与理想结果相背。通常，这种系统忙于测量管理者感兴趣的活动，而非公司的关键活动。

当前，一个有效的绩效测量系统必须转变为一个战略管理工具。它必须联结公司的战略计划和日常操作，支持战略目标的实现，这需要绩效测量系统具有以下四大特征：①战略导向：与公司经营理念和战略保持一致。②前瞻性：能预测未来表现。③重点聚焦：只包含最关键的指标。④

简单易行：简单、易于维护和使用。

为促进组织发展，绩效测量系统必须深入广泛地了解决定业务绩效的因素状况。仅关注财务底线是不够的，还需识别和追踪峰顶线绩效指标，需要回答的问题有：哪些是增加价值的关键流程，如何提升人员行为，战略实施程度等。这可以捕捉巩固财务绩效的驱动因素，需要定义和跟踪可以实时识别进展的非财务指标，以及需要哪些纠正行动。战略、行动和指标之间的联系是必要的，除非公司采用这些指标和测量系统来促进这种联系，否则测量系统不会带来预期效果。

绩效测量系统需要平衡财务和非财务指标，评估战略目标完成情况和驱动因素，关注行动需要和持续改进。这样战略导向的系统才能真正评估当前绩效并推动未来表现。它需要成为战略管理的关键工具，而不仅是简单的数据收集。

绩效测量系统经常被仅视为指标框架，但它不仅仅是指标的测量系统。该系统是一个将组织愿景和任务转化为具体目标的流程，正是这些目标决定了实施和监控组织绩效的指标属性。这个过程不会在数据收集时结束，接下来要对所达成的绩效进行评估，以确定获得成功所需采取的适当行动。这些决策必须得到适当的培训、奖励和激励来促进实施。

因此，一个完整的绩效测量系统是一个循环的、连续的管理过程，包括：定义战略目标；开发衡量指标；收集和分析数据；评估绩效；识别行动需求；采取行动；再次评估和调整。这个系统需要成为一个组织学习和发展的框架，而不仅仅是一套指标。它通过不断评估、学习和改进，推动组织向战略目标迈进。

许多公司致力于持续改进，但也意识到，他们部署的绩效测量指标可能是有害的，与改进计划不兼容。绩效指标应促进和鼓励正确的行为，即帮助组织实现目标的行为。测量系统和指标不应具威胁性，而应具激励性，能在持续改进周期中激励参与者和负责人。在开发测量系统时，软性方面往往被低估或忽视，因为这些难以测量。但是，软性指标管理良好通常会自然导向高绩效。因此，在关注硬指标的同时，系统也必须考虑软性指标。

综上所述，一个好的绩效测量系统应具备以下特点：战略导向，与组织目标和文化相关；包括财务和非财务指标；关注过程和结果；采用少量而关键的指标；简单和易于理解；信息可靠且易获取；重视软性和关系指标；鼓励正确行为，而非惩罚；持续评估和改进。

传统绩效指标侧重结果，但有必要关注导致结果的驱动因素，如领导、人员、系统、战略、沟通等。这定义了两个基本指标类型：过程指标和结果指标。过程指标与特定过程密切相关，用于控制、管理和改进工作流程，提供快速反馈以指导现场行动。结果指标与更广泛的业务目标相关，管理层常用它来衡量组织运营情况。现场收集的数据通常需要分析后才呈现给高层，因此，该信息是对绩效的回顾性评估，通常是按周、月或年收集。结果指标能捕捉组织整体状况，对计划目标有用，但对日常运营指导价值较低。

那么，一个有效的测量系统应具备什么特征？首先，绩效测量需要捕捉组织不同层级（战略、战术、运营）的真实情况。显然，绩效测量是一项分布式活动，以反映组织各层级的所有权和控制权。因此，测量系统需要包含混合指标，从提升个人绩效的具体指标，到更广泛评估战略联盟和成就的指标。如果这些指标被有效定义和实施，它们可以发现业务领域的改进机会。

许多公司注重测量概念和需求，但仍无法开发出能推动卓越绩效的测量系统。一些常见原因包括：无法定义绩效；无法将绩效与过程关联；无法定义过程边界；不理解或误用测量指标；无法区分控制指标和改进指标；测量错误对象；不理解/误用信息；担心测量会扭曲绩效优先级；担心测量会曝光差劲绩效；认为测量会减少自主权。要开发一个有效的绩效测量系统，必须处理这些问题，确保测量对象、方法和应用恰当，并使组织各层级都参与其中，从而真正发挥绩效测量的战略作用。

显然，测量的目标应该是帮助监控各种举措（对我们而言是创新）的价值，通过给组织活动确定关键绩效指标来提升绩效。但现实并非总如此，因为目标非常复杂和变化多端。如果绩效测量结果被用于追究责任，那么它们会违背组织内的捕捉、共享和学习原则。本质上,我们需要回答两个基本问题:测量目的为何?结果将用于何处?

在当今竞争环境下,业务竞争通常集中在竞争机会识别、学习速度、创新、循环时间、质量、灵活性、可靠性和响应能力等。财务导向系统在此环境下已过时,成功依赖于利用人力知识资本,依赖管理层和员工如何思考业务以及如何投入时间和资源。这需要一个有效的测量系统。有效的测量系统是平衡的、整合的,用于强调公司的关键投入、产出和过程变量。

这样的系统应关注战略目标而非短期财务结果。它需要量化客户满意度、内部流程效率、学习与增长等指标。它不能简单归咎或惩罚,而要激发组织学习、创新和进步。它需要使员工感觉被信任和尊重,而不是被监控。如果设计和实施得当,绩效测量可以成为组织持续发展的有力工具。

四、风险投资与新业务

风险投资是指投资者对于创业公司或项目进行的一种种子期和初期风险融资。风险投资的主要特点是高风险、高收益。投资者选择投资具有发展潜力但又存在高失败风险的初创企业或项目,提供资金支持,并获得该公司或项目成功后部分的所有权,从中获取高额投资回报。

风险投资的形成有以下几个原因:第一,20世纪60年代美国高新技术产业的兴起,带动了风险投资的产生和发展。第二,养老金、基金等机构资金需求投资渠道。第三,创业公司需要资金扶持。第四,一些成功创业者或企业家进行天使投资。随着高新技术的持续发展和初创企业的大量出现,风险投资逐渐成为引领创新的重要力量。同时,风险投资也促进了经济增长、就业和财富创造等方面的进步。

风险投资的运作过程可以分为四个阶段:

融资阶段——解决资金来源问题。这是风险投资最主要的资金来源,包括养老基金、保险公司、基金公司、银行、证券公司等机构投资者。这些机构拥有充裕的资金,有能力承担高风险的风险投资。

投资阶段——解决资金去向问题。通过项目筛选、调研、评估、谈判、合同设计等,将资金投向有巨大增长潜力的创业企业。

管理阶段——解决价值增值问题。通过监管和服务实现价值增值,如参与董事会、更换管理团队、完善商业计划、获得后续融资等。这是风险投资不同于其他投资的重要方面。

退出阶段——解决收益实现问题。当企业发展到一定阶段,盈利稳定后,风险投资会退出,然后投入其他高增长潜力初创企业。退出方式有上市、股权转让、破产清算等。

风险投资的整个过程需要处理好各阶段的关键问题,最大程度实现风险投资的价值增值作用,助力企业成长。

第二节　数字化信息管理

一、数字化信息与知识

(一)信息

1. 信息的概念

信息是描述事物状态的符号表达,它反映了事物之间的关联性和规则性。信息具有多种形式,可以是文字、图像、声音等各种符号。获取信息可以减少不确定性,增进对事物的理解。

信息在现代社会中扮演着重要角色。它是人与人之间进行交流和沟通的基础。信息技术的发展大大推动了信息的生产、存储、传播、处理速度,信息时代也随之到来。如今,信息已渗透到社会的各个领域,它不仅改变着人们的生活方式,也催生了新的经济形态、组织形式等。

信息的质量直接影响认知和决策。高质量的信息有助于科学创新、经济发展和社会进步,然而信息过载也会带来负面影响,信息安全与个人隐私保护等问题日益受到重视。信息的正确使用与科学管理是当今社会面临的重要课题。

信息具有多样的形式和特征。信息可以是对象的状态，也可以是对象之间的关系；可以是静态的，也可以随时间变化；可以是确定的，也可以是概率的。完整的信息概念应该兼顾信息的多样性，并与特定的使用场景和目标相结合，才能真正发挥信息对人类认知和社会发展的推动作用。

2.产品创新的信息来源

技术创新是持续产生和发展知识的过程，是一个知识和信息流。只有及时获得有用信息，创新才能有效进行并取得更好绩效。产品创新从构思开始，构思的系统搜集对创新至关重要。构思来源可以归纳为以下几点：

企业内部——通过调研汲取员工智慧、管理层灵感、销售人员客户接触获取的构思。

客户——通过调查和交流了解需求，分析问题提出解决方案构思，获取用户建议和使用体验。对“整体客户”包括相关决策者的需求都要关注。

消费者自创产品——发现这些产品并进行商业化开发。

竞争对手——通过分析竞品广告和产品获得构思，也可通过反向工程进行创新。

供应商和经销商——了解市场情况，提供技术等信息。

其他渠道——如行业刊物、会议、政府机构、顾问、学术界等。

不同行业和创新类型，构思来源存在差异，但多渠道获得创意信息对产品创新起到重要推动作用。构思汇聚和处理也需要系统化，以产生真正有价值的创意。持续构思、快速迭代和商业化转换，是构建技术创新优势的关键。

消费者常会自创产品满足需求，企业发现这些产品并商业化，可以获得利益。顾客也是重要的创新来源，可以提出产品新的用途，扩大市场和延长生命周期。比如，部分消费者将洗澡油带在身上涂抹皮肤防晒等，而不仅仅把它倒在洗澡水中。这给了企业启发，开发出便携式的柔肤乳和润肤露产品。具体来讲，企业可以通过以下六点获取消费者和顾客的创意信息：关注消费者自创产品，评估商业化潜力；注意顾客新的创造性用途，可以推出新产品满足这些需求；将产品应用场景从限定的一个，扩展到更多可能的情况；不要局限在产品本来设计的用途，要发散思维，延伸产品价值；发现这些新的使用方式后，要进行市场验证，评估需求量；动态跟踪顾客使用习惯变化，持续获得产品创新灵感。

把消费者和顾客视为创新的参与者，发掘他们的创造力，为企业带来新的思路和可能性。这需要企业保持敏锐的洞察力和对市场需求的捕捉能力。

竞争对手也是重要的创新来源。企业可以通过分析竞争对手的广告和产品，获取创新灵感。具体可以：研究竞争对手的市场营销资料，了解他们的定位和价值主张；购买和测试竞争产品，分析其功能、质量等优缺点；拆解竞争产品进行反向工程，了解其设计与技术；综合上述信息后，判断哪些方面可以改进或创新；在确保不侵犯知识产权的前提下，对优秀的设计进行改进创新；注意合法取得竞争信息，不要出现商业间谍或其他非法行为。

（二）知识

1.知识的内涵

知识应该服务于人类进步和社会发展，而不是任何意识形态或集团利益。知识的探索应秉持开放、包容的精神，而非出于偏见或狭隘视野。我们应该珍视不同文化间知识交流的机会，互相借鉴智慧。获取知识的过程需要保持理性思维，而非仅依赖感性认知。我们需要在包容多样性的同时，也要注意区分真知和假知，这需要运用逻辑思维，而非任何先入为主的立场或偏见。知识应该推动人类实现自由平等的崇高理想，而非被滥用于不同利益集团之间的争斗工具。

2.作为竞争力的知识

竞争应该以创新和满足人类需求为导向，而非简单地比拼资源。组织的成功不应仅建立在稀缺资源的垄断上，而应在于持续创新和为社会创造价值。知识和能力的培养需要开放包容的文化，而非闭门造车。核心竞争力应该体现在推动社会进步的产品和服务上，而非某些难以复制的遗产。组织需要学习怎样利用合作和共享来产生更大的协同效应，而非将知识资源进行分割和封锁。竞争应该在公平开放的环境下推动社会繁荣，而非简单地争夺有限资源。组织应该致力于知识创新和人才培养，在开放中求进步。

（三）知识和学习

知识与学习应互为因果、循环促进。学习是一种主动的行为和过程，通过这种行为和过程，人们获得新的认知和洞察，形成新的知识。而知识反过来又启发和驱动人们进行更深入的学习。在这个循环中，学习应该具有开放性和包容性，吸收各种思想和文化积淀，不因习惯和历史而墨守成规。组织中的每个人都应平等参与知识学习和创造，组织文化应鼓励成员主动创新、合作共享。学习不应仅停留在形式和权威知识的传授，而应引导人们关注现实问题，应用洞察力、创造力解决问题。知识学习应在包容、创新、进步中实现良性循环，使每个个体和组织的智慧不断升华，造福社会。

二、创新信息与知识管理战略

知识管理应关注技术与人文并重。仅仅依靠技术并不能有效管理知识，需要营造开放包容的文化氛围，让组织成员主动学习和分享知识。但是，也不能忽视技术在连接人与信息、促进协作方面的重要作用。知识管理需要在技术应用的基础上，充分发挥人的主体性，鼓励员工创新思考、团队合作，使学习成为一种文化和习惯。同时，也要注意不同文化背景对知识理解的影响，在借鉴他人经验时保持批判性思维。知识管理不是单纯的技术工程，而需要视角的融合，在技术支撑下发挥人的创造力，使之成为推动发展的活力。

三、创新信息与知识管理方式

知识创造需要开放、自由的文化氛围，而不应过分依赖技术和程序。

组织应鼓励成员主动交流思想,开拓视野,不能将人仅仅视为信息的传递工具。信息的连接与收集也不应成为机械的模式,而需要在平等尊重的基础上进行,使每个人都有讲述自己经历的机会。技术可以用来辅助和优化,但核心还是要激发员工的热情,营造探索未知、勇于创新的文化。知识创造不应被简化为信息的管理,而应关注人与人之间思想的碰撞,令人眼前一亮的智慧火花。组织应为成员提供充分的自主权,使每个人都成为知识创造的主体。

知识分享不应仅局限于降低成本和利用技术的便利性,更需要注重激发人的能动性和创造力。组织不应将员工仅视为知识传递的工具,而应充分尊重每个人的自主性。技术手段能够打开知识获取的可能性,但根本靠员工主动学习、创新、合作。所以,组织需要营造鼓励分享、开放探讨的文化氛围,给员工提供对知识创造的主人翁意识和责任感。另外,获取知识也不能流于形式,需要辩证看待不同观点,兼收并蓄。知识分享依赖人与人之间真诚的交流,而非仅仅数字化内容的传输。它需要平等、尊重、理解,需要人的内在动力,而非仅仅外在条件。

知识的收集不应仅停留在内容的囤积,更需要人的理解和应用。仅仅依靠技术手段进行收集面临机械化的风险,应更注重培养员工学习、理解及创造性运用知识的能力。收集的价值在于进一步激发思考,而非被动淹没在内容中。这样,知识才能真正动态化,帮助解决实际问题。因此,组织在进行知识收集时,应给予员工自主学习的时间和空间,鼓励其创造性地运用所学,将之内化为驱动工作的动力,而非仅仅成为外在的工具。收集过程也应该具有充分的互动性、开放性。知识管理需要技术作为支持,但核心在于激发人的能动性,使每个员工都成为知识的参与者、贡献者。

知识管理的策略不应局限于某种特定形式,而应根据组织的实际情况采取灵活多样的途径。重要的是要强调知识管理的人文特征,充分发挥员工的主观能动性,而非被某种技术或模式所束缚。组织需要持续关注员工的需求,搭建良好的沟通平台,让每位员工都有参与创新的机会。同时,也要注意吸收先进的管理理念与技术手段,与自身实际进行有机结合。知识管理需要开放、包容的心态,而非墨守成规。它需要技术的支持而不应被技术所主导。组织应该根据发展需要不断调整策略,使之成为一个持续优化、以人为本的过程。

第三节 数字化人才储备

一、数字化企业的人才特征

(一)创新性

创新应该是每一个人都可以参与的过程,而不仅仅局限于少数"创新型人才"。每个人都有创造力,组织需要搭建平台,让所有员工都可以自由提出想法,并给予信任和支持,而不是仅仅依赖少数"创新者"。同时,创新也不应仅停留在技术层面,更需要关注如何让产品和服务真正提升人们的幸福感。组织还需要建立机制,确保创新成果能造福社会,而非被利用于不道德的目的。创新应该是一种开放、共享、负责任的文化,让每一个普通人都能参与并感受到工作的意义,而不只属于少数"创新型人才"。

(二)自主独立性

创造力来源于内在的独立思考,但也需要外在的启发和促进。组织不应该过分控制,但是也不能放任自流。组织需要给员工提供自主的空间,同时积极鼓励员工勇于创新,并给予所需支持。健康的组织会积极倾听不同观点,保护新思想不因传统观念而遭受攻击。同时,自主探索也不能脱离团队协作,需要在互补中取得平衡。组织应该为每位成员提供尊重和理解,构建鼓励新思维的文化氛围,让创造力得以自由绽放。创新需个体智慧,也需组织引导,两者缺一不可。

(三)学习能力强

知识学习需要持续创新,但技术更新不能成为学习的唯一目标。更为重要的是培养批判性思维,在吸收新知识时保持清醒的判断力。同时,学习也不应仅停留在个体层面,需要组织层面的共享机制,使学习成果能更好地服务于人类整体利益。此外,学习的目的不仅是为了适应技术变革,更应该关注人与自然、社会的和谐发展,以人为本,而非被技术发展主导。知识学习需要开放包容的心态,批判性地吸收新知识,并用之服务人的全面发展。技术只是知识的一部分,而非学习的最高归宿。学习最终应推动社会进步。

(四)成就意识强

每个员工都应该有实现自我价值的机会,不应将挑战性工作仅局限于少数“创新型人才”。组织需要为所有成员提供平等对待和成长的通道,让他们都能在工作中获得成就感和尊严。而创新也不应仅关注辉煌结果,更需要注重持续改进的过程,即使微小的进步也应给予肯定。每个人都可以在岗位上贡献智慧,组织需要鼓励普通员工发挥创造力。组织应营造一个鼓舞人心的文化氛围,而非简单依靠少数“创新者”,让所有员工都能在工作中实现自己的价值,获得尊重。

(五)蔑视权威

技能专业化不应导致组织权力的非均衡性。组织应建立机制,防止技能优势导致的权力滥用,维护组织的民主化。同时,组织结构也不应过度赋予某些岗位技能上的特权,应鼓励不同部门、不同层级之间的交流合作。此外,员工的自主性应该受到尊重,避免盲目崇拜或依赖个人权威。组织应该强调团队协作,技能专业化只是为了更好地服务团队目标,而非凸显个人地位。专业技能的培养应该在平等互补的基础上进行,而非导致组织权力失衡。

(六)需求个性化尤其明显

每个人都有独特的个性和多元的需求,这不应被标签化为某一类人的特征。组织应关注每个员工的差异需求，而不仅仅局限于所谓“创新型人才”。重要的是营造一个包容、尊重多元的文化氛围，在这个氛围里，每位员工都可以得到成长机会，工作也都能体现出意义，使人感受到满足。组织还需要建立灵活的激励机制，而不应简单化为某些刻板的模式。组织应该看到每个普通员工的独特贡献，关注每个人的成长，而非仅聚焦于少数“创新者”。让每位员工都能从工作中获得成就感和幸福，是组织文化建设的关键。

（七）流动意愿强

数字经济时代的就业关系不应该被简化为资本与劳动的对立，更需要建立在相互尊重与合作的基础之上。组织不应仅把员工视为生产要素，员工也不应只注重个人利益最大化。双方应通过平等、民主的方式进行沟通协商，使劳资关系向一个“你中有我、我中有你”的共生共荣的合作伙伴关系转变。组织需要关心员工的职业发展，提供学习机会；员工也应该以更宽广的视野看待工作，将个人发展与组织目标结合起来。只有超越传统的“用人—被用”的被动关系，组织才能赢得员工的忠诚，使各方共同受益。

（八）具有开拓精神

创新需要勇气，但不应仅凭个人冒险，而需要组织层面的风险管理和错误容忍。组织应给员工提供尝试新事物的空间，允许错误，并从失败中汲取经验教训。同时，创新也不能完全抛弃前人经验，需要批判性地继承发扬。此外，创新成果不仅取决于个人勇气，更需要团队协作支持。组织需要为创新营造安全的环境，允许探索；员工需要保持开放和谦逊，与伙伴共同进步。创新需要勇气，但勇气也需要智慧指引。

（九）有好奇心，能够拼搏

好奇心和创造力是每个人都拥有的素质，不仅限于少数“创新型人才”。组织需要搭建平台，激发每一个员工的好奇心和创造潜能。同时，创新也需要团队协作，不能过分依赖个人独创。组织应该鼓励员工之间互相启发、共同探索,使每个人的力量都×能够充分凝聚起来。此外,创新还需要与社会需求和道德规范相协调,不能仅出于好奇心而盲目进行。好奇心和创造力需要被合理引导,让每一个普通员工都能发光发热,共同推动组织的可持续发展。

二、创新人才激励

(一)企业研发人员分类

研发人员的贡献不应仅局限于产品和技术层面,更需要关注如何让研发成果惠及社会。因此,组织在配置研发岗位时,不仅需要考虑专业需求,也要关注多学科融合、打破条块分割,鼓励研发人员拓宽视野,关注社会效应。同时,评价机制不应过分强调级别和序列,需要建立弹性灵活的团队,不同阶段的员工都能发挥创造力。研发人员的目标不应局限于技术进步,而是需要让技术服务人类,推动社会进步。组织应提供广阔的发展舞台,而不仅是狭隘的岗位分类。

(二)不同层次研发人员的需求

企业应分析不同层级研发人员的需求,有针对性地设计相应的激励方案:

1.基础层

研发人员的需求不应被简化为经济激励或技能获取,更需要关注工作的意义与价值实现。组织应关心每位员工的职业规划,提供持续学习机会,并让研发成果能够服务社会,改善人们的生活,而不仅是追求经济利益最大化。此外,组织还应关注研发人员的工作生活平衡,设立合理的工作时间制度,给予充分休息。一个健康的组织需要建立全面的激励机制,不仅满足经济和技能需求,也关心员工的情感和身心健康,让研发工作成为一种有意义的人生体验。

2.骨干层

研发人员的需求不应被简化为经济利益的比较,而需要关注每个人的职业发展规划与精神层面的满足。组织应注重员工内在的成长动力,而非仅依靠外在激励措施。同时,应关注员工工作与生活的平衡,建立人性化的管理制度,而不只强调挑战性任务。另外,组织还应注重团队协作,而不是过分依赖个人能力。组织应立足每个员工的全面发展,提供广阔的发展空间,而不仅仅是经济激励。只有当工作能满足研发人员的精神需求时,他们才会产生强大的内生动力并真正投入工作。

3.核心层

核心研发人员的需求不应过分强调经济回报或个人荣誉,更应关注如何遵循道德规范,让研发成果造福社会。组织需要建立机制,确保核心研发人员的智慧和努力不被滥用于不道德的目的。同时,组织应注重不同层级、不同领域员工的交流合作,而不是仅依赖核心层决策。此外,组织还应关注核心研发人员的生理、心理健康,而不仅仅是工作投入。组织应与核心研发人员建立伙伴关系,共同推动技术进步服务人类,而不仅是个人或集团的利益最大化。技术应该造福普通人,而核心研发人员也会从中获得精神上的满足。

(三)设置激励方案

这里引入"全面薪酬"的概念进行薪酬激励方案的设计。全面薪酬的概念主要包括四个部分:薪酬、福利、发展与环境。薪酬:固定现金收入、工资;短期激励、长期激励。福利:健康福利、津贴、其他高科技福利。发展:职业发展规划、业绩发展、个人发展和成长、参与令人激动的项目。环境:领导力、组织氛围、认可、工作平衡、工作挑战性。

三、数字化企业创新人才管理

(一)人才管理

技术发展需要以人为本,服务于人的全面发展。组织在数字化转型过程中,不应仅注重技术应用带来的效率提升,更需要关注如何让技术服务于员工的成长,提供更丰富的工作内容和意义。同时,组织还需注意不同员工接受技术变革的能力存在差异,需要给予充分培训辅导,而不是简单要求全员达到某个统一数字技能标准。此外,数字化也需要与人性化并重,不可过分依赖技术替代人的判断和情感。数字化转型需要以人为中心,不能被技术发展主导。组织应注重员工全面发展,使技术真正为人所用。许多企业已经注意到传统的评估方式需要被重新定义,并因此调整了评估的标准:

1.以人为本

技术应用需要与人性化相结合,而不是去取代人的作用。在员工反馈和绩效评估中,虽可使用技术提高效率,但核心过程仍应由人来主导,充分尊重每位员工的个性和需求差异。组织应注意运用技术的同时不能缺失人与人之间的信任和理解,不能依赖数据排除人的主观评价。同时,评估结果也不能简单依据技术生成的结果,而需要管理者基于充分沟通对员工给予定性化建议。技术只是辅助工具,组织仍需要关注员工的情感体验,通过人性化的管理营造互信互敬的文化氛围。技术应辅助而非替代人。

2.长期持续的反馈机制

绩效评估需要关注过程,而不是只强调结果。组织应该建立常态化的沟通机制,而不是把评估简化为定期的测试。管理者应经常性地与员工进行充分交流,及时了解员工的想法和需求,给予指导和帮助。同时,评估也不能形式化,需要根据不同岗位设置合理的周期,既不能过于频繁造成员工压力,也不能过于稀少导致问题积累。评估的目的是促进员工成长,而非考核查错。组织应建立开放、互信的文化,让管理者与员工保持经常性沟通,及时解决问题,实现共同进步。

3.双向沟通机制

评估应该是双向的,建立在平等互信的基础上。组织应营造开放的文化氛围,鼓励员工对管理者、对组织的上级管理制度进行反馈和建议。同时,管理者也需要对员工的表现给予及时、正面和建设性的反馈。此外,组织还需要建立渠道，让基层员工参与评估体系与流程的设计，而不是完全由上级决定。只有当评估成为组织学习和共同进步的途径时，才能真正提升员工积极性，增强组织凝聚力。平等、开放、共享是评估的基本精神。

4. 掌握转型主动权的“最高权杖”

技术进步需要全员参与，而不应仅仅依赖几个部门或岗位。组织应该培养每一个员工的数字能力和技术敏感性，鼓励不同部门共同探索技术创新方向。人力资源部门也需要积极作为，不是被动接受技术部门的需求，而是主动设计能提升全员数字化素养的培训项目和流程。此外，非技术部门的员工也应该对技术发展保持积极的态度，勇于尝试新的工具与流程。只有当数字化成为组织的共同语言时，每位成员才都能从中获益并发挥力量，组织的数字化转型才算成功。

5. 倡导企业文化

数字化转型需要技术进步和文化变革的有机结合。人力资源部门在数字化进程中不仅要关注技能培训，更要在文化塑造上发挥关键作用，确保技术服务于人，而不是反之。人力资源需要倡导互助、共享、开放的价值观，鼓励不同部门、不同层级之间的交流合作。同时，也要关注可能出现的负面问题，如虚假信息、过度竞争等，建立良好的网络道德。人力资源部门应与技术部门紧密协作，在数字化浪潮中塑造人性化的组织文化，最终实现技术和文化的有机统一。

（二）人才队伍管理

1. 分散式架构

数字技能的培养需要组织层面的推动和规划，而不应仅依赖个别员工的自发传播。组织需要制订明确的数字化培训计划，让每一个部门、每一个员工都能系统地接受培训与提升。同时还需要建立跨部门的数字技能学习小组，鼓励员工之间的互动交流，促进知识在组织内部的有效扩散。此外，组织内部的数字化也需要发挥重要作用，将成功案例进行复制和推广。数字技能的培养需要全员参与、组织推动，而不应仅局限于个体层面。数字化转型关乎企业的整体能力。

2.精益数据中心架构

技术应用需要与业务深度融合，而不应仅依靠专职团队。组织应积极打破部门壁垒，鼓励不同部门之间进行数字化协作，使各业务线都能获得技术支持。同时还需要关注普通员工的技术能力培养，而不只依赖精锐团队。此外，精锐团队也不能成为封闭的圈子，需要向全组织开放交流分享。数字化转型需要技术人员与业务人员协同合作，众人拾柴火焰高，依靠少数人的力量无法实现组织的整体进步，需要全员参与。

3.辐射状架构

技术应用需要平衡集中带来的规模效应与分散带来的灵活性。组织可以建立核心技术团队，但不能过于集中控制。各业务部门都应该拥有一定自主性，能基于自身需求选择技术手段。同时，核心团队也不能成为暗箱操作，需要与业务部门保持充分沟通。此外，还需要重视外部资源的利用，如云服务等，而不是全部自行开发。技术应用需要在集中和分散之间寻求平衡，发挥各方优势，实现敏捷高效。过分集中容易创新困难，过度分散则难以形成规模。

4.多中心辐射式架构

技术应用在向全组织扩散的过程中，需要关注平衡统一与特色化。组织可以建立统一的技术应用标准，但是不同业务部门在具体实施中也应该根据自身特点进行适当调整与优化。同时，还需要注意不同部门之间的协同，建立跨部门协作机制，形成技术应用的协同效应。此外，技术部门也需要做好指导和支援工作，使各业务部门能够更好地将技术与实际需求相结合。技术应用需要在统一规范与特色化创新之间寻求平衡，使其既能发挥规模效应，也给予业务空间自主发展。

5.整合的蜂巢架构

数据应用需要以人为本，而不能仅停留在技术层面。组织在进行数据分析时，不能只看重量化指标，需要更多考虑员工的情感体验和需求，关注数据背后的人文因素。同时,也要注意保护员工和客户的隐私,防止数据应用演变为监控。此外,数据分析的结果也不能机械推动决策,而需要组织高层基于战略目的进行综合判断。推进数据化进程时,仍需要牢记以人为本的初心,不能被数据所迷惑,坚持技术服务业务,服务员工和客户。数据应用需要智慧,而不仅仅是数据基础设施。

(三)创新团队建设

1. 员工与创新

创新需要整体文化氛围的激励,而不仅仅依靠个别团队或人才。组织应该为每一个员工提供创新机会,鼓励员工提出改进建议。同时,还需要建立机制使创新成果能够被有效采纳和应用,而不只停留在理念层面。此外,组织领导层也需要身体力行,给予员工信心和动力。成功的创新需要来自组织各个层面的推动参与,并形成积极的文化氛围。依靠少数人或团队的力量是难以持续的,需要营造让所有员工都能发挥创造力的文化。

2. 营造鼓励创新的工作环境

员工的创新精神需要组织文化的激发和培养。单纯依靠招聘"创新人才"是不够的,更需要关注如何营造一个鼓励创新的工作环境。组织需要为员工提供尝试新事物的空间,重视每一个新的见解和想法,给予及时肯定和回馈。同时,也要关注可能会扼杀创新的不必要规章制度,减少束缚员工创新的管理过程。此外,组织还需要不断更新自身理念,与时俱进,避免形成包括高层在内的思想定势。只有当创新精神成为组织的共同价值观时,员工才会真正敢于创新。

创新需要开放包容的文化氛围,而非强制要求。组织应关注营造一个可以容忍失败、鼓励思考的环境,减少层级氛围,让员工感到舒适自在。同时,也要注意不同员工的个体差异,有的员工更适应稳定,有的员工更适应变革。组织需要根据不同员工设计弹性制度,而不是要求统一步调。此外,管理者也要做好倾听和引导的工作,而不是掐灭心中不认可的想法。组织应给予员工安全感和自主权，让创新成为一种自发的行为，而不是强制要求。人人都可以创新，关键看组织是否提供土壤。

创新需要兼容稳定，组织管理需要找到平衡。公司不能只着眼短期业绩，而忽视长期发展所需的创新文化培育。管理层需要树立战略眼光，给予员工一定的自主权和失败容忍度，而不是机械控制。同时建立弹性评估机制，不能用同样标准要求每位员工，应看重他们的创造贡献。此外，公司还需注意内部知识交流，避免部门割裂。公司成功需要执行力和创新力的结合，管理需要转变观念，在控制和自由之间找到平衡，促进公司长远发展。

3.战略性招聘

员工多样性有助于组织创新，但需要和谐文化氛围的支持。招聘时不能仅着眼候选人的履历和表现，也要考察其是否具备组织所需的开放性和包容心。同时，组织内部也需要积极营造鼓励创新与包容不同的文化，鼓励员工互相尊重、互相倾听。管理层需要展现开明胸怀，给予员工思考问题的空间。员工多样性和创新文化需要并重，在追求创新与维护团队和谐之间找到平衡，共同打造一个鼓励创造力的开放环境。

创新需要开放思维，但还需要基础知识的支持。古道尔如果完全没有生物学基础，她也难以对黑猩猩做出科学研究。组织需要在招聘时关注候选人的知识结构和思维模式，选择既有基础又能思考的人。同时，也要给予员工学习和锻炼的机会，拓展他们的知识面。在管理上，要给予他们一定自主权，但也需要进行指导和支持，避免走入歧途。创新需要开放思维，但开放思维也需要知识支撑，两者缺一不可，都需要组织重视培养。

创新需要开明包容的文化，不能简单贴标签："不合格"。具体建议包括：注重评估候选人的思维方式和价值观，而不仅看表面简历；聘用观点不同的人，但需要建立互相尊重的文化氛围；邀请外部专业人士提供建设性反馈，但不应全盘接受；聘用有特长的人，并为他们提供合理的岗位和培训；重视候选人的批判性思维，但也要明确组织底线。

接受不同，不代表放任。创新需要开明和引导，在自由和规范之间求平衡。

哥伦布是一个非常有创造力和勇气的探险家。他不愿意被常规思维束缚，总是追求新的可能性，这使他在当时的欧洲并不受欢迎，但西班牙国王和王后认识到了他的价值所在。他们给了哥伦布一个挑战性的任务，这正符合他探索未知世界的渴望。哥伦布凭借着坚定的意志和不屈的精神，终于实现了他的伟大发现，对人类历史产生了深远的影响。我们今天仍然可以从哥伦布那永不言败、勇于创新的精神中找到启发。

组建一个优秀的团队，选择合适的人才至关重要。我们应该诚心诚意地评估每一位候选人的能力和潜力，而不仅仅看重他们的履历和经验。拥有多样性的团队更能激发团队的创造力，因为不同背景的人往往有不同的观点。在招募时，我们要注意不能因为先入为主的偏见而排斥某些应聘者。每个人都有成长的空间，重要的是要给他们合适的机会发挥所长。一个团结和谐、互补互惠的团队，才能成就企业的长期成功。“人”永远是公司最宝贵的财富。

第四节 数字金融服务体系创新

面对经济发展进入新常态，中国正致力于实现产业转型升级。传统增长动力逐渐弱化，创新驱动显得尤为重要。在这个背景下，数字经济凭借新科技的支撑，为经济转型注入了新活力。数字经济提高了生产效率，调整了经济结构，有力推动了中国经济质量、效率和动力的变革。它彻底改变了传统经济格局，启动了新的增长引擎。“十四五”规划强调要全面推进数字化，以数字转型引领生产生活和治理方式变革。预计到2025年，数字经济将贡献GDP的10%。下一步，我们应从战略、技术、数据要素等方面着力发展数字经济，打造新的经济增长点。中国数字经济拥有巨大潜力，前景广阔。我们要抓住机遇，加快数字化步伐，构建数字中国。

一、数字经济启动中国经济转型新引擎

2020年，在复杂多变的国内外形势下，中国顺利完成“十三五”规划目标，成为全球唯一实现经济正增长的主要经济体。这一难能可贵的成就，与中国数字经济的蓬勃发展息息相关。数字经济为经济社会发展注入了新动能，推动了经济结构调整和产业升级，提升了治理效率和公共服务水平。它让我们在危机中见证了科技创新力量，也预示着中国迈向高质量发展的美好前景。立足新发展阶段，我们要进一步强化数字化建设，以数字经济这一新引擎推动高质量发展。

数字经济是建立在数据基础之上的经济形态，它运用数字化手段提升资源配置效率，推动生产力发展。其技术基础包括大数据、云计算、物联网、区块链、人工智能、5G等前沿科技。这些技术的应用催生了诸如在线教育、远程医疗、电子商务等新兴消费模式。数字经济正在深刻改变人类的生产和生活方式，它代表了经济发展的方向和未来。我们要充分利用数字技术创新成果，推动经济数字化转型，构建数字化社会，以数字经济这一新引擎驱动高质量发展。

过去几十年，中国依靠劳动力、土地、资本等要素实现了经济的高速增长，成功转型为世界第一大工业国之一。但随着城镇化水平提高到63.89%，这种粗放式的增长模式逐渐面临投资回报下降、人口红利减少、资源利用率下降等问题，原有的增长动力正在消退。2010—2020年，中国经济增速持续下滑，从10.6%降至2.3%，表明传统模式难以为继。因此，我们必须顺应经济发展规律，调整发展方式，推动产业转型升级。创新驱动和数字经济将成为新的经济增长点，我们要抓住机遇，加快建设数字中国，以科技和制度创新引领高质量发展。

长期以来，中国经济过分依赖劳动力、土地和资本等传统要素驱动增长，现在需要实现方式的转变。我们要认识到知识、技术、管理和数据等要素对提升生产力发展的重要作用，要积极培育技术密集型的经济增长模式，发挥数据等新要素的效用，提高全要素生产率。党的十九大提出要

提高全要素生产率，党的十九届四中全会进一步把数据列为新的生产要素。我们要建立让市场评估要素贡献、按贡献决定报酬的机制，充分调动各要素活力。在新发展阶段，我们必须顺应时代潮流，加快经济数字化转型，以创新驱动引领高质量发展。

数据是数字经济的基石，直接催生和催化了数字经济的蓬勃发展。与此同时，云计算、人工智能、区块链、物联网等新技术与实体经济深度融合，为各行各业带来了革命性的变化，开启了无限的可能。数字经济极大地提升了生产力，调整了经济结构，推动了中国经济实现质量变革、效率变革和动力变革，彻底改写了传统经济模式，成为新经济的重要增长点。当前，中国经济正处在转型的关键时期，这为数字经济与实体经济深入融合提供了重大机遇。我们要抓住机遇，加快数字化转型步伐，以数字经济这一新引擎推动高质量发展。

特别是2020年以来，数字化进程不断加速，线上线下深度融合，催生了许多新业态和新模式，强力推动了数字经济的高速发展。非接触式的政务、金融、教育等公共服务广泛应用，智能生产、远程办公、在线消费等数字化生活方式深入人心，数字化转型的号角已经吹响。根据国家统计局数据，2020年社会消费品零售总额下降了3.9%，但网络零售额同比增长了10.9%，达到11.76万亿元。这表明数字经济正在成为经济社会发展的新引擎。面向未来，我们要抓住数字化发展的战略机遇，加快经济社会全面数字化转型，以数字化赋能高质量发展。

面对数字经济的新机遇，国家相继出台各项政策大力支持数字基础设施建设，即“新基建”。从中央到地方，数字经济的投入力度不断加大。据中国银行研究院估计，2020年新基建投资规模达到1.2万亿元。5G、人工智能、大数据、工业互联网、区块链等新型基础设施，将技术转化为生产力，带动上下游协同发展，催生新消费模式，为经济社会恢复注入新动力。数字基础设施建设为数字经济的蓬勃发展奠定了坚实基础，开辟了广阔前景。我们应抓住机遇，进一步加大数字化投入力度，以数字经济推动高质量发展。

近年来,我国数字经济快速发展,对经济结构调整和质量提升发挥了重要作用。数据显示,2019年我国数字经济增加值已达35.80万亿元,占GDP的36.20%。数字经济的增速也远高于GDP,成为经济新动能的重要组成部分。在促进就业方面,2018年数字经济领域提供了1.91亿个工作岗位,同比增长115%,明显高于当年全国就业增速。2014—2019年,数字经济对GDP增长的贡献率保持在50%以上。可以看出,数字经济已经成为拉动中国经济高质量发展的核心力量。当前,中国是全球第二大数字经济体,2018年数字经济规模达到4.73万亿美元。面向未来,要充分发挥数字经济的效应,进一步推动经济发展方式转变、经济结构优化升级。

数字经济为中国经济转型升级提供了重要契机。它有利于打破制造业大而不强的局限,增强自主创新能力,提高经济科技含量。数字经济也将助力中国启动第四次工业革命,培育新增长点。中国拥有数字经济发展的独特优势,应抓住机遇,加快产业转型,形成新兴产业集群,提升国际竞争力。同时,还要进一步对外开放,深化国际合作,与世界共享数字经济红利。充分发挥数字经济效应,是推动高质量发展的重要途径。中国数字经济前景广阔,必将成为大国崛起的重要支撑。

二、产业数字化是数字经济发展的主攻方向

产业数字化运用数字技术对传统产业进行改造,实现产业的智能化升级。它通过深化应用数字技术如云计算、大数据、物联网、人工智能等,打造数字化工厂,优化生产流程,提高资源配置效率和产品质量,大幅降低生产和交易成本。

产业数字化正在重塑制造业、农业、服务业等,助力企业实现个性化定制、灵活生产,使之具备快速响应市场、高效协同创新等能力。它还会激发新的经济增长点,推动形成数字经济新业态。

我国正大力推进产业数字化,加快建设智能制造体系,推进数字技术与实体经济深度融合,建设数字产业基础,培育新型数字产业集群。产业数字化对于我国经济转型升级、建设制造强国具有重要战略意义。

但是产业数字化也面临安全风险、气候环境约束、法规监管等多方面挑战。充分发挥政府引领作用，加强顶层设计，完善法规标准，积极应对各种挑战，是推进产业数字化的关键。

三、三大维度开辟数字经济新征程

随着经济转型和政策支持，以及科技进步，中国数字经济正在进入发展的黄金期。但我们也要清醒看到，核心技术难以突破、基础设施不够完善、产业数字化不平衡、区域发展不均衡等问题依然存在。展望未来，我们要致力于提升自主创新能力，加快数字基础设施建设，推进政企合作，以增强数字化国际竞争力。重点要加大对核心技术研发的资源投入力度，打造更多具有自主知识产权和国际竞争力的数字化关键技术。同时，要制定区域协调发展战略，促进数字化成果在各地共享，缩小数字鸿沟。只有做强做优数字化，中国才能在新一轮科技和产业变革中取得主导权。

第一，着力打造数字基础设施，提供高质量的通信网络、数据中心等基础支撑。要构建数字经济新型基础设施体系，推动5G网络、人工智能等技术应用，提供无处不在的连接服务。

第二，着力培育数字产业生态，孵化新业态新模式。要突破关键核心技术，使之成为数字经济赖以生存的产业支柱。同时要积极孵化平台经济、共享经济等新模式，形成数字经济发展新动能。

第三，着力融入数字化转型，推动实体经济智能升级。要实现制造业与数字技术深度融合，建设智能工厂、数字化农业等，使传统产业实现优化升级。还要深化医疗、教育、金融等行业数字化改造，提高行业效率和服务水平。

三大维度协同推进，才能加快形成数字化赋能的经济发展新格局，开启我国数字经济建设新征程。这需要政府、企业、社会各界通力合作，共同应对挑战，实现互利共赢。

第七章　数字经济下银行业运营发展

信息技术飞速发展给社会经济活动带来巨大影响。面临市场结构变化带来的挑战和压力，银行业试图通过信息技术整合改造传统业务，获得增强市场竞争力的创新成果。数字化对银行组织架构、运营方式和业务开拓带来深刻变革，已成为未来银行发展的主线。2008年全球金融危机更凸显数字化在银行业抵御风险中的重要作用。

第一节　国外银行数字化发展

随着数字技术的发展，国外银行数字化程度不断提高。数字化使银行可以更好地满足客户需求，优化客户体验，降低运营成本。

国外银行积极拥抱金融科技，推出移动支付、数字钱包、在线贷款等创新业务，实现了线上线下融合发展。大数据和云计算技术的运用也使银行能够实现精准营销和风险控制。

但与此同时，国外银行也面临着数字化转型过程中的诸多挑战。数据安全和隐私保护问题凸显，部分传统银行业务面临互联网金融的冲击，监管政策也在不断调整适应数字化趋势。

一、发展阶段

由于计算机普及率高、网络基础设施发展迅速，一些较发达国家的银行数字化建设已经开始实现高效运营。银行数字化几乎覆盖了银行业的各项经营管理应用，计算机处理和控制了从日常前台业务、事后批处理到人事管理、财务管理、历史数据查询分析以及金融产品开发销售、客户信息管理等全部事务。同时，客户也获得了更快捷便利的服务体验。

回顾国外银行数字化发展的几十年历程，至今为止经历了以下四个主要阶段。

（一）脱机批处理阶段（后台业务电子化阶段）

20世纪60年代，国外银行开始使用主机计算机来实现业务数据的电子化处理，取代了过去完全依靠人工来进行账务处理的方式。银行通过计算机程序来自动化完成存款、放款、转账等大量交易数据的处理，从而极大地提高了数据处理的速度和效率，降低了操作成本。这标志着银行业务向自动化、电子化方向发展的开始。

（二）联机实时处理阶段

20世纪80年代起，随着计算机网络技术的发展，国外银行开始通过网上银行、电话银行等电子渠道为客户提供服务，实现了银行前台业务的电子化。客户可以通过电话、网点电子机具等远程形式查询账户信息、办理转账业务，无须亲自去银行网点。这大大提高了客户服务的便捷性，也减轻了银行工作量。

（三）经营管理数字化阶段

21世纪初，互联网技术的进一步成熟，使得银行可以通过网站和手机App全面提供网上银行服务。客户可以通过PC端和移动端的网上银行，远程完成开户、查账、转账、支付等各类银行业务，无须排队等候，大大节省了时间成本。网上银行成为主要的银行服务渠道。

(四)开放式银行阶段

当前，银行业正向开放化以及与科技企业深度合作的方向发展，形成开放式的银行服务生态系统。银行通过开放API接口与第三方支付、理财等机构合作，用户可以享受到更丰富便捷的金融服务。这也是银行数字化发展的新趋势。

二、发展趋势

国外银行业数字化已经进入业务集成化和决策智能化阶段，未来发展方向是实现从传统银行向网络银行的转变，从无差别服务向个性化服务的转变，以及信息技术从自主研发向外包的转变。

(一)网络银行的快速发展

随着互联网和移动通信技术的发展，网络银行在近十几年取得了快速发展，已经成为银行业的主要服务渠道之一。

网络银行使客户能够通过浏览器或手机应用程序，在任何时间、任何地点，安全方便地办理包括查询、转账、支付等在内的各类银行业务，大大提高了银行服务的可获得性。同时，网络银行也降低了银行的运营成本。

支持网络银行快速发展的关键技术包括安全可靠的网络传输技术、先进的身份识别和交易验证技术、高效稳定的大型分布式服务器集群技术等。这些技术保证了网络银行业务的安全性。

网络银行用户数量迅速增长。随着智能手机和移动互联网的普及，移动端网络银行也成为重要获取增长点。同时，基于人工智能和大数据技术的智能客服也进一步提升了网络银行的服务质量和用户体验。

网络银行仍存在很大的发展空间，会与传统银行业态形成服务和业务上的优势互补，共同提高银行服务水平，满足多元化的客户需求。

(二)客户服务型信息处理系统日渐突出

随着市场竞争的日益激烈,企业越来越认识到客户服务的重要性。因此,客户服务型信息处理系统成为企业信息化建设的重点。

客户服务型信息处理系统通过收集和分析客户数据,可以实现精准的客户画像,进行精准营销。同时,企业还可以建立CRM系统,记录客户订单、服务等历史,实现对客户关系的数字化管理。

同时,企业也在加强与客户的各种交互渠道建设,如网站、移动App、社交媒体客户服务等,借助互联网和移动技术,提供更贴心、高效的客户服务。智能客服机器人的应用也在不断增强。

此外,为提高客户满意度,企业信息系统也开始与物流、供应链等系统进行信息融合,实现从订单到售后全流程的信息化和智能化,快速响应客户需求。

客户服务型信息系统建设已经成为企业信息化的主攻方向。这需要企业做好顶层设计,使信息系统真正围绕提升客户满意度进行流程再造和深度集成应用。客户服务信息化是企业获得竞争优势的关键所在。

(三)信息技术托管模式广泛普及

随着云计算等新技术的兴起,信息技术托管模式正在广泛普及。越来越多的企业选择将自己的信息系统托管给专业的托管服务提供商。

信息技术托管的核心思路是由服务提供商承担企业信息系统的技术架构、运维、维护等工作,使企业可以聚焦自身业务创新,降低信息化运营的复杂性和成本。

托管模式的优势在于可以获得专业化的服务和更高的系统稳定性、安全性。同时,也更有利于企业获取计算资源、存储空间、网络带宽等方面的弹性扩展能力。

随着云计算等新技术的成熟,信息技术托管模式正在从基础架构托管向软件和平台托管方向拓展,托管的范围也日益广泛。此外,信息安全、服务水平等方面的监管也在加强。

信息技术托管模式将使越来越多中小企业也能以合理成本实现信息化,降低数字化转型的门槛,有力促进产业数字化和经济数字化进程。它将以新的方式重构企业信息系统的建设和管理模式。

三、经验借鉴

经过近三十多年的建设,我国银行业在数字化先进技术的应用上与国外基本持平,但运行效率、信息融合程度和信息服务水平等方面与发达国家相比还存在较大差距。为了在新环境下不断整合银行业务流程、提升核心竞争力,借鉴国际先进经验至关重要。

(一)重视利用现代信息技术

近年来,我国银行业高度重视数字化转型,积极利用先进的现代信息技术改造升级传统银行业务。

具体来说,银行业广泛采用大数据和云计算技术,构建了规模巨大的金融云平台,实现了业务数据的集中存储和智能化处理,支持银行实现精准营销、精准风控,并大幅提升了业务处理效率。

此外,人工智能和机器学习的应用也使银行可以实现智能客服、智能投顾等创新业务,大幅降低了人工服务成本。区块链技术的运用也将有助于银行降低结算成本,提高交易透明度。

移动互联网技术的进步则使银行客户可以通过手机App和小程序享受便捷的移动银行服务。生物识别、AR/VR等新技术的引入也在改善银行客户的服务体验。

在数字化浪潮中,我国银行业正在加快技术创新步伐,积极拥抱新技术新应用,力争在数字化转型中占得先机,提升客户体验和服务质量,增强自身的核心竞争力。这对于银行业的发展具有重要意义。

(二)积极进行金融产品创新,着力提高金融产品和服务的科技含量

电子商务的浪潮改变了传统的国际贸易方式,客户需求向多元化、个性化发展。国外银行业敏锐察觉到客户需求的变化,并具有预见性地推

出个性化网上银行业务，以科技为支撑，持续对各项业务进行创新，为银行业发展带来了持续的动力。

（三）树立以客户为中心的理念

在数字化转型过程中，我国银行业积极借鉴国外银行的成功经验，树立以客户为中心的服务理念。

具体来说，银行推出了网上银行、移动银行等服务渠道，客户可以随时随地通过手机或电脑查询信息、办理业务，大幅提升了服务的便捷性。一些银行还开发了能够主动推送个性化服务的手机App。

此外，借助大数据和人工智能技术，银行能够深入分析客户数据，提供定制化的金融产品和服务方案，而不是简单地“一刀切”。

在营销方面，银行也在加强以客户为中心的精准营销，不再是广泛的批量营销。服务流程也进行了简化，让客户更加方便。

在数字化应用中，我国银行业正加速从过去的产品中心模式向客户中心模式转变，着力提升客户体验，这将有助于银行在市场竞争中获得优势、增强客户忠诚度。实现以客户为核心的数字化转型，是银行持续发展的关键。

第二节　我国银行数字化发展

一、发展阶段

银行数字化是数字中国的重要组成部分，是实现经济社会数字化转型的关键环节。中国银行业以增强银行核心竞争力为目标，始终致力于数字化建设，并取得了很大成就。回顾中国银行业数字化建设的发展历程，随着银行业经营理念变化和技术快速发展，中国银行业数字化建设经历了两个主要阶段。

第一阶段是基础设施建设阶段。20世纪80年代开始，我国银行业开始引入计算机技术，逐步建立起包括柜面银行业务系统、账务处理系统、客户信息系统等在内的基础信息处理系统，实现了各项业务的电子化和自动化。这奠定了银行数字化的基础。

第二阶段是应用创新阶段。进入21世纪以来，互联网技术的发展使得银行数字化进入了应用创新和深度融合阶段。银行积极推进网上银行、移动银行建设，使各项业务实现网络化。同时银行也在运用大数据、云计算、人工智能等前沿技术，实现核心业务系统的升级和交易模式的创新，以提升客户体验和内部运营效率。

展望未来，我国银行业数字化建设将进入新阶段，这将是银行业深化数字化、走向智能化的新阶段。银行将继续加大科技投入，构建全面数字化、智能化、开放化的银行业生态系统，以适应数字经济时代的竞争和发展。

中国银行业数字化建设从引入电子计算机到全面进入数字化进程，从单项业务到综合业务，从单一网点到系统联网，搭建起了银行数字化的基本框架，初步形成了数字化服务体系。具体来说，银行业数字化建设经历了以下几个时期。

(一)起步期:柜面业务操作实现自动化

20世纪80年代，我国银行业数字化建设进入起步期。这一时期，银行开始在柜面业务系统中应用计算机技术，开发了柜面银行业务自动化系统，用于自动完成存取款、账户管理、票据处理等业务的操作流程。

这种柜面业务自动化系统通过计算机程序对各类业务进行流程化处理，取代了大量手工操作环节。柜员可以通过计算机终端输入交易指令、客户信息等，系统自动完成操作步骤，输出交易结果。这比过去的人工处理模式效率显著提升。

柜面业务自动化缩短了客户的等候时间，降低了柜面操作的错误率，也使银行提高了业务处理量。这为后续的电子银行业务发展奠定了基础。

随后，银行还开发了支票处理系统、账务处理系统等，逐步实现了银行核心业务的电子化、自动化。这标志着我国银行业数字化建设的起步，进入了一个新的发展阶段。银行数字化为日后网上银行、移动银行的推出创造了条件。

(二)发展期:业务信息处理的联机网络普及

20世纪80年代中期到90年代中期,我国银行业在全国范围内建立起一批网络系统,实现了部分业务和信息的联网处理。通过在省会和大中城市设立的数据中心进行业务数据处理,突破了业务信息处理的地域限制,实现了通存通兑等功能,进入了联机实时处理的新阶段。这一阶段,银行投入大量小型机和大型机作为银行业务处理的主机;各级各部门之间采用主机终端模式实现联网;居民储蓄与对公业务分离,多个资金清算系统分别独立运行,银行业务由不同功能的业务系统完成,系统之间接口包括从手工到电子多种方式;数据存储和处理继续采用分布式方式。银行网络系统的快速发展,突破了经济发展的地区差异,将我国东部沿海和西部内陆的金融业务紧密联系起来,将城市和农村的金融业务联系起来,为客户享受广域网金融服务奠定了基础。

(三)整合创新期:数据集中和金融创新快速发展

20世纪90年代到21世纪初期,我国银行业数字化建设进入整合创新期。这一时期的重点是实现分支机构间的业务信息处理联机化。

在整合创新期,金融行业经历了一场深刻的变革。这一时期,数据的集中管理和金融创新的步伐显著加快,两者相互促进,共同推动了整个行业的飞速发展。

金融机构开始意识到数据的力量。他们将原本分散在各个角落的数据汇集到一起,建立起统一的数据仓库。这样的集中化不仅让数据管理变得更加高效,而且为深入分析和理解市场趋势、客户需求提供了可能。数据的集中化使得金融机构能够更加精准地进行风险评估和市场预测,为金融决策提供了坚实的数据支撑。

与此同时,金融创新的步伐也在加快。金融科技(FinTech)公司的兴起，带来了一系列颠覆性的技术和产品。比如，区块链技术的应用让交易变得更加透明和安全；人工智能和机器学习技术的应用，使得个性化金融服务成为可能，金融机构能够根据客户的行为模式和偏好，提供定制化的金融解决方案。

在这个时期，金融服务的个性化和便捷化也达到了新的高度。移动应用和在线平台的普及，让金融服务不再局限于银行柜台，客户可以随时随地通过手机进行转账、投资、理财等操作。这种数字化和移动化的金融服务，极大地提高了用户体验，也扩大了金融服务的覆盖范围。

随着金融活动的复杂性增加，监管科技（RegTech）也开始崭露头角。它帮助金融机构更有效地应对监管要求，通过自动化工具来简化合规流程，降低运营成本，同时确保业务的合规性。

总之，在整合创新期，数据的集中管理和金融创新的快速发展，共同塑造了一个更加智能、高效和用户友好的金融环境。这一时期的变革，不仅为金融机构带来了新的增长点，也为消费者带来了更加丰富和便捷的金融服务。

二、发展现状

目前，我国银行业数字化建设已经取得长足进展，日益成为银行竞争力的重要来源。

随着互联网技术的发展，网上银行、移动银行已经成为主要的银行业务处理渠道和客户接触渠道。各家银行都建立了较为完善的电子化业务体系。大数据、云计算、人工智能等新技术的应用，也使银行实现了核心业务系统的升级。基于此，银行实现了精准营销、智能风控、智能客服等创新业务，大幅提升了服务水平和客户体验。区块链、生物识别等新兴技术也正在引入银行业，使服务更智能便捷。开放 API 逐步开放，促进了银行与外部机构的协同创新。

当前我国银行业数字化已处于较高水平，数字化转型成效显著。下一步银行业将继续加大科技投入,构建智能化的未来银行业生态系统,以适应数字经济时代的发展。

总体来看,银行数字化建设为银行业注入了新的发展动力,将推动银行实现由传统服务型向创新型的转变,为实体经济提供更好的金融服务支持。

(一)数字化基础设施框架基本建成

经过多年积累,我国银行业已经建立起较为完善的数字化基础设施框架,为银行业的数字化转型提供了重要支撑。

具体来看,银行核心业务系统实现了全面电子化、自动化,构建了高效、安全的分布式业务处理系统。电子支付结算系统覆盖了各类业务场景。网上银行、移动银行成为主要服务渠道。

在基础设施方面,银行业也建有了高速、稳定的专线网络,大规模服务器集群和存储系统,以及分布式数据库、中间件、安全管理系统等。云计算平台的应用也在加速。

此外,人工智能、大数据、区块链等前沿技术在银行也得到了较广泛的应用,将数字化引向更高层次。

目前银行数字化基础设施框架已经初步建成,为银行业提供了良好的技术条件。这将有力支撑银行业务模式的不断创新,以及未来智能银行的建设需求。

当然,随着技术和业务的发展,银行数字化基础设施还需要不断优化升级,以适应日新月异的发展形势。但总体上,我国银行数字化基础设施建设取得显著成效。

(二)以现代化支付系统为核心的支付清算体系逐步形成

随着经济社会的数字化进程,我国也在逐步构建以现代化支付系统为核心的新型支付清算体系,以适应数字经济时代的需求。

目前,人民银行推出了新一代支付结算系统,实现了不同支付机构间的联网联通，支持多种电子支付工具，实现不同系统之间信息传递和资金清算，提高了清算效率。

各大商业银行也建立了自己的电子支付系统，支持企业网上银行、银企直联等电子支付产品，用于企业采购付款、税费支付等场景。同时还有面向个人的网上银行支付、移动支付等服务。

第三方支付机构也在快速发展，提供了支付宝、微信支付等便捷支付工具。与之配套的也是规模庞大的第三方支付清算系统。

总体来看，一个规模巨大、效率高效、覆盖广泛的现代化支付清算体系正在形成。这将有力促进我国经济数字化进程，使各种业务场景实现无现金快捷支付，提高资金使用效率。

当然，随着技术创新，支付清算系统还需要不断优化升级，继续提升支付结算的安全性、开放性，为数字经济提供高效的支撑。但当前我国在这方面已经迈出关键一步。

（三）管理信息系统和办公自动化系统发展迅速

在数字化银行建设过程中，银行管理信息系统和办公自动化系统得到了较快发展，为银行实现精细化、智能化管理提供了支持。

银行管理信息系统通过收集、加工、分析业务数据，可以实现对银行运营状况的监测，辅助决策制定；还可以进行客户画像分析、信贷风险控制等。

办公自动化系统改变了过去手工式的公文写作、传达方式，实现了公文电子化和工作流程信息化，大幅提高了办公效率。

各类OA协同办公软件的应用，使银行实现了员工间的数字化协作和信息共享，管理者可以实时了解工作动态。移动OA功能使管理人员可以利用手机或平板等移动终端进行处理和审批。无论何时何地，管理者都可以进行远程办公和监管。

管理信息系统和办公自动化系统已经成为银行数字化建设的重要组

成部分，为银行实现精细化管理提供了有力支撑，必将推动银行管理方式的深刻变革。

（四）网络银行体系不断完善

网络银行是银行数字化建设的重要内容，经过多年发展，我国银行业网络银行体系已经日益完善。

目前，各家银行都建立了较为成熟的网上银行系统，通过浏览器网页提供账户管理、转账汇款、投资理财等服务。区块链和云计算技术的应用也在加强网上银行的安全性和扩展性。

与此同时，移动银行也得到极大发展。各家银行推出了功能齐全的手机银行App，覆盖iOS和Android等主流手机系统。用户可以通过App进行支付转账、销账查询，享受更便捷的移动银行服务。

针对不同客户群，银行还设计了多样化的网络银行产品。比如面向青年用户的轻量级网络银行App，提供个性化、趣味化的互动功能。

随着5G、人工智能等技术进一步应用，网络银行功能将更加强大，为用户提供智能化、个性化的金融服务，网络银行体系也将不断深化融合。

（五）银行计算机信息安全进一步加强

在银行数字化转型过程中，信息安全也成为重中之重。各银行纷纷加大了计算机信息安全建设的投入力度。

一是加强网络安全防护，采用了复杂的加密技术和访问控制技术，保障交易信息的保密性。同时采用网络隔离、数据备份等手段提高系统可用性和数据完整性。

二是严格实施安全管理制度，加强对终端、存储、应用系统等的安全控制，落实员工操作的监控审计。

三是建立安全应急响应团队，并定期开展应急演练，提高安全事件的应对能力。还聘请第三方进行渗透测试和安全审计。

四是采用各种安全技术手段进行及时监测和风险评估，主动发现和处置系统漏洞。

五是开展持续的安全培训和教育,增强全员的信息安全意识。

银行信息安全建设任重道远,还需要进一步强化技术手段和管理制度,以适应数字银行时代更高的安全防护需求。信息安全将关系到数字银行建设的成功与成效。

三、发展趋势

中国银行业的数字化建设已经取得了一定的成果,并日益与国际接轨,其发展趋势符合国际数字化潮流。我国银行数字化发展的新面貌主要表现在:

第一,集成化。通过数据集中处理和综合业务系统,由一个柜员负责综合处理单笔业务的全过程,任何网络化、标准化的产品和服务都可以在营业网点实现。

第二,智能化。银行的业务和管理信息将得到充分挖掘和利用,各项管理工作将从事后反映向事前、事中控制转变,为管理决策提供可靠的信息支持,实现业务决策的科学化和智能化。

第三,知识化。人才培养是银行数字化建设的必然要求,银行科技部门依赖技术精湛、业务全面、管理强的复合人才,这是未来银行业竞争的关键。

第四,个性化。根据不同客户群体的需求提供差异化的综合理财、财务顾问、投资银行等金融服务。

第五,虚拟化。网络银行、手机银行、电话银行、电子商务和网上支付等虚拟银行,是对传统柜员操作的重要革新,特别是电子银行的出现,将成为未来银行数字化建设的重心。

第六,安全化。数据集中后采取与之相适应的集中管理模式,建立健全各项安全运行管理制度,通过建立可控的安全防范机制,保障网络金融安全。

第七,标准化。建立银行数字化技术规范和标准体系,制定数据中心、网络互联、数据存储、数据交换、安全认证等方面的标准。配合创新产品和服务渠道,制定相匹配的规范和标准。

第八，创新化。对市场发展、客户需求和盈利前景进行预测，采用规范方法和流程采集信息，形成全面领先的产品创意，在科学定价基础上快速实现新产品开发。

第三节　银行数字化建设路径

一、中国银行业数字化发展框架

信息技术已经广泛渗透到我国银行的各个机构、业务和环节，传统以信贷为主的银行已经转变为能提供全方位金融服务的现代化银行。信息技术和通信技术的应用，以及网络化和电子商务的链接，快速孕育了以金融创新为核心的“新银行”。我国银行数字化建设的下一步，需要一个以信息技术为依托的可持续发展框架来推进。

（一）以创新为核心，以信息技术为依托，加速流程再造和管理框架重组

在数字化转型过程中，银行业应以创新为核心，以信息技术为依托，加速流程再造和管理框架重组。

一是加大技术创新和应用，积极运用云计算、大数据、人工智能等前沿技术，推动核心业务系统升级，实现精准化营销和智能化风险管理。

二是进行业务流程再造，利用信息技术优化业务流程，实现流程的整合与创新，大幅提升客户体验和运营效率。

三是调整组织架构，建立矩阵式和扁平化的管理框架，加强部门间信息共享和协同配合，提高决策响应速度。

四是构建数字化员工团队，通过持续培训，改变员工思维方式和管理模式，充分发挥员工在数字化转型中的主体作用。

五是倡导数字化文化，营造支持创新的文化氛围，鼓励员工创新实践，容忍试错，以数字化赋能银行核心竞争力。

六是加强数据治理，保障数据安全，并充分利用数据支持决策。

通过科技创新引领业务变革，银行数字化建设才能取得深刻效果，推动银行实现由过去的手工服务模式向未来智能化模式的转变。

（二）银行监管信息系统是防范银行危机的重要保障

数字化技术广泛应用和金融创新，使银行业在迅速发展的同时也面临更大风险。仅凭银行监管人员自身的业务素质和直觉判断，很难及时发现潜在风险。将现有相对孤立的监管信息系统连接起来，建立集中统一的银行监管信息系统，扩大系统功能覆盖范围，提供及时准确、充分的信息来源，实现信息资源共享，这是银行系统稳健发展的关键所在。

（三）现代化支付系统是现代化金融系统的物质基础

包括网络基础设施、支付工具、网络安全系统在内的现代化支付系统，是银行数字化建设的重要组成部分。实现支付系统高效运行的基础，在于宽带高速数字通信技术的广泛应用，关键在于先进安全的支付工具。完善的网络安全系统，是保障支付系统安全高效运行的关键所在。

（四）电子化银行是未来银行业务的主攻方向

在数字化浪潮下，电子化银行已经成为未来银行发展的主攻方向。

第一，银行要构建完善的电子银行业务体系。通过网上银行、移动银行等电子渠道，提供便捷的开户、查询、转账、支付等服务。还要开发创新型的电子银行产品，满足多样化的客户需求。

第二，要推进核心业务系统的电子化改造。采用先进的信息技术，实现信贷管理、风险控制、存款账务等过程的电子化、自动化、智能化，大幅提升业务处理效率。

第三，银行内部管理和决策流程需要电子化、数字化，通过电子OA、数据分析等提高协同效率。

未来电子化银行将成为银行与客户互动的主要渠道，同时支撑起银行内部管理和业务处理的数字化转型。

要推进电子化银行建设，银行还需要持续加大技术投入，营造数字化转型的组织文化，并加强员工再培训。只有融合新技术与新业务，电子化银行才能发挥应有作用，助力银行业转型升级。

（五）银行管理系统和决策系统建设是现代银行管理数字化发展的趋势

随着信息技术在银行业的广泛应用，银行管理和决策制定也越来越依赖管理信息系统和决策支持系统，这成为银行管理数字化发展的主要趋势。

银行建立了覆盖各业务领域的管理信息系统，收集和处理业务运行数据，生成各类监控分析报表，实现了资产负债管理、信贷管理、客户关系管理等方面的数字化。管理者可以实时监测银行经营状况。

银行还广泛采用了精密的决策支持系统，应用预测模型、优化算法等支持业务决策，实现精细化管理。这些系统可以进行客户价值评估、信贷风险控制、资产配置优化等，提高决策的科学性。

未来银行管理将深度依托数字化系统实现精细化运作，各项决策也将更加智能化和数据驱动，这需要银行不断加强管理系统和决策系统建设，并推进管理模式变革。只有这样，数字化技术才能真正提升银行管理水平和核心竞争力。

（六）搭建银行公共服务平台，深化金融服务

为深化金融服务，银行业正在搭建统一的公共服务平台，以实现银行间业务协同和服务创新。该公共服务平台通过区块链和云计算等技术，实现银行间客户信息共享和业务链接，帮助银行提供更优质高效的服务。平台上的客户授信系统可支持各银行共享客户征信信息，降低企业融资难度。支付系统实现不同银行账户之间快速划账和资金清算。通过开放API接口，平台还可以链接非银行机构的服务，提供政务服务、保险服务、供应链服务等。客户可以在一个门户获得全面的金融生活服务。

未来基于公共服务平台，银行与其他行业机构可以实现深度协同，形成开放联动的数字生态圈，带来更丰富的金融创新业务。这将有力推动银行全面转型为以客户为中心的智能化服务提供者,深化数字经济时代的金融服务内涵。搭建公共服务平台是银行走向未来的重要抓手。

(七)金融标准化体系建设是银行数字化的基础

在数字化飞速发展的时代,银行业务的数字化转型已经成为一种必然趋势。而金融标准化体系建设,正是这一转型过程中的基石。它为银行提供了一套统一的规则和标准,确保了金融服务的一致性、安全性和高效性。

第一,金融标准化体系确保了银行内部数据和流程的一致性。在没有统一标准的情况下,银行的各个部门可能会采用不同的数据格式和处理流程,这不仅会导致信息孤岛,还会增加内部沟通和协作的成本。通过建立统一的数据标准和业务流程,银行能够实现信息的无缝对接,提高工作效率。

第二,金融标准化体系对于保障交易安全至关重要。在数字化的金融环境中,数据安全和隐私保护是用户最关心的问题之一。标准化体系通过设定严格的安全协议和加密标准,帮助银行防范网络攻击和金融诈骗,保护客户资产和个人信息安全。

第三,金融标准化体系促进了银行服务的互操作性。在全球化的金融市场中,银行需要与各种金融机构、支付系统和监管机构进行交互。统一的标准使得这些交互更加顺畅,无论是跨境支付还是与第三方服务提供商的合作,都能够在标准化的基础上高效进行。

第四,金融标准化体系还有助于银行更好地适应监管要求。随着金融科技的发展,监管机构也在不断更新监管规则。标准化体系使得银行能够快速响应监管变化,确保业务合规,避免因不合规而产生的法律风险和经济损失。

第五,金融标准化体系为银行的创新提供了平台。在统一的标准下,银行可以更加自由地探索新的金融产品和服务,如移动支付、在线贷款、智能投顾等。这些创新不仅能够提升用户体验,还能为银行带来新的收入来源。

金融标准化体系建设为银行的数字化转型提供了坚实的基础。它不仅提高了银行的运营效率，增强了安全性，还促进了服务的互操作性和创新能力，是银行在数字化时代保持竞争力的关键。

（八）信息安全保障体系是银行数字化体系运转的重要平台

银行业对信息安全重要性的认识日益深刻，不断加大信息安全的资金和人力投入。信息安全保障体系是现代银行向更高层次发展的重要平台。银行业要从战略高度考虑安全问题，重视核心管理信息的安全，建立完整的安全操作流程和事件响应机制，增强网内设备的自身安全性，加大贴近银行需求的安全产品和工具的开发力度，并将安全原则引入银行软件开发流程，从安全策略、管理和技术三个方面全面加强信息安全建设。

二、中国人民银行数字化建设路径

中国人民银行数字化建设主要围绕中央银行的主要职能——制定实施货币政策、维护金融稳定、调控银行系统、提供金融服务展开。建立与业务配套发展的科技管理体系，以信息技术为支撑进行金融宏观调控和风险管理，是人民银行未来数字化工作的着力点。从系统应用范围看，人民银行业务系统可分为三层。核心层是服务社会、与人民银行职能密切相关的支持系统，包括现代化支付系统、征信系统、账户系统等。这类系统面向人民银行系统的同时，也与各金融机构乃至全社会都有密切联系。第二层主要服务于人民银行系统自身，如人事管理系统、货币金银管理信息系统等。第三层是适应各地区业务发展需要而建设的区域性业务支持系统，属于本地化业务开发范畴，包括信息共享类和事务处理类系统。

中国人民银行作为整个银行系统的中枢，采取集约化管理来强化金融服务系统建设。由总行统一开发核心系统，在全国范围内推广运行，分行及其他商业银行维护整个应用系统的正常运转，并反馈改进意见。其中，人民银行建立的大额支付系统、小额支付系统是现代化支付清算体系的核心，成为国家重要的金融基础设施；货币金银管理系统完善了流通货币结构;人民币结算账户管理信息系统防范利用结算账户进行的各种违法活动,并支持征信体系建设。总行集中资源开发这些项目,可以避免银行体系内部重复建设和标准混乱。在分散式系统平台建成后,人民银行可以通过软硬件平台和应用系统整合,重点是明确各相对独立的应用系统的共性部分,在统一的应用架构约束下,统一规划人民银行门户系统、信息交换服务总线、报表平台、统一认证等应用软件支撑平台。

数据中心环境整合与网络资源整合是人民银行数字化的未来工作重点。人民银行总行可以通过建立计算机集群,构建数据中心的生产测试环境计算机系统和集中存储系统,实现多系统共享;建立人民银行内网,重点研究内外网分离后两者应用系统数据交换方式,制定外网网络整合方案,实现所有内部系统业务迁移至内网运行;利用互联网开展央行业务,推进央行电子政务建设。

法治化和标准化是人民银行数字化发展到一定阶段必须解决的问题,也是数字化建设的保障条件之一。人民银行应加快数字化规范和标准体系建设,编制信息系统数据代码标准,制定与数据集中、灾难备份、数据中心和灾备中心建设相匹配的规范和标准,并根据业务和科技发展需求,适时制定票据交换征信、电子商务、银行间市场数据等行业标准。

三、商业银行数字化建设路径

从20世纪80年代,我国商业银行引入微机模拟手工操作开始,经过二十余年的逐步发展,已经形成了一个覆盖全国,由中国人民银行、四大国有商业银行和交通银行等其他商业银行的内部网络组成的金融服务网络。该网络连接着各地的大中小型计算机、服务器、PC机、银行终端、自动柜员机(ATM)、销售点终端(POS)和自助银行。除了传统业务实现电子化,网上银行、多种代收代缴服务、理财咨询服务和银证转账等新业务也相继开展,银行的经营管理、金融监管和风险防控也在逐步数字化。商业银行在顺应整体数字化发展趋势的同时,还需结合自身特点加快数字化进程,可以从以下七个方面考虑主要思路。

(一)建立集中统一的数据处理系统

为实现数字化转型,商业银行需要建立集中化、统一的业务数据处理系统。这套系统整合各业务条线的数据,构建集中的客户信息库、业务数据库、风险控制数据库等。实现了数据的集中存储和管理。同时,也建立了统一的数据处理和计算模式,可用于信贷管理、存款管理、账务处理等多种业务领域,实现标准化和一致性。

这套集中化系统使用先进的分布式计算技术,可以支持海量业务数据的快速处理,实现对全行业务情况的集中监控。实现数据集中化也便于银行开展统一的客户关系管理,进行全面的客户画像分析,提升客户营销效率。此外,集中的数据也便于风险管理和决策支持。各项业务政策和配置都可以基于集中数据进行优化。

可以看出,建立集中统一的业务数据系统,是数字化银行的重要基石。这将提升银行的协同效率和管理潜能,是商业银行数字化建设的重要路径。

(二)建立高效的综合业务系统

数字化转型过程中,商业银行还需要重点打造高效的综合业务系统。这套系统通过先进的服务化架构和模块化设计,可以支持各种银行业务的灵活配置,如账务管理、贷款审批、客户服务等功能模块。系统采用了分布式计算技术,可以横向扩展,支持大规模业务处理,同时实现了异构系统之间的无缝对接。智能引擎和优化算法也嵌入系统,支持业务流程的智能化和自动化,大幅提升处理效率。通过手机App、网页等多渠道可以链接该系统,实现业务处理和数据聚合的统一。

可以看出,这套高效、灵活、智能的综合业务系统,将成为支持数字化银行运营的关键基础设施。它实现了多业务协同,支持快速业务创新,能够帮助商业银行实现以客户为中心的经营模式转型,是数字化建设的重要途径。

(三)以商业智能推进管理数字化

数字化转型过程中,商业银行还需重点发展商业智能,实现管理和决策的数字化。一是应用大数据技术，对海量业务数据和客户数据进行挖掘分析，支持精准营销和风险控制。二是建立智能BI系统生成各类监控报表，使管理层可以全面了解银行经营动态。三是使用AI算法进行业务预测，支持资产配置、信贷策略等决策的优化和自动化。四是开发智能对话机器人，提升客户服务效率。五是建立精准的客户画像模型，进行个性化推荐。通过商业智能的运用，银行实现由数据到洞察，再到行动的闭环，推动管理和服务智能化升级。

商业智能是实现管理数字化的关键所在。它将帮助商业银行大幅提升决策能力和管理效率，增强数据驱动的经营效能。

(四)加快进行信息技术外包

商业银行为了推动数字化转型，需要加快信息技术系统的建设，但是自主研发信息系统需要投入大量人力和资金，也面临技术风险。因此，商业银行可以考虑通过信息技术外包的方式来推进数字化建设。

具体来说，商业银行可以将信息系统的设计、研发等工作外包给专业的信息技术公司。这些公司拥有丰富的项目经验、高端的技术能力和足够的人才队伍，能够按照银行的需求和标准，高效地完成系统开发任务。外包方式能充分利用外部资源，降低银行的研发和运营成本，缩短系统开发周期，提升数字化转型的速度。

在外包过程中，银行需要制定明确的需求规格，加强过程监控，确保项目质量。同时，还要注意数据安全管理，保护客户隐私。外包完成后，银行要对系统性能、安全、易用性等进行全面测试，确保系统达到预期目标并满足监管要求，才能正式上线运行。

适度采用信息技术外包，能帮助商业银行集中资源发展核心业务，又能快速获得先进的信息技术支持，是实现数字化战略、增强竞争力的重要途径之一。外包过程中，银行还需要提高自身的数字化管理水平，并逐步强化内部IT能力建设。

(五)实现商业银行风险管理

数字化转型是商业银行实现风险管理现代化的重要手段。为了提高风险管理水平,商业银行可以从以下五个方面开展数字化建设。

一是构建集中化的风险数据平台。平台可以汇聚各业务系统的客户信息、账户信息、信用信息等大数据,建立统一的风险指标体系,实时监测各类风险。这为全面、动态的风险管理奠定数据基础。

二是开发智能化的风险监测预警系统。该系统可以利用大数据分析和AI技术,识别异常情况,进行风险评估,实现对各类风险的精细化监测和早期预警。

三是建立自动化的风险管理决策系统。系统可以依托模型和算法,快速做出风险管理决策,如信用额度审批、抵质押评估、不良资产处置等,提高风险处置效率。

四是构建全面、精细的内部风险评级体系。评级体系要全面覆盖资信、市场、操作、流动性等各类风险指标,并实现实时更新,支持多维度的风险分析。

五是加强网络安全和信息技术风险管理。要建立完善的网络防护体系,加强数据安全治理,提高抗风险能力。

通过数字化手段提升风险管理水平,可以帮助商业银行节省监管资本,优化资源配置,防范各类风险,保证业务稳健运行。此外,银行还需注重风险文化建设,形成全员风险意识。

(六)构建电子客户关系管理

客户关系管理数字化是商业银行实现差异化竞争的关键。为了构建有效的电子客户关系管理(eCRM),商业银行可以从以下六个方面进行。

一是建立统一的客户信息管理平台,汇总各业务系统中的客户信息,形成全面、统一的客户视图,为精准营销提供基础。

二是应用大数据分析技术,深入挖掘客户数据,进行客户细分,根据客户属性、行为特征等建立精准的客户画像。这可以针对不同类型客户制定差异化的营销策略。

三是开发全渠道的客户服务系统,实现各个服务渠道如网点、手机银行、微信银行的有效连接,提供一致、高效的客户服务。同时还要加强信息安全管理,保护客户隐私。

四是建立客户标签系统,进行精确营销。根据客户属性和交易数据,自动生成标签并动态更新,支持基于标签的精准营销。

五是利用数字化手段创新客户联系方式,如通过App推送、微信等开展日常沟通和精准营销。同时要加强社交媒体的运用,开展线上线下结合的互动式营销。

六是建立客户满意度调查和评价体系,实时监测客户反馈。并以此优化产品服务流程,提升客户体验。

通过eCRM的数字化运用,商业银行可以实现以客户为中心的转型,建立持续的客户关系,提升客户满意度和忠诚度。这对银行赢得差异化竞争优势至关重要。

(七)加快完成从实体银行向虚拟银行的转型

为顺应数字化发展趋势,商业银行需要加快从传统的实体银行向虚拟银行的转型。具体来说,可以从以下六个方面着手。

一是加强移动银行和互联网银行建设,推出功能更全、体验更好的手机银行App和微信小程序。支持客户通过移动终端和网站全天候使用各类服务,实现“不去银行、不见人员”的全远程操作。

二是改造传统业务流程,打通实体网点和线上渠道间的业务办理和信息共享。客户可以跨渠道办理业务,无缝体验。

三是构建基于大数据和云计算的智能化银行服务平台,实现风险控制、客户营销、资源管理等的智能化运营。

四是利用人工智能、区块链等前沿技术创新金融产品和服务模式。推出智能投顾咨询、智能资产配置等增值服务。

五是加强信息系统安全建设，保障客户数据和资产安全。建立完善的网络防护、主动监控和应急响应机制。

六是加强员工数字化、灵活化能力培养。通过新技术、新业务的培训，提高员工的数字化工作能力，适应敏捷工作方式。

通过深化数字化转型，商业银行可以提高客户服务质量和效率，降低操作成本，实现业务快速创新，强化可持续发展能力，最终完成从实体银行到虚拟银行的战略转型。

四、农村金融机构数字化建设

我国的农村金融机构主要包括农村信用社和邮政储蓄银行，农村信用社是农村金融的基础力量。与城市中的商业银行相比，在农村信用社这样一个经营手段落后、历史包袱沉重、人员素质偏低、面临诸多业务和管理难题的传统金融机构推进数字化转型，建设现代化的金融业务与管理信息平台，需要投入更多的资金和精力。

（一）科学规划农村金融机构发展进程

为在日益激烈的市场竞争中立于不败之地，农村信用社的领导层应当重视数字化建设，立足现实又放眼长远。在借鉴商业银行先进经验的基础上，立足高标准和高起点来规划和建设自身的金融电子化工程，制定切实可行的电子化发展规划，进行跨部门的业务流程重新设计，通过实施企业数字化建设，更好地服务现代农村、农民和农业的需求。

（二）加强基础设施建设

我国银行业已经初步建成覆盖全国的、与各金融机构联网、与国际主要金融网络相连的计算机网络体系。而农村信用社在这方面相对滞后，这更需要农村信用社加快发展通存通兑，实现数据共享，提高数据传输速度等基本电子化业务。一是要规范电子数据，按照与各商业银行业务联网的要求规范电子数据，实现金融数据共享。二是提高网络技术应用水平，以互联网技术和异步传输模式为基础，开展支持数据、语音、图像传输的多媒体通信。三是努力向以网上银行为主的网络应用服务系统方向发展。四是健全企业级、应用级、系统级和网络级四级安全管理体系，强化计算机网络的安全可靠性，特别要加强对智能卡、加密程序、开放式网络安全软件的选择和应用。五是加快实时支付清算系统的推广，减轻各机构内部系统改造压力。

（三）建立省级数据中心，集中处理业务

建立一个全国性的数字化平台，将大大促进信用社的数字化进程。通过此平台，全国各地的信用社可以处理包括异地业务在内的各项业务，逐步提高至与商业银行接轨的水平。省级联社和邮政储蓄银行应直接学习商业银行已有的成熟数字化经验，推广使用统一的全国性数字化系统。

（四）引入渠道接入系统

统一的数字化平台能够集成通讯处理、交换转发、数据集定义、交易控制、交易定义、流量管理、自动恢复、资源分配等多项关键功能，可同时连接农村信用社的各类服务设备和应用渠道。使用该平台可缩短银行应用开发周期，拓展应用服务渠道，简化银行内部管理流程，保证银行各项应用能迅速实施和管理。在未来发展中，它必将成为连接和转换银行各系统的核心枢纽。

农村信用社建立的各类服务渠道，如柜面、ATM、POS、电话银行、自助银行和其他外联系统，都可接入统一的多渠道平台。该平台在提供一体化的终端设备管理功能的同时，还可对无人值守的自助终端如ATM进行远程监控。另外，该平台还可以建立面向中介业务服务和综合代理服务的连接，如基金、保险、证券、移动运营商、燃气公司等，以完善农村信用社的服务手段。此外，该多渠道平台也将负责农村信用社与外部金融机构的连接服务，包括中国银联、中国人民银行的现代化支付系统等。

（五）构建农村信用社决策与经营管理数字化系统

业务数字化是银行数字化进程的第一步，决策与经营管理数字化是实现银行可持续发展战略更高层次的目标。构建决策与经营管理数字化平台，首先需要建立风险监控和稽核系统。该系统可对日常交易进行有效风险控制，与综合业务系统密切结合；其次应建立包括信贷管理、银行财务成本管理、绩效考核、人力资源管理等信息统计分析系统。该系统的实施将极大提高银行业务和内部管理的先进性、全面性、准确性、独立性和时效性，最终实现银行全流程数字化运营。

（六）强化农村信用社信息安全体系建设

与城市商业银行相比，农村信用社在技术、制度、人才等方面都比较滞后，信息安全形势令人担忧。因此，农信社在利用信息技术确立竞争优势的同时，必须高度重视信息技术可能带来的安全隐患。农信社应建立健全信息安全管理制度，提高员工信息安全意识，加强系统漏洞修复和数据加密，采取多重身份验证、权限管理等措施，严格控制信息系统的访问权限，以有效防范各类网络攻击、数据泄露等安全风险。只有积极采取措施加强信息安全管理，农信社才能在数字化转型中保障自身和客户的利益。

在制度建设方面，应采取四项措施构筑信息安全防线：一是加强网络建设项目的审批；二是加强网络建设过程的现场检查；三是加强网络建设全过程的监督；四是加强网络建成后效果的评估和后续管理。通过人工控制和计算机自动控制相结合的方式，不断完善信息安全制度，提高信用社的信息系统运行安全系数。

在技术层面，信用社网络系统分为业务系统和OA办公系统。业务系统是农信社的核心，OA系统是内部办公平台。由于OA系统可能与互联网相连，因此有必要隔离业务网和OA网。OA系统应能判断识别用户的合法性，防止非法用户入侵，保证业务系统和OA系统的安全。同时，还应大力开发防范计算机病毒的技术，建立完善的防病毒体系，这是网络安全建设的重要内容。技术手段的应用需要与管理措施相结合，才能形成有效的信息安全防线。

在安全管理战略层面，应研究制定数字化安全管理策略并严格执行，将信息安全提升到管理战略高度，这至关重要。制定安全策略要根据信用社网络环境特点和安全需求，采取定期漏洞扫描、加密传输、多重身份验证等技术手段，建立数据备份和灾备体系，提供持续的安全保障。只有系统性的安全策略，才能使信用社的数字化建设安全可控。

(七)建设农村信用社数字化的外部环境

农村信用社数字化建设过程中，自身业务和管理水平提高是关键，而完善的外部环境是重要的保障和推动力。农信社数字化进程需有完善的金融法律法规体系保障。以数字化产生的网络金融服务为例，相比依赖纸质服务和交易合约的传统方式，网络金融更为复杂，如何确保网络金融服务交易完全合法有效是法律需解决的问题。只有建立起适应数字化需求的金融法治体系，才能为农信社数字化建设解决后顾之忧，从根本上保障农信社数字化顺利推进。因此，完善网络金融、电子证据等法律法规，维护数字环境下金融活动安全可控极为重要，这需要金融监管部门、法制机构通力合作，以推进农村金融治理现代化。

数字化人才的培养是建设良好外部环境不可或缺的一环。随着农村信用社金融业务向现代化、多元化发展，业务系统数字化和网络化建设迫切需要同时具备计算机应用知识和金融财务知识的复合型人才。因此，我们必须高度重视数字化人才培养与技术环境建设。一方面，要在国家教育体系中加大培养数字化金融人才的力度；另一方面，还要通过建立岗位培训体系，对信用社从业人员进行专业培训和知识更新，提高他们的数字化应用能力。只有配备专业的数字化金融人才团队，农村信用社才能顺利实现数字化转型，成为现代化的新型农村金融组织。

第八章　数字经济下证券业运营发展

新科技革命改变了人类的思维方式、工作方式和生活方式，尤其是互联网技术的广泛应用，为经济领域带来了一场深刻的变革。由于证券交易仅涉及信息流动和资金流动，证券业因此成为数字化进程最快的行业之一。作为高层经济的前沿，证券业利用信息技术改变了传统的交易模式，降低了投资者的交易成本，优化了券商的组织结构、业务流程以及证券市场的竞争格局。证券市场必将冲破地域界限，形成一个相互关联的统一体，推动国际金融市场一体化。为顺应国际证券业数字化、网络化、全球化的发展趋势，中国证券市场的数字化工作也实现了飞跃式发展。从1992年深圳证券交易所正式采用先进的计算机交易系统，到1994年开始发布交易数据到全球，再到现在网络证券交易的快速增长，中国证券市场的数字化水平不断提升。

第一节　国外证券企业数字化发展

证券业数字化是现代信息技术与证券业充分融合的产物，即证券公司利用互联网等数字化技术为投资者提供开户、委托、交收、清算、信息查询等全面服务，并构建数字化的证券业务管理系统。证券业数字化主要体现为证券交易网络化，投资者可以通过互联网获得证券公司提供的在线交易服务，实现虚拟化的证券交易流程。相比传统方式，基于网络的证券交易突破了时空限制，降低了硬性资源依赖，具有市场虚拟化、服务个性化、成本低廉化和技术核心化的特点。证券业数字化不仅改变了交易方式，也促进了证券公司的组织变革和业务模式创新，推动证券市场由封闭走向开放，与国际市场接轨，提高了市场效率和投资者获得感。

20世纪90年代初，一些大型美国券商提出对其证券经纪业务进行全面改造，国际证券业数字化由此开启。到20世纪90年代末期，国际证券业与高新技术深度结合，使证券业成为集计算机技术、通信技术、信息技术与金融服务为一体的高科技产业。金融创新、资本市场全球化以及跨国贸易的蓬勃发展，极大促进了国际证券业的数字化进程。进入21世纪，互联网技术在证券业的广泛应用推动了在线交易和移动交易的兴起，证券交易实现了全面电子化，大数据和人工智能的应用也使证券研究和投资决策更加科学化。数字化技术正在深刻改变国际证券业的面貌和格局。

一、发展阶段

证券业数字化与金融创新理论有着密不可分的关系。早在1952年，马科维茨就提出了资产组合选择理论。布莱克与斯科尔斯后来提出了期权定价模型，这些理论奠定了金融创新理论基础。但起初这仅停留在理论阶段，缺乏技术实现。到了20世纪80年代末期，计算机技术的进步为证券业数字化提供了技术平台，这促成了国际证券业数字化的高速发展。其中最突出的是，复杂的金融工程理论模型与高速计算机技术相结合，服务于对冲基金的投资决策。基于此，数据挖掘、神经网络、混沌理论、小波理论、遗传算法等现代信息处理技术渗透到金融工程理论与实践中。计算机技术的进步推动了金融创新理论的实际应用和证券业数字化进程。

获得理论与技术支撑后，国外证券业数字化进入快速发展阶段。1995

年8月，美国摩根士丹利添惠控股旗下的Discover Brokerage Direct公司开始提供网上证券经纪业务，成为美国最早提供互联网证券交易服务的券商。到1999年，美国新开设的网络券商已达110家，成为网络证券业务的领跑者。同时，美国期货交易也实现了从传统公开叫价到电子化交易的转变。2000年5月，美国第一家全电子化的期权交易所——国际证券交易所（ISE）成立。ISE的成立改变了美国期权交易方式，它通过引入电子交易，增强了行业竞争，降低了费用，提高了价格透明度和交易效率，推动了美国期权交易所之间的竞争，对美国期权行业产生了深远影响。

在世界其他地区，互联网证券经纪业务的迅猛发展是证券业数字化的重要标志。在许多传统工业化国家，证券金融机构纷纷推出网上股票交易服务，使用网络交易的投资者数量不断增加。1997年至1998年初，韩国所有大型证券公司都开设了网上交易服务，网上交易额在股票市场中的占比快速提升。到1999年，韩国5大证券公司现代证券、三星证券、LG证券、大宇证券和松下证券的网上股票交易总额就达到了111万亿韩元。韩国证券业数字化的快速发展显示出网络证券交易的巨大潜力。其他亚洲国家和地区也纷纷加快布局网络证券业务，推动证券交易向互联网场外转移。

证券业数字化发展的新趋势是交易所的跨国合并。为适应资本市场全球化趋势，扩大融资范围，各国券商不断进行跨国合作、上市集团化，以扩大资本实力。目前，欧美及亚太地区主要交易所都在调整结构，通过现代通信技术实现全球范围内的跨国合作，提升国际竞争力。在欧洲，法兰克福与维也纳交易所合并为欧洲证券交易所NEWEX；哥本哈根、赫尔辛基、斯德哥尔摩组建北欧交易所NOREX；德国与瑞士交易所合资成立欧洲衍生品交易所EUREX。在美洲，纽约证交所联盟组建24小时交易市场GNE；纳斯达克在日本东京建立分支机构，并购比利时交易所。在亚洲，新加坡与澳大利亚交易所实现跨国交易对接。这些合并都是建立在数字化交易平台之上，表明了未来交易所数字化和全球化的发展方向。

二、国外经验借鉴

国外证券业数字化起步较早,发展较快,技术优势明显。美国、法国、日本、韩国在内的国家证券公司,积极以电子化、网络化为依托进行金融创新、机构创新和制度创新。这些成功经验值得中国证券业在寻求更广阔发展空间的过程中学习借鉴。我们应加快证券业数字化转型步伐,构建高效的数字化证券服务体系,以适应市场需求、提升竞争力。

(一)依托直通交易处理推动资本市场全球化

直通交易处理是国际证券业数字化过程中的关键环节。由于国际资本市场对资本流动性的要求越来越高,要求资本能够快速在不同市场进行跨国投资,因此全球各大交易所开始采用以全球直通处理(Global Straight-Through Processing,GSTP)为核心的证券业信息技术整合框架。直通交易处理的应用推广已经关系到一个国家在全球化背景下资本市场的地位和发展前景。

直通交易处理可以实现投资指令的全自动化流转,包括订单的录入、确认、清算、结算等各个环节,大大提高了交易效率和资金使用效率。此外,直通交易处理还可以降低交易成本、减少错误发生率,并能为监管部门提供更透明的交易数据。因此,直通交易处理已成为衡量一个国家资本市场数字化和国际化水平的重要标志。我国应积极构建具有国际竞争力的交易处理体系,以完善资本市场基础设施,促进资本市场对外开放。

(二)重视营销与广告投入

证券业数字化的重点在于网络证券业务的推广普及。韩国、日本等国在发展网络证券业务过程中,前期投入了大量营销和广告费用。因此,网络时代是传播的黄金时代,有效的证券交易网站必须重视营销和广告投入。营销和广告形式可以多样化,不必局限于传统方式。以美国免佣金交易平台 Free Trade 为例,它完全依靠客户口碑进行营销,不做任何广告宣传,但业务发展迅速。券商要善于利用网络优势进行精准营销,创新广告形式，保持市场活力和竞争力。同时，口碑传播、服务质量也很重要，这需要券商提供优质的交易体验和投资服务。

（三）将工作重心转移到为客户提供全方位服务

现代数字化证券公司通过专业化的服务，不以追求业务量放大为目标，而注重团队服务的专业化，美国 E*TRADE 证券就是代表。对美国 E*TRADE 来说，重视对客户的全方位专业化服务是其快速占领市场的法宝。数字化证券公司要坚持专业化服务，避免盲目追求业务规模，同时利用信息技术提高服务效率，为客户提供个性化的投资解决方案。这是数字化证券公司保持市场竞争力的关键。

（四）网上业务使传统型证券公司的发展平稳过渡

面对激烈的网上证券竞争，国外证券公司采取较为渐进的应对策略。传统证券公司通过结合线下网点与线上交易，逐步实现向网络证券业务的平稳过渡。这些公司提供一定的佣金折扣吸引客户，但不会与纯粹的网络券商进行佣金战争，牺牲利润。这些公司的策略是哪怕暂时损失一部分利润，也不盲目追求用户规模扩张。另外，这些公司改造现有营业网点的内联网，使其能够连接互联网，成为内外网之间的桥梁，发挥系统功能，为客户提供网上交易入口。国外券商面对网上竞争采取渐进式策略，通过线上线下融合发展业务，这种策略值得借鉴。

第二节　我国证券企业数字化发展

我国证券业起步较晚，发展仍不成熟，面临来自国外机构的激烈竞争。随着大量境外资本涌入国内市场，先进的国际化投资理念对我国证券业形成巨大冲击与挑战。展望未来，我国证券业要提升整体实力，缩小与国际先进水平的差距。

一是资金实力方面。国内最大基金管理公司规模仅百亿元人民币，而国外基金公司动辄管理万亿美元资产,资金雄厚。我国证券公司应加快集聚资金、壮大实力。

二是业务结构方面。国外证券公司业务完备,创新业务收入占比较高,而我国证券业以传统业务为主,创新不足。我国证券公司应拓展业务领域,培育增长点。

三是风险管理方面。国外证券公司积淀百年经验,风险控制科学严密,我国则相对薄弱。我国证券公司应学习国际先进风险管理理念和技术。

我国证券业要直面国际化竞争现实,通过加快转型升级,不断强化自身实力,逐步达到国际先进水平。我们有信心迎接挑战,在激烈竞争中赢得主动。

一、发展阶段

(一)起步阶段

中国证券业数字化开始的标志是上海和深圳证券交易所计算机自动撮合系统的建立。

上交所自成立之初就采用了当时较成熟的内部局域网技术,将业务规则固化在系统中,为市场提供重要规范保障,同时实现自动撮合交易。1990年12月19日,上交所通过计算机自动撮合完成首笔交易,开创先河。1992年2月,深交所计算机自动撮合系统正式上线,完成手工到计算机自动撮合的转变。与此同时,各券商营业部建立局域网柜台交易系统,提升报单和交易效率。

计算机自动撮合系统的应用,标志着中国证券市场逐步迈向数字化和电子化新时代。这为证券交易流程的标准化、交易规则的确立奠定了基础。

(二)虚拟化阶段

1991年,电子化股票账户在上交所诞生,标志着股票交易和发行实现无纸化,是中国证券业数字化的重要里程碑。

随后,交易所和券商实现计算机系统联网,推进了虚拟化建设。联网不仅提高了交易效率,也奠定了取消实体席位的基础。无形席位大大降低了券商成本，跳过人工报盘环节，减少差错，提升效率。1992年，深交所自动撮合和报盘系统启用，投资者委托通过券商报盘系统进入交易所撮合系统，无形席位时代因此开启。

无形席位主要采用双向卫星通信，适应中国地域广阔和投资者分散的特点。1993年，上交所采用卫星数字广播交易行情。深交所成立卫星通信公司后，也重点发展无形席位。

上交所和深交所引入电子股票、计算机联网、卫星通信等数字化技术，推进了中国证券业虚拟化发展，极大提高了交易效率和资本配置能力。这是证券市场从传统向数字化迈进的重要成果。

（三）快速发展阶段

中国证券市场快速发展，对数字化建设提出更高要求，这推动了证券业数字化进一步发展。

20世纪90年代初，中国证券市场以FoxBASE+Novell平台为基础建立技术架构。随着交易量大幅增长，需要加强信息系统基础设施。1995年，证券系统进行平台升级，从FoxBASE+Novell转向NT+SQLServer。1998年初，中国证监会颁布营业部技术管理规范文件，通过解决“千年虫”问题，规范和引导行业技术升级，取得显著效果。

可见，交易业务量的扩张持续推动着中国证券业数字化建设，证券业也在适时进行技术升级以满足市场需求。业务发展与技术创新相互促进，共同推进了中国证券业数字化进程。展望未来，随着交易规模进一步增长，中国证券业数字化建设仍面临新的考验。业务需求将继续激发技术创新，以生成更高效的证券服务体系。

二、发展现状与问题

我国证券行业的数字化发展起步较晚，但近些年来进步迅速。随着互联网技术的普及和移动终端的推广，证券公司积极拥抱数字化转型。目前，我国证券公司在数字化经营、数字化服务、数字化管理等方面取得了显著成效。

在数字化经营方面,证券公司积极拓展网络交易和移动交易业务,开发了包括手机App在内的多种电子交易软件平台,吸引了大批投资者开立网络账户进行交易。同时,证券公司还推出了线上开户、网上缴费等服务,实现了交易全流程电子化。

在数字化服务方面,证券公司建立了完善的数字化客户服务体系,通过官方网站、微信公众号等渠道为客户提供信息发布、投资咨询、投诉处理等服务。部分证券公司还开发了智能语音机器人或人工智能客户服务系统,实现了7×24小时的数字化客户服务。

在数字化管理方面,证券公司实现了核心业务系统和管理系统的信息化和数字化,使用大数据、人工智能等技术优化了风险控制和决策制定流程,提高了经营和管理效率。

但是,我国证券企业数字化发展仍面临一些问题与挑战:第一,不同证券公司数字化转型的进度不平衡;第二,线上线下服务和业务衔接还不够紧密;第三,数字化人才储备不足;第四,信息安全和数据安全风险加大。

总体来看,我国证券企业数字化发展势头良好,未来需要继续加大数字化转型力度,完善顶层设计,加强创新应用,推进线上线下融合,提升企业核心竞争力。同时,也需要高度重视客户数据和业务数据的安全管理,保障数字化经营的安全稳定。

第三节　证券企业数字化建设路径

一、证券公司数字化建设现状

近年来,在监管部门鼓励和指导下,我国证券公司积极推进数字化转型,数字化建设取得显著进展。

一是交易平台数字化。证券公司积极构建电子交易平台,开发手机

App等移动交易终端，为投资者提供便捷的网络交易和移动交易体验。现在，移动交易已成为投资者最主要的交易方式之一。

二是客户服务数字化。证券公司大力发展线上开户、网上客服等业务，使用大数据和人工智能技术实现智能语音客服、知识库问答等，使客户服务实现全天候、全方位数字化覆盖。

三是业务管理数字化。证券公司实现了业务管理系统的信息化和数字化，使用数字技术优化了业务流程，提升了经营和管理效率。部分公司开始尝试使用人工智能技术辅助投资决策和风险管理。

四是基础设施数字化。证券公司构建了包括服务器集群、存储系统、网络设备、数据库、信息安全设备等在内的数字化基础设施体系，保障了数字化业务的稳定运行。

五是创新应用数字化。近年来，区块链、大数据、云计算等数字技术在证券行业得到广泛应用，有效支持了公司的数字化创新和业务转型。

总体来看，我国证券公司数字化建设持续推进，数字化转型能力显著提升，为公司高质量发展提供了重要支撑。但各公司数字化发展还存在一定差异，需要继续推动数字化建设向纵深发展。

(一)业务支持系统建设现状

证券企业业务支持系统是保障证券公司核心业务顺利开展的关键信息系统，包括交易系统、风控系统、研究系统、客户服务系统等。近年来，我国证券公司业务支持系统数字化建设取得显著进展。

一是交易系统数字化。证券公司通过自主研发或与技术供应商合作，开发了股票、期货、期权等交易软件平台。这些平台支持各种证券交易方式，实现了交易全流程电子化，大幅提升了交易效率。

二是风控系统数字化。证券公司构建了行情监控、风险预警、异常交易检测等数字化风控系统，应用大数据、人工智能技术进行模型化风控，有效提升了风险控制能力。

三是研究系统数字化。证券分析师广泛使用Excel、MATLAB等软件进行量化分析。部分公司开始使用人工智能技术进行智能投研，提高研究效率和质量。

四是客户服务系统数字化。证券公司通过网站、App等数字渠道提供交易查询、资讯推送、投资咨询等服务，并使用知识库、智能客服等技术实现全天候数字化客户服务。

五是运营管理系统数字化。证券公司实现了业务运营、客户管理、人力资源等管理系统的数字化，优化了各项管理流程。

总体来看，证券企业业务支持系统数字化建设不断深化，有效提升了公司核心竞争力。但从业务协同和数据共享角度，各系统之间的互联互通还需继续加强。

（二）业务管理系统建设现状

业务管理是证券公司实现规范运营、提高经营效率的关键。近年来，证券公司业务管理系统数字化建设取得重大进展。

一是客户管理系统数字化。证券公司通过客户关系管理系统实现了客户基础资料、客户分类、客户需求等的数字化管理，实现了全面了解客户、精准营销的目标。

二是产品管理系统数字化。公司通过产品管理系统实现了各类证券产品的收益测算、配置管理、业绩评价等功能的数字化，辅助产品设计和产品管理决策。

三是运营管理系统数字化。实现了业务流程管理、日常运营监控、绩效考核等功能的数字化，使运营管理更加规范化和精细化。

四是风险管理系统数字化。公司运用大数据技术开发了各类风险监测和预警系统，使风险管理更加主动化和智能化。

五是决策支持系统数字化。公司使用各类数字化分析模型辅助业务决策，并积极拓展人工智能在投资研究、资产配置等领域的应用。

六是办公自动化系统数字化。公司实现了OA、财务管理、行政管理等办公系统的数字化，提升了工作效率。

总体来看，业务管理系统的数字化转型是证券公司实现精细化管理、提质增效的重要手段。未来,区块链、云计算等新技术在业务管理系统中的创新应用值得期待。

二、证券公司数字化建设存在的问题

当前,证券公司普遍采用以营业部为核心的经营模式,并在构建信息系统时以营业部作为基本功能单位。然而,系统的结构和技术应用仍然采用分散式,导致营业部之间存在“信息孤岛”现象。这不仅使得证券公司总部的信息滞后、数据分割,无法实现信息资源共享,而且削弱了总部对各个分支营业部的管控能力。尽管总部建立了监控系统,但在业务执行过程中的控制仍然显得薄弱,进而导致管理水平和工作效率上的严重漏洞。

(一)管理水平无法保障安全性

随着证券公司数字化程度的不断提高,业务和客户数据体量快速增长,信息系统日益复杂,这给公司的信息安全管理带来了巨大挑战。目前,证券公司在数字化安全管理方面存在以下问题:安全管理理念跟不上数字化步伐,管理水平与数字化程度不匹配,无法满足数字化经营的安全需求。信息系统安全防护体系不完善,缺乏全面和深入的系统安全风险评估,导致潜在安全隐患。终端、网络、数据等安全管理不够规范,存在安全漏洞;个人信息和交易数据泄露事件时有发生。应对网络信息安全攻击的监测预警和应急处置能力不足,难以应对日益复杂的网络攻击。数字化安全投入不足,高素质安全管理和技术人才严重短缺。全面深化数字化转型,业务创新速度超过了安全管理的跟进速度。缺乏统一的安全管理架构,不同系统和业务的安全管理分割,协同性差。

这些问题使得证券公司数字资产面临较大的安全风险,可能导致客户信息泄露、交易中断、数据损失等后果,不仅影响证券公司声誉,也会对整个证券市场造成负面影响。因此,证券公司亟需加强数字化安全管理,提升安全防护水平,确保数字化经营的安全稳定。

(二)低水平重复建设,造成资源和资金严重浪费

当前的分布式信息系统架构要求每个营业网点都配备一套相对独立且完整的信息系统,这种以营业部为中心的运营模式对证券公司提出了新的挑战。为了满足这种运营模式的需求,证券公司需要为每个营业部配置相应的业务支持设备,如行情接收器和行情显示器等。然而,这种大规模的设备购置费用极大地增加了公司的成本,严重削弱了证券公司的市场竞争力。因此,证券公司需要寻求一种更加高效、灵活且经济的方式来支持这种以营业部为中心的运营模式。

(三)系统效率低,缺乏创新能力

目前,许多证券公司在数字化转型过程中,信息系统建设仍较为粗放,系统功能单一,业务流程冗余。这导致公司运营效率不高,业务创新能力较弱。具体问题如下:

第一,系统功能模块单一,业务流转效率低。现有系统存在功能模块割裂、接口不顺畅等问题,业务流程环节多,数据传递耗时。这直接影响了业务处理的时间成本。

第二,系统技术架构老旧,运行维护成本高。许多系统采用了较老的技术框架,系统升级迭代困难,无法支持新的业务需求。同时,系统稳定性较差,经常出现各类故障,维护和运营成本居高不下。

第三,缺乏客户数据的有效利用,无法进行精准运营。现有系统无法对客户数据进行整合分析,无法支持客户精准营销等创新业务的开展。这成为证券公司业务创新的巨大制约。

证券公司数字化建设亟待加强系统效率,增强系统的可扩展性和创新能力,以更好地支持业务发展需求。这需要从技术架构、业务流程、数据应用等方面进行全面优化和升级。

(四)信息集中程度低,客户服务发展缓慢

证券公司的客户信息目前分散在各证券营业部,这种分散性不仅不利于公司对客户信息进行全面研究和深入分析，同时也导致公司无法有效掌握客户的资产和投资需求等情况。由于缺乏对客户信息的集中管理和深度挖掘，证券公司在为客户提供个性化、精准化的信息服务方面存在较大的困难。因此，证券公司需要采取措施，实现客户信息的集中管理和深度挖掘，以便更好地为客户提供优质的信息服务。

（五）规范化、标准化难以成形，品牌建设滞后

由于各个营业部的信息系统自成一体，分散经营，证券公司的各项经营活动标准化建设发展缓慢。这意味着，在证券公司的日常运营中，不同的营业部各自为政，缺乏统一的规范和标准，导致各项业务活动的开展不够顺畅。这种情况使得各营业部的服务质量差别很大，难以形成公司统一的竞争品牌。

在服务质量方面，由于各营业部的信息系统各自独立，证券公司的服务质量难以保持一致。一些营业部可能因为系统不完善、操作不规范等原因，导致服务质量低下，给客户带来不便。而另一些营业部则可能因为系统先进、操作规范等原因，提供高质量的服务，赢得客户的信任和口碑。

在品牌建设方面，由于各营业部的服务质量差别很大，证券公司难以形成统一的竞争品牌。一个营业部的优质服务可能无法弥补其他营业部的服务质量问题，导致公司在整体上难以在市场上树立良好的形象和口碑。

这种局面对于证券公司日后的规模化发展是极其不利的。在未来的发展中，证券公司需要实现规模化经营，提高公司的竞争力和市场占有率。然而，各营业部的信息系统自成一体，服务质量差别很大，难以形成公司统一的竞争品牌，这将成为证券公司规模化发展的障碍。

为了解决这个问题，证券公司需要加强对各营业部信息系统的整合和规范化管理。通过建立统一的规范和标准，确保各营业部的服务质量达到公司的要求，形成公司统一的竞争品牌。这将有助于提高公司的整体竞争力，推动公司的规模化发展。

三、证券公司数字化建设重点

在新的技术环境下，证券公司需要更加注重数字化建设，以提升自身的竞争力。数字化建设战略需要针对公司的薄弱环节进行重点建设，例如加强数据挖掘和分析能力、提高信息安全水平、优化客户服务体验等。证券公司还需要积极探索新的业务模式和商业模式，以适应市场的变化和客户的需求。

在新的经营环境下，证券公司需要更加注重效率和风险管理。数字化建设可以有效地提高公司的运营效率和管理水平，同时也可以加强风险管理和控制。证券公司需要利用数字化技术优化业务流程，提高工作效率，降低成本，并加强对市场风险的预测和应对能力。

在新的市场环境下，证券公司需要更加注重客户需求和市场变化。数字化建设可以帮助证券公司更好地了解客户的需求和市场趋势，并提供更加个性化、精准的服务。证券公司需要利用数字化技术改善客户服务体验，提高客户满意度和忠诚度，探索新的市场机会和业务模式。

数字化建设是证券公司适应环境变化、提升竞争力的必要手段。证券公司需要根据自身的实际情况和市场环境的变化，制定适合自己的数字化建设战略，并针对薄弱环节进行重点建设。只有这样，才能在新的技术环境、经营环境和市场环境中取得更好的发展。

(一)构建集中式业务处理系统

集中式业务处理系统是指将证券公司各业务系统有机集成在一个平台之上，实现业务流程和数据的集中化处理。构建该系统的主要目的是提高业务处理效率，降低运营成本。

具体来说，集中式业务处理系统需要具备以下特征：实现业务系统集成，构建统一的业务功能模块，包括客户管理、交易管理、风险控制等模块；构建集中式数据库，存储客户信息、交易数据、资产数据等，便于公司统一管理和应用；构建统一的交易网关和信息传递系统，连接各业务系统，实现业务信息实时流转；实现业务流程的线上化和标准化，缩短流转链路，提升处理效率；引入先进技术与架构，保障系统高可用性和可扩展性；提供统一的数据统计分析功能，支持业务监控与决策；支持业务创新与快速迭代，能快速响应新的业务需求。

构建集中式业务处理系统，是提升证券公司数字化建设水平的关键之举。这有助于证券公司实现业务协同，提高运营效率，降低成本，并增强应对市场变化的灵活性。

（二）建设客户关系管理信息系统

随着通信技术的飞速发展，非现场交易形式变得越来越丰富多样，证券公司的经营模式也因此发生了巨大的转变，从传统的吸收客户的方式逐渐转向如何保留并积极争取新客户。这种变化使得客户关系管理系统（CRM）应运而生，为证券公司提供了一个数字化的技术平台。通过这个平台，证券公司不仅可以提供令客户满意的金融产品和服务，更能够建立起长期稳定的客户关系，从而有效提升公司的核心竞争力。

首先，CRM 的出现，使得证券公司能够更好地了解和掌握客户的需求和偏好。通过收集和分析客户的数据，CRM 能够提供个性化的服务和产品，满足客户的多样化需求；同时，CRM 还可以对客户进行细分，针对不同客户群体提供定制化的服务和产品，从而实现更精准的市场营销和客户保留。

其次，CRM 还能够帮助证券公司建立长期稳定的客户关系。通过持续优化客户服务，证券公司可以更好地维护与客户的关系，提高客户满意度和忠诚度。同时，CRM 还可以对客户反馈进行及时响应和处理，有效解决客户的问题和疑虑，进一步提升客户满意度和忠诚度。

最后，证券公司 CRM 为客户提供创造价值和实现价值的深度、内涵式服务。同时，数字化技术手段提供了相应的平台，作为实现理念和应用结合的基础和支撑。通过 CRM 的建设，证券公司可以实现资源整合和高效利用，拓展市场，优化沟通渠道，提高服务质量，并增加客户满意度。CRM 已成为证券公司未来发展的核心竞争力之一。

第九章　数字经济下保险业运营发展

中国保险业目前正处于初级发展阶段,同时也是快速发展的时期。在这个时期,数字化技术的广泛应用将会引发一场保险业革命。保险业数字化实质上是对企业集成化、系统化、规范化以及创新性的管理与运作的体现,是保险企业的核心竞争力所在。随着信息通信技术的飞速发展,保险业的经营环境发生了根本性的改变,保险机构必须接受来自世界范围的竞争和挑战。

为了提高核心竞争力,保险机构需要对其数字化发展进程进行系统的规划。数字化发展不仅仅是在技术层面的更新,更是一种全局性的战略规划。它涉及从企业文化到业务流程的各个方面,需要保险机构对自身有一个清晰的认识和定位。同时,数字化发展也需要不断探索和创新,以适应不断变化的市场环境。

在为自身获取经济效益的同时,保险机构也需要为社会创造更大的效益。数字化技术的应用可以帮助保险机构提高效率、降低成本、提升服务质量,从而更好地满足客户需求。同时,数字化技术还可以帮助保险机构更好地履行社会责任,提高社会形象和声誉。

中国保险业正处于快速发展的时期,数字化技术是推动其革命性发展的关键因素。为了提高核心竞争力并为社会创造更大的效益,保险机构需要对其数字化发展进程进行系统的规划和管理。

第一节　国外保险企业数字化发展

具体来说,保险业数字化是一个以计算机等硬件为载体,通过统一技术标准的实施,借助系统软件应用将智能交换和增值服务的保险信息系统紧密相连的长期系统工程。这个系统的建立,可以实现保险经营管理的高效化、智能化和网络化。通过信息技术的运用,保险数字化能够显著提升管理效率,使保险机构更加便捷地进行经营管理,同时也能更好地满足客户需求,提升客户体验。

此外,保险业数字化还可以提高保险监管的力度。数字化技术的应用可以实现保险数据的实时采集、分析和监控,从而更好地掌握保险市场的动态,及时发现和解决潜在问题。这对于保险监管机构来说是非常重要的,可以更好地维护市场秩序,保障消费者权益。

保险业数字化的另一个重要内涵是保险产品和保险服务手段的创新。数字化技术的应用可以推出更加智能化、个性化的保险产品和服务手段,满足不同客户的需求。例如,可以通过大数据分析客户需求,推出定制化的保险产品和服务方案,或者通过人工智能技术实现智能客服、智能理赔等服务。

同时,保险业数字化也为保险服务领域提供新的途径。数字化技术的应用可以实现保险服务的线上化、智能化和便捷化。客户可以通过互联网、移动设备等渠道进行咨询、投保、理赔等操作,不受时间和地点的限制。这不仅可以提高客户体验和服务效率,还可以扩大保险服务的覆盖面和渗透度。

以办公自动化为源头的国外保险业数字化进程,既突显了信息技术在保险业中的不断深化,也反映了数字化观念的广泛传播。国外保险业数字化发展从重视硬件到专注软件的变化,可以分为三个阶段。

一、无纸化办公与单机处理时期

国外保险业数字化的早期主要体现在无纸化办公和系统整合方面。在这个阶段,硬件主要采用诸如PC等设备,这些设备相对来说更轻便和灵活,适应了当时办公自动化的需求。而系统方面则主要依赖于非标准化的主机系统,这些系统基本是由各保险公司自行开发或定制,因此缺乏统一的规范和标准。

由于这些系统之间的互联性受限,信息流通受到很大的阻碍,导致保险公司在业务处理过程中仍大量采用手工处理方式。这种方式不仅效率低下,而且容易出错,难以满足日益增长的保险业务需求。同时,总机构与分支机构之间的信息共享也难以实现,使得保险公司难以对业务进行全面有效的管理和监控。

随着科技的不断进步,国外保险业开始逐步向数字化转型。在这个过程中,硬件设施逐渐升级,变得更加先进和高效,例如平板电脑、智能手机等设备的普及,使得随时随地办公成为可能。同时,系统整合也得到了进一步的完善和发展,出现了更多标准化的软件系统和应用,这些系统和应用能够更好地支持保险公司的业务处理和管理需求。

随着数字化转型的深入推进,国外保险业开始大量采用自动化和智能化技术来提高业务处理的效率和精度。例如,利用人工智能技术对大量的保险合同进行自动化审核和处理,大大提高了审核效率和准确性。同时,通过云计算、大数据等技术手段的应用,保险公司可以实现更高效的信息共享和数据分析,更好地满足客户需求和提升业务竞争力。

国外保险业的数字化转型是一个不断演进和完善的过程。在这个过程中,硬件设施和系统整合的不断升级和完善,以及智能化技术的应用,都为保险业的数字化转型提供了强有力的支持。同时,数字化转型也为保险公司带来了更高的效率和更低的成本，提升了保险公司的业务竞争力和市场适应能力。

二、联机处理时期

为了解决单机处理可能导致信息流通不畅的问题，各大保险公司都进行了系统整合，并在此基础上建立了系统的联机网络。这些联机网络不仅使得信息流通更加顺畅，而且可以实现资源的优化配置。这些网络是通过通信线路将总公司和各分支机构的系统连接起来，形成局部或远程网络，从而与主机进行实时对话。相较于前一阶段，联机网络实现了信息资源共享，使得信息传递的效率得到了显著提高。这种信息共享不仅可以减少信息重复和不一致的问题，而且可以更好地满足客户需求，提高保险公司的服务质量和效率。

三、网络系统全球化时期

20世纪90年代以来，互联网技术在全球范围内快速普及，保险业数字化建设进入网络系统全球化阶段。具体特点如下。

第一，保险公司开始面向全球市场，大力拓展网上保险业务。保险公司通过网站和App平台，面向全球范围销售各类保险产品，实现业务的全球化。

第二，保险公司构建全球化的网络系统平台。采用云计算和大数据技术，打造横跨不同国家和地区的IT基础设施，实现业务系统的国际化。

第三，保险公司加强网络安全管理，保障多个国家和地区业务系统的安全运行。建立全球化的网络安全体系，提高应对网络安全事件的响应能力。

第四，保险公司积极拓展网上理赔、网上评估等创新业务，利用数字技术优化保险业务流程，提升客户体验。

第五，利用大数据技术支持保险产品创新、精算风险管理等，推动保险业务的智能化发展。

进入网络系统全球化时期,保险业数字化建设日益完善,有效提升了保险公司的全球竞争力和业务运营效率。数字技术成为保险业务创新发展的重要战略支撑。

第二节　我国保险企业数字化发展

一、国内保险业数字化历程

在过去的十几年里,中国保险业在数字化建设方面取得了巨大的进步和跨越式的发展。国内保险业数字化建设经历了以下四个发展阶段。

第一阶段是计算机应用的萌芽期。20世纪80年代,国内保险公司开始引入计算机来处理保险业务,出现了第一批保险业务管理系统。这标志着保险业开始迈入数字化时代。

第二阶段是局部业务系统建设期。20世纪90年代中后期,保险公司逐步建立起各专业领域的业务系统,如核保系统、理赔系统等。但各系统还相对孤立,没有形成统一的数字化架构。

第三阶段是综合业务平台建设期。21世纪初,保险公司开始构建综合业务处理平台,实现了核保、理赔等多个业务系统的集成,加强了数据共享应用。

第四阶段是互联网保险期。近十年来,互联网技术在保险业的应用不断扩大,移动支付、大数据、云计算等新技术推动保险销售和服务模式创新。

当前,国内保险业数字化建设正加速推进。保险公司积极构建面向数字化、智能化、开放化的新一代核心业务系统,使数字化成为提升公司运营效率和竞争力的战略支撑。

(一)起步阶段

我国保险业数字化的起始点可追溯至中国人民保险公司的一些下属

分公司,这些公司在处理复杂的长期险业务数据时,开始采用计算机录入的方式。这个阶段具有两个非常明显的特征:一是硬件设施的全面完善,二是业务的单机处理。

在硬件设施方面,各保险公司都已配备了各种先进的设备,包括小型机、交换机、服务器、路由器、便携机、磁带库、微机、专线调制器、终端、集线器和打印机等。这些设备的配置,为保险业务的数字化处理提供了坚实的物质基础。

在系统软件方面,我国自主研发的保险业务综合管理信息系统已经能够覆盖人寿、财产、再保险等国内保险公司的近300个险种,并且被广泛运用。这个系统的出现,极大地提高了保险业务处理的效率和精度,推动了保险业的数字化进程。

这个阶段的保险业数字化还仅仅是起步阶段,但已经显示出了强大的潜力和影响力。它不仅提高了保险业务的处理效率,还为后来的保险业务处理模式和流程的改革奠定了基础。这个阶段是我国保险业数字化的真正起点,具有重大的历史意义。

(二)过渡阶段

20世纪90年代末,国家经济犹如一颗冉冉升起的新星,展现出快速发展的势头。随着人均收入的不断提高,保险业务也呈现出明显的增长趋势。自20世纪80年代起,信息技术开始在保险公司得到应用,然而由于当时的科技水平限制,这些技术难以满足日益复杂的业务需求。

为了提升保险业务的质量和效率,保险公司开始采用电子保单,这一创新举措使得信息网络技术的应用得以加速,并推动了业务流程的电子化和网络化。在这个过程中,老牌国有保险公司开始进行系统整合,旨在提高信息技术对业务的支撑能力。

在这个转型的过程中,保险公司的数字化特点逐渐显现出来。然而,尽管取得了一些进展,但许多保险公司的信息系统关联度仍然较差,数据资源共享程度较低。这种情况导致各主要保险公司的数字化建设仍然以省分公司或地市公司为主,未能实现全面覆盖和资源共享。

(三)快速发展阶段

进入21世纪,保险业数字化建设进入快速发展阶段。具体表现为:

第一,保险公司积极构建面向数字化的新一代核心业务系统,例如保险料核算系统、保单管理系统、赔案管理系统等。这些系统支持多业务领域的协同运营,大幅提升了业务处理效率。

第二,保险公司广泛采用先进的信息技术,如云计算、大数据、人工智能等,推动业务模式和流程再造,实现智能化运营。

第三,保险公司大力发展网销和移动服务渠道,积极拓展互联网保险、移动支付等新兴业务,使数字化深度融入业务创新。

第四,保险公司加大数字化人才培养力度,整体IT技术实力和数字化转型能力显著提升。

第五,监管部门积极推进保险业数字化发展,建立信息化监管体系,促进保险公司数字化水平。

进入快速发展阶段,保险业数字化建设日益规范化和成熟化,数字化转型成为提升保险公司竞争力的重要动力。保险业数字化转型正蓬勃向前。

二、数字化建设成就与问题

经过四十多年的发展,中国保险业数字化建设取得了令人瞩目的成就。这些成就包括:

数字化系统的基本建立:这包括保险监管信息系统和网络,以及保险机构和公司的业务与财务信息系统和网络。这些系统不仅为保险业的日常运营提供了便利,还为监管机构提供了有效的监管工具。

保险监管信息系统的完善:该系统用于银保监会系统的监管工作,涉及公文和业务、财务数据。通过实时监控和数据分析,银保监会可以更有效地评估保险公司的运营情况,及时发现潜在问题并采取相应的措施。

保险机构及公司的业务、财务信息系统的优化：这些系统用于保险业务和财务工作，覆盖各保险机构经营区域。通过这些系统，保险公司可以更高效地处理业务和财务事务，提高工作效率。

保险行业信息标准化的进展：这包括开发了保险统计信息系统，推动保险公司业务和财务数据的整合，规范保险统计数据标准并建立相关指标体系。这一进展为保险行业提供了一个统一的数据标准，促进了数据共享和数据分析的发展。

这些成就不仅推动了保险业的数字化转型，还为保险行业的标准化建设提供了有力的支持。通过规范化和标准化的工作方式，保险行业的统计工作得到了更好的规范和提升，从而为行业的健康发展提供了有力的保障。同时，这也为未来的数字化建设奠定了坚实的基础，为保险行业的发展注入了新的动力。

从微观层面上看，我国当前保险机构及公司的数字化建设的成就主要体现在以下四个方面。

（一）各大型保险公司设立了信息技术部门，并构建了完善的网络体系

在各公司的数字化规划中，数据集中、业务创新、办公自动化和数据分析等方面得到了充分的体现。这些规划不仅充分考察了国内外信息系统的状况，还引入了成熟的系统和管理经验，以确保公司在数字化转型中能够取得更好的成果。

为了实现数据集中，各公司纷纷建立了数据中心，将所有业务数据集中存储和管理。这种集中式的数据管理方式不仅提高了数据的安全性和可靠性，还方便了公司各部门之间的数据共享和协作。

在业务创新方面，各公司积极探索新的业务模式和产品，以满足客户需求和市场的变化。他们通过引入先进的业务管理系统和技术，优化业务流程，提高业务效率和准确性。

办公自动化方面，各公司采用了先进的办公软件和工具，如 WPS Office、Microsoft Office 等，以提高办公效率和质量。同时，他们还采用了多种沟通工具，如企业微信、钉钉等，方便员工之间的沟通和协作。

在数据分析方面,各公司引入了先进的数据分析工具和模型,对业务数据进行分析和挖掘。这有助于公司更好地了解市场需求和客户行为,为决策提供数据支持。

为了实现网络互联,各保险公司利用专线建立了局域网和网站,以及与分支机构之间的广域网。这种网络架构不仅实现了公司内部数据的共享和传输,还方便了客户通过网站或分支机构进行保险业务的查询和办理。

许多保险公司已经建成了较为成熟的业务处理信息系统、办公自动化信息系统和财务信息系统。这些系统不仅涵盖了公司的各个业务领域,还支持着公司整个核保过程和核赔过程的完成。通常情况下,公司的整个核保过程和核赔过程都能在业务系统中完成。此外,部分保险公司还开展了部分险种的网上业务,这些网上业务不仅方便了客户进行保险购买和理赔,还提高了公司的业务效率和客户满意度。

(二)各保险公司不同层次地建立了各自的客户服务系统平台

中国人民保险集团股份有限公司、中国人寿保险(集团)公司等公司,均已建立全国统一的客户服务系统。这些系统不仅具备高效、便捷的特点,还能够快速响应客户的需求。这些保险公司不仅在咨询、投诉、报案、客户回访、挂失以及电话投保等业务方面表现出色,还能够为客户提供个性化的服务,满足客户需求。

这些公司的客户服务系统采用了最先进的技术和设备,能够保证客户的信息安全和隐私保护。同时,这些公司的客户服务团队也经过了严格的培训和考核,能够为客户提供专业、周到的服务。

这些公司的客户服务工作不仅在业内得到了广泛认可,也得到了广大客户的赞誉。他们始终坚持以客户为中心,以服务为宗旨,不断提升服务品质,为客户提供更加优质、便捷的服务体验。

(三)保险监管数字化建设取得成效

经过精心设计和全面规划,保险监管机构已经成功地改造了内部和外部网络，并在此基础上逐步建立起一套数字化监管系统。该系统不仅功能全面，而且具有很高的效率和准确性。它包括了办公自动化系统，这个系统可以自动化完成许多日常办公任务，大大提高了工作效率。此外，该系统还包括内网信息平台和门户网站，可以提供更快速、更便捷的信息获取方式，同时也保障了信息安全。

更为重要的是，中国保险统计信息系统也被纳入了数字化监管系统中。这个系统可以收集、整理和分析保险行业的各种数据，为监管机构提供重要的决策支持。这些数据可以反映出保险市场的变化和趋势，帮助监管机构及时调整政策和措施。

除此之外，保险现场稽核系统也已经研发完成。这个系统可以利用先进的信息化技术，对保险业务进行全面、准确、实时的监控和评估。这不仅提高了稽核工作的效率和准确性，而且也可以及时发现和解决潜在的风险和问题。

最后，保险信息安全保障体系也已初步建立。这个体系采用了最先进的技术和措施，可以有效地保护保险信息的安全和隐私。它不仅可以防止信息泄露和被攻击，而且也可以及时发现和修复信息安全问题。

（四）各保险公司网站的建设，推动了保险业的信息共享及社会诚信体系的建设

在2004年12月1日，永兴元公司——作为国内最大的保险门户——全新开通了以“服务当地保险，促进地区经济”为主旨的江苏省保险行业协会网站。该网站旨在宣传、展示保险行业的良好形象，同时为保险从业人员和社会大众提供服务。在此基础上，该协会有望成为江苏地区的综合性保险门户。

然而，我国的保险业数字化建设过程中还存在诸多问题：统筹规划尚未完全到位，导致部分资源浪费现象严重；信息技术标准尚未完全统一，导致信息共享无法有效实现；信息系统的运行风险较大，信息安全问题亟待解决；对自身开发能力的重视不足，导致对外依赖性增强；保险监管客户服务的数字化水平仍需提高;数字化人才培养尚显不足。这些问题都需要借助信息技术的深入应用加以解决。

三、数字化发展趋势

针对数字化过程中出现的问题,为满足保险业数字化建设的内在需求和根本需要,数字化建设的发展将呈现出以下趋势。

(一)保险业的IT投资保持递增趋势

2004年,我国的保险行业快速发展,其中对IT技术的投资达到了24.5亿元人民币。然而,其中IT应用解决方案的投资额却相对较少,仅为4.1亿元人民币,但值得关注的是,与前一年相比,这个数字增长了近80%,展现出了巨大的市场潜力。

事实上,我国保险业的数字化建设面临着资金投入不足的难题。尽管在过去的几年中,我国的保险行业在IT技术投资方面取得了一定的进展,但是与国际标准相比,我国保险行业的数字化水平仍然较低。因此,持续加大数字化建设的投资力度,是缩短与发达国家之间差距的关键所在。

加大数字化建设的投资力度不仅可以提高保险公司的运营效率,还可以提升客户体验和服务质量。随着科技的不断发展,客户的需求也在不断变化,数字化的应用可以帮助保险公司更好地满足客户的个性化需求,提高客户满意度。

此外,数字化建设还可在帮助保险公司优化业务流程、降低运营成本、提高风险管理能力等方面具有重要作用。通过数字化技术的应用,保险公司可以更加精准地评估风险、优化产品设计、提高销售效率等,从而实现公司的可持续发展。

(二)管理服务和数字化技术的结合产生的CRM、ERP和综合业务管理系统仍将是保险业数字化的重点方向

随着保险业的快速发展,其对数字化的需求层次逐渐变得多样化。为了更好地满足这些需求,后台数据的高度集中与共享已成为数字化过程

中的一个重要环节。各保险公司积累了大量的数据信息，这些信息不仅数量庞大，而且种类繁多，涵盖了客户信息、业务数据、市场趋势等多个方面。通过协议共享有价值的公共数据，不仅有助于提高数据利用效率，还能有效避免数据重复采集和冗余存储。

数据大集中与保险公司的服务改善、业务管理和公司管理日益紧密结合。这种结合使得保险公司能够更好地掌握客户需求和市场变化，提高服务质量和管理效率。例如，通过分析客户行为和购买偏好，保险公司可以为客户提供更精准的产品和服务；通过分析业务数据和市场趋势，保险公司可以制定更加科学合理的业务策略和营销方案；通过数字化管理系统如CRM、ERP等，保险公司可以实现精细化管理，提高运营效率和客户满意度。

这种技术与管理相结合的过程，进而催生了CRM、ERP等数字化管理系统。这些系统不仅能够实现数据的高度集中和共享，还具备强大的数据处理和分析能力，可以帮助保险公司更好地管理和优化业务流程。同时，这些系统还可以根据不同业务需求进行定制化开发，满足保险公司在不同领域的特殊需求。通过数字化管理系统的应用，保险公司可以更好地应对市场变化和挑战，实现持续创新和发展。

（三）以网络信息技术为基础，在管理、产品、服务多个方面不断创新

在管理层面，保险机构可以充分利用电子邮件、电话、电视会议以及其他网络交流形式来有效协调、管控与监管各分支机构。这些网络工具具有高效、便捷的特点，能够帮助保险机构实现更快速、准确的信息传递与沟通，确保各分支机构之间的协同合作，提高整体运营效率。

在产品方面，随着互联网及卫星定位技术的普及，保险公司具备了更强大的风险控制能力，从而推出了基于信息技术的新型保险产品。这些产品不仅具有多样化的保障范围，还能够根据客户需求提供个性化的保险方案，实现了保险与科技的完美结合。

在服务层面，网络技术为客户提供了更快捷、灵活及实时的服务。无论是咨询、投保还是理赔,客户都可以通过网络平台轻松完成,无须亲自前往保险公司或等待人工服务。这种便捷的服务方式不仅提高了客户体验,还能够帮助保险公司优化业务流程,提高客户满意度。

第三节　保险企业数字化建设路径

经过多年的不懈努力,中国保险业在数字化建设方面已经取得了显著成就,构建了较为完善的数字化架构体系,并广泛应用于承保、理赔、客服等各个环节,提高了业务处理效率和服务质量。然而,与国际同行相比,中国保险业的数字化水平仍有差距,需要进一步深化数字化转型,提升核心竞争力。

根据《中国保险业发展"十一五"规划信息化重点专项规划》的指导思想,保险业的数字化发展是行业未来发展的战略高地,对于保险业发展的全局至关重要。数字化技术能够促进保险业的发展,提高企业的核心竞争力、经营管理水平以及服务效率。因此,数字化水平成为衡量一个保险企业核心竞争力、经营管理水平的重要标准。

作为保险业的核心力量,保险公司应当积极推动数字化进程,以满足市场竞争的需求,并响应国家数字化战略的号召。在实施过程中,保险公司应遵循"协调发展,分步实施,业务为本,效益为先"的总原则。首先,保险公司需要制定数字化转型的战略规划,明确发展目标、实施步骤和时间表。其次,保险公司需要优化业务流程,提高业务处理效率和服务质量。同时,保险公司需要注重客户体验,通过数字化技术提高客户满意度和忠诚度。最后,保险公司需要注重风险管理,确保数字化转型过程中的数据安全和合规性。

通过实现数字化转型,保险公司可以提高业务处理效率和服务质量,降低运营成本,提高客户满意度和忠诚度和优化资源配置。同时,数字化转型还可以帮助保险公司更好地应对市场竞争和监管压力,提升企业的核心竞争力。因此,保险公司应当积极推动数字化进程,为中国保险业数字化建设做出应有的贡献。

一、保险公司数字化建设的特点

(一)大型保险公司的主要特点

1.信息部门组织和制度建设相对完善

各大分公司在内部均设有专门负责信息管理系统运维的信息技术部门。这些部门不仅具备丰富的专业知识,还拥有卓越的技术能力和高效的执行力,以确保公司的信息系统稳定、可靠地运行。此外,部分公司还选择在省辖市的中心支公司设立了专门的信息技术部门,以便更好地支持一线业务和提升服务质量。

各公司的信息技术部门岗位职责明确,分工细致。每个员工都清楚自己的职责范围和任务目标,并在此基础上进行专业化的分工合作。这种明确的职责划分使得信息技术部门能够高效地处理各种复杂的任务,并确保各项工作的高质量完成。

一些大型的保险公司在分公司还设有具备较强软件自主开发能力的研发团队。这些团队不仅具备扎实的软件开发能力,还具备丰富的项目管理经验和技术创新能力。他们致力于为公司提供高效、可靠的软件解决方案,并不断提升公司的信息化水平。

各公司都普遍建立了比较完善的技术制度和管理规定,内容涵盖了系统开发、运营维护、安全管理等各个方面。这些制度和管理规定不仅明确了各项工作的流程和标准,还为公司的信息技术管理提供了有力的支持和保障。同时,各公司还注重对信息技术人员的培训和教育,以提高他们的专业素质和技术水平,确保公司信息化建设的持续发展和提升。

2.信息系统的开发和使用相对领先

在数字化建设方面,大型保险公司在行业内处于领先地位,投入巨大,技术水平极高。在办公自动化方面,公司内部的信息网络已经建成,能够实现信息的共享和文件的流转。此外,部分公司还建立了无线终端和GPS系统,使得办公更加便捷和高效。

在业务管理方面,大型保险公司建立了完善的信息系统,以满足全险种、全流程的业务处理需求。业务和财务系统之间有合理的对接方式,使得业务处理更加顺畅。例如,平安保险公司在产险、寿险、证券、信托等各个领域实现了资源的综合管理,采用了集中的ERP系统。

此外,大型保险公司还安装了先进的网络管理软件,可以实现资产管理、软件分发、安全升级及补丁更新等远程维护和协助等功能。这使得公司的IT系统更加健壮和高效,同时也为公司的持续发展提供了强有力的支持。

3.信息系统庞大,结构较复杂

这是大型保险公司最显著的特点。比如,一个典型的业务系统通常会被细分为多个子系统。由于这些子系统可能是在不同的时间段内开发和部署的,它们所采用的技术路线也各不相同,这就导致了子系统之间的数据库兼容性存在问题和相对独立的情况。由于大型公司的分支机构众多,业务处理量巨大,这些公司通常会采用“两级业务数据集中”模式。在这种模式下,省级分支机构的数据会被集中到省公司的二级数据库中,并定期向总公司的数据库写入数据。这样的网络结构可能会包含数千个节点。有些公司在一些中心支公司甚至配备了小型计算机设备,以适应海量数据处理的需求。然而,由于硬件设备的复杂性和多样性,以及混合异构的特点,这在一定程度上增加了设备升级和维护的难度。

(二)中小型保险公司的主要特点

相较于国内大型保险公司,中小型保险公司在数字化建设方面的最大特点在于普遍采取了数据大集中的模式,同时其信息系统结构简单且灵活。此类中小型保险公司的省级分公司通常不设立数据库,而是将所有数据集中在总公司。由于这些公司的信息系统开发时间相对较晚,因此他们采用了较为先进的技术。大多数公司都采纳了基于B/S模式的三层软件架构，这种结构简单灵活，运行效率较高，而且便于维护和升级。

然而，数据的高度集中也带来了一定的问题。首先，这导致了网络负荷过大，每月生成报表时系统资源变得紧张。其次，对传输线路的稳定性要求较高，一旦线路发生故障，整个业务系统都将受到影响，风险较大。最后，系统提供的数据格式和内容相对固定，这使得分支机构难以了解某些具体的经营数据。

中小型保险公司规模小，资金有限，数字化管理依赖总公司。省级分公司无专门信息技术部门，由综合管理部门信息技术人员负责数字化管理工作，主要职责为系统维护等日常事务，不参与制定或开发数字化发展规划和软件。为统一管理和规范数字化管理规章制度，总公司统一制定相关规章制度，确保各级分支机构遵循相同标准。硬件和网络设备维护通常通过供应商保修或由总公司统一联系外包解决，网络管理主要依靠总公司远程操作。互联网方面，由总公司统一管理外网接口。此管理模式体现了中小型保险公司的严谨、稳重、理性和官方的语言风格，确保了数字化管理的规范性和高效性。

大型保险公司在数字化方面具有显著的优势。由于其规模庞大，他们能够迅速引入和普及各种先进技术，从而在市场竞争中占据有利的地位。这些先进技术不仅包括保险业务处理系统，还涵盖了客户管理系统、风险评估系统等多个方面。通过这些数字化工具和系统的应用，大型保险公司能够更加高效地进行业务处理、客户服务和风险控制等方面的工作。

部分小型保险公司，例如泰康人寿，已经实现了较高的数字化程度。这些公司通过引入各种数字化工具和系统，有效地提高了业务处理的效率和准确性，同时也提升了客户服务的品质。然而，仍有很多小型保险公司数字化水平较低，甚至没有引入办公自动化，仍然依赖手工汇总业务数据。这种状况不仅制约了业务的拓展，也影响了市场竞争力。

实际上，数字化程度的高低对保险公司的业务拓展和市场竞争力有着至关重要的影响。随着科技的不断发展，客户的需求也在不断变化，因此保险公司需要不断地引入新的技术和工具来满足客户的需求和提高自身的市场竞争力。对于那些数字化程度较低的公司来说，他们需要尽快采取措施来提高自身的数字化水平，以避免在激烈的市场竞争中处于劣势地位。

从总体角度来看，保险公司的数字化建设并没有一个固定的最佳模式，其关键在于需要适应不同时期业务发展和经营策略的需求。大型公司和中小型公司的模式各有优缺点，这体现了不同发展阶段、不同业务规模以及不同类型的公司在数字化建设方面的认识和把握。

大型保险公司通常具有丰富的业务经验和资源，能够投入大量资金和人力资源进行数字化建设，从而形成较为完善的数字化管理体系。然而，这种模式也有其弊端，例如可能存在资源浪费、实施成本高等问题。

中小型保险公司则可能更加注重数字化建设的效率和经济性，其模式可能更加灵活，能够快速适应市场变化和业务需求。然而，这种模式也可能存在一些局限性，例如可能缺乏足够的资源和技术支持，难以实现全面数字化转型。

因此，保险公司在进行数字化建设时，需要根据自身的发展阶段、业务规模和类型等因素来综合考虑，选择适合自己的数字化建设模式。同时，也需要不断优化和改进数字化管理体系，以提高数字化建设的效率和效果。

二、保险公司数字化建设的路径

在网络经济时代，信息作为一种重要资源，正在与资本、劳动力、土地和自然资源并列，成为保险公司必须随时掌握的资源。对于保险公司而言，了解宏观发展态势、市场份额变化、绩效来源以及竞争对手的技术状况、营销手段转换以及产品创新等市场环境因素的变化，并提前做好参与竞争的心理和组织上的准备，是至关重要的。要实现这一点，信息技术支撑是必不可少的，保险公司的数字化战略发展对未来市场资源的分配和市场竞争的主动权具有决定性作用。

(一)高度重视数字化的总体规划

各保险公司的领导者和战略制定者应该精心制定一份中长期的数字化规划,并将其纳入公司的战略框架中。这样做可以确保每个阶段的数字化建设都目标明确、协调发展,同时也能保证各阶段的建设有目的、有规划、有步骤地进行。为了更好地实现这一目标,他们需要特别关注并建立一套数字化建设的效益管理机制。这套机制应该能够有效地加强对数字化风险的评估与控制,从而避免手段与目的倒置的情况发生。

在当前的数字化时代,保险行业的竞争已经不再仅仅是产品和服务的竞争,更是数字化能力的竞争。因此,各保险公司的领导者和战略制定者应该充分认识到这一点,并采取积极的措施来提升公司的数字化能力。通过制定中长期数字化规划,建立效益管理机制和加强数字化风险的评估与控制等措施,可以有效地帮助保险公司提升自身的数字化能力,从而在激烈的市场竞争中获得更大的优势。

(二)加大数字化建设的资源投入力度

在保险行业数字化转型的过程中,人才、技术、资金无疑是最为关键的三个支撑要素。这三者之间形成了一种相辅相成、相互作用的关系,共同推动着数字化建设的不断向前发展。

首先,人才是保险业数字化建设的基础和核心。拥有具备专业知识和技能的保险人才,是实现数字化转型的关键。这些人才不仅需要深入了解保险业务知识,还需掌握数据分析、人工智能、区块链等先进技术,能够将保险业务与数字化技术进行深度融合。因此,密切关注国际先进信息技术的发展动态,加强保险数字化建设的人才培育和储备,显得尤为重要。

其次,技术是保险业数字化建设的驱动力。随着科技的不断发展,人工智能、大数据、云计算等技术在保险行业得到了广泛应用。这些技术使得保险业务更加智能化、个性化、高效化。例如,人工智能的应用可以帮助保险公司提高客户服务的效率和质量,大数据分析可以更好地洞察客户需求,从而提供更加精准的保险产品和服务。

最后，资金是保险业数字化建设的重要保障。数字化建设需要大量的资金投入，包括研发、设备采购、人员培训等。因此，要根据与公司发展战略相匹配的原则分配资金投入，确保数字化建设的持续性和稳定性。同时，通过资金投入也可以夯实保险数字化建设的基础，提高保险公司的核心竞争力。

人才、技术、资金是保险业数字化建设过程中最为关键的三个支撑要素。只有三者之间形成良好的互动和配合，才能推动保险行业的数字化转型不断向前发展。因此，保险公司应该密切关注国际先进信息技术的发展动态，加强人才培育和储备，合理分配资金投入，以实现保险业务的数字化转型。

（三）通过财务应用系统实现集中式管理

在以现代化理念运营的保险公司中，实施集中式管理，其主要目的在于帮助总部能够实时掌握下属机构的业务运营情况，同时推动下属机构更加专注于业务执行。这种管理方式可以使总部更加了解下属机构的运营情况，从而更好地指导他们的工作。此外，集中式管理还可以提高保险公司的整体运营效率，减少不必要的成本和浪费。

而集中式管理的核心在于实现财务数据和信息的集中。通过系统，总公司可以查看各个分支公司的财务数据，从而及时了解下属单位的业务状况。这种集中式管理方式可以使财务数据更加透明和准确，避免出现信息不对称的情况。

财务数据作为保险业务体系所有经济活动的最终记录，可以帮助保险公司更好地了解自己的经济状况，及时发现和解决问题，同时也可以为公司的决策提供有力的支持。

（四）强化管理数字化系统建设

数字化系统的建设为保险公司带来了更加先进和有效的成本管理手段。通过建立各级单位的成本中心，这些部门可以对成本要素进行全面管理，包括对人力、物力、财力等各方面的投入进行精细核算。这不仅为保险公司提供了更加准确的成本信息，还有助于提高公司的整体运营效率。通过设立利润中心，保险公司可以对绩效进行监控。这种组织结构的设计方式有助于更好地评估不同部门和业务的盈利能力，从而为公司的决策提供更加可靠的数据支持。

数字化系统还为保险公司提供了获利分析方法和工具，使得公司可以进行更深入的综合获利分析。这些工具可以帮助公司更好地了解不同业务类型、部门机构、产品类别和客户组的收益与成本情况，从而更好地评估它们的潜在价值和风险。

通过成本管控和收入分类，保险公司可以获取收益与成本情况。这种精细化的管理方式使得公司可以及时监控获利状况，适时调整业务发展方向，从而更好地实现精细化的经营管控目标。数字化系统的建设不仅提高了保险公司的管理效率，还为其提供了更加全面和准确的数据支持，帮助公司更好地把握市场动态和业务风险，实现持续发展和稳健经营。

（五）利用数字化手段开发客户资源

在保险业的客户开发资源方面，关键在于根据二八法则对客户进行精细分类，并始终以客户的利益为出发点，这同时也是市场营销的基本原则。对于中资保险公司来说，无论是在财产保险还是人寿保险领域，都占据着市场的主导地位，拥有广大的客户资源是其显著的优势。同时，保险公司需要借鉴并学习国际先进的管理经验，加快建立客户信息管理系统，以便对客户数据进行深入挖掘和分析。通过现代化信息手段，可以有效解决保险公司与客户之间的信息不对称问题，从而扩大业务范围，提高业务效率，并进一步拓展客户资源。

通过建立完善的客户信息管理系统，中资保险公司可以实现对客户资源的有效整合和深度利用。首先，通过对客户数据的分析，可以更准确地了解客户的需求和偏好，从而制定更精准的营销策略。其次，通过对客户的行为和消费习惯进行分析，可以更好地预测市场趋势和风险，从而制定更加科学的业务计划和策略。此外，通过客户信息管理系统，保险公司还可以实现与客户的实时互动和沟通，提高客户满意度和忠诚度。

中资保险公司需要加强对客户资源的开发和利用，通过建立完善的客户信息管理系统，实现对客户数据的深度挖掘和分析。只有这样，才能更好地满足客户需求，提高业务效率和市场竞争力，进一步扩大市场份额。

(六)以电子商务为平台拓展营销服务

在中国保险公司发展的初期，展业渠道相对较窄，利用电子商务的开放性和互联网的便捷性，可以建立起快速开发产品的渠道和适应市场变化的销售网络，这种方式具有低成本、高效益的特点。例如，通过电子商务平台，保险公司可以快速获取市场反馈，及时调整产品策略，提高销售效率。同时，电子商务平台还可以提供更加便捷的支付方式，提高客户体验，增加销售额。

在应用电子商务时，不可过于追求一步到位，可以先从提供被保险人教育、保险产品咨询以及保单状态查询等服务入手。这些服务不仅可以帮助保险公司更好地了解客户需求，提高客户满意度，还可以为保险公司树立良好的形象，增加客户信任度。通过逐步完善这些服务，可以建立起更加稳定和有效的电子商务平台，为保险公司的长期发展奠定基础。

此外，电子商务平台还可以提供更加个性化的服务，根据客户的年龄、性别、职业等因素，推荐最适合的保险产品。这种个性化服务可以提高客户满意度，增加销售额，同时也可以为保险公司提供更多的市场机会和竞争优势。

(七)积极寻求外包资源

专业化整合是保险公司实现长远发展的基石，它能够确保公司在竞争激烈的市场中保持领先地位。因此，对于可外包的IT工作，包括系统开发、数据录入、档案管理等核心价值明显的环节，应尽量采取外包策略。这样做可以降低成本、提高效率，使公司更加灵活地应对市场变化。

为了实现这一目标,IT人员应与软件厂商、集成商等建立密切的虚拟团队。这个团队成员可以共同制订项目计划、解决问题、分享最佳实践等。通过这种方式,IT人员可以更好地了解业务需求,并与合作伙伴紧密合作,确保项目的成功实施。

保险公司应该将IT工作外包给合作伙伴,并充分发挥IT人员的核心作用,这样做可以使企业更专注于自身的核心业务,提高效率和竞争力。

参考文献

[1]范登布林克.金融机构运营管理[M].张初愚,张志玉,译.北京:中国人民大学出版社,2008.

[2]柴宇曦,张洪胜,马述忠.数字经济时代国际商务理论研究:新进展与新发现[J].国外社会科学,2021(1):85-103,159.

[3]陈刚.转型经济中的金融制度与经济发展:中国经验的理论与实证研究[M].厦门:厦门大学出版社,2015.

[4]陈漓高,邢成,杨新房.经济全球化条件下中国金融市场发展研究[M].北京:人民出版社,2005.

[5]何昌.开放经济条件下金融的稳定和发展:基于金融可持续发展的研究[M].北京:中国商务出版社,2010.

[6]胡延平.第二次现代化[M].北京:社会科学文献出版社,2002.

[7]姜英梅.中东金融体系发展研究——国际政治经济学的视角[M].北京:中国社会科学出版社,2011.

[8]金广华.电子货币——数字经济下的会计预言[M].上海:立信会计出版社,2001.

[9]经济合作与发展组织.衡量数字经济:一个新的视角[M].上海:上海远东出版社,2015.

[10]梁亮.县域金融发展与经济增长间关系的实证研究——以江苏省为例[D].北京:北京大学,2011.

[11]刘合生.政府促进中小企业发展政策研究:基于金融危机背景下的思考[M].北京:中国社会科学出版社,2012.

[12]刘一丁,夏琛舸,孙勇杰.现代企业金融:探索企业资本运营的奥秘[M].北京:中国金融出版社,2000.

[13]马费成.数字信息资源规划、管理与利用研究[M].北京:经济科学出版社,2012.

[14]朴明根,王春红,邹立明.金融全球化下银行风险防范研究[M].北京:经济科学出版社,2008.
[15]钱水土.服务实体经济的区域金融创新:基于浙江经济金融协同发展视角的实证研究[M].北京:经济科学出版社,2014.
[16]施昌奎.会展经济运营管理模式研究:以“新国展”为例[M].北京:中国社会科学出版社,2008.
[17]陶春生.金融发展、金融结构与经济增长:理论、方法及基于民族地区的实证研究[M].北京:经济科学出版社,2015.
[18]万芊.地区金融环境与企业融资行为及经营发展的相关性研究[D].北京:北京大学,2009.
[19]王一恒,张凯.互联网金融实战:互联网金融时代的企业资本运营[M].北京:中华工商联合出版社,2015.
[20]吴聪.金融发展与经济增长效率的实证研究[D].厦门:厦门大学,2009.
[21]吴英姿.中国工业低碳经济发展中金融的贡献与效率研究[M].上海:复旦大学出版社,2013.
[22]徐枫.服务经济背景下北京金融服务外包发展研究[M].北京:知识产权出版社,2012.
[23]严存宝.中小企业发展、经济增长与金融服务研究:以内蒙古地区为例[M].北京:经济科学出版社,2013.
[24]张家寿.加快民族地区经济社会发展的金融支持体系研究[M].北京:人民出版社,2010.
[25]郑兰祥.现代货币银行学[M].北京:中国商业出版社,2001.